Schöningh
westermann

EinFach
Deutsch

AF178946

Theodor Fontane

Frau Jenny Treibel

oder

„Wo sich Herz zum Herzen find't"

Erarbeitet und mit Anmerkungen
und Materialien versehen von
Stefan Volk

Herausgegeben von
Johannes Diekhans

Textgrundlage:

Vorabdruck des Romans in der Deutschen Rundschau 1892, Band 70 und 71

Bildnachweis:

|akg-images GmbH, Berlin: 257, 259. |alamy images, Abingdon/Oxfordshire: Historic Images 223; Painters 263. |Deutsches Filminstitut, Frankfurt/Main: Nachlass Maria Schell, Deutsches Filminstitut - DIF e. V. / Deutsches Filmmuseum 251. |INNOVA-Agentur - Graphik & Design, Borchen: 242, 242. |Jochen Fontane, Pulheim: 226. |Picture-Alliance GmbH, Frankfurt/M.: akg-images 217.

Wir arbeiten sehr sorgfältig daran, für alle verwendeten Abbildungen die Rechteinhaberinnen und Rechteinhaber zu ermitteln. Sollte uns dies im Einzelfall nicht vollständig gelungen sein, werden berechtigte Ansprüche selbstverständlich im Rahmen der üblichen Vereinbarungen abgegolten.

westermann GRUPPE

© 2009 Bildungshaus Schulbuchverlage
Westermann Schroedel Diesterweg Schöningh Winklers GmbH, Braunschweig
www.westermann.de

Druck A[7] / Jahr 2019
Alle Drucke der Serie A sind im Unterricht parallel verwendbar.

Umschlaggestaltung: Jennifer Kirchhof
Druck und Bindung: Westermann Druck GmbH, Braunschweig

ISBN 978-3-14-**022443**-7

Theodor Fontane: Frau Jenny Treibel

Erstes Kapitel

An einem der letzten Maitage, das Wetter war schon sommerlich, bog ein zurückgeschlagener Landauer[1] vom Spittelmarkt her in die Kur- und dann in die Adlerstraße[2] ein und hielt gleich danach vor einem trotz seiner Front von nur fünf Fenstern ziemlich ansehnlichen, im Übrigen aber altmodischen Hause, dem ein neuer, gelbbrauner Ölfarbenanstrich wohl etwas mehr Sauberkeit, aber keine Spur von gesteigerter Schönheit gegeben hatte, beinahe das Gegenteil. Im Fond des Wagens saßen zwei Damen mit einem Bologneserhündchen[3], das sich der hell und warm scheinenden Sonne zu freuen schien. Die links sitzende Dame von etwa dreißig, augenscheinlich eine Erzieherin oder Gesellschafterin[4], öffnete, von ihrem Platz aus, zunächst den Wagenschlag und war dann der anderen, mit Geschmack und Sorglichkeit gekleideten und trotz ihrer hohen Fünfzig noch sehr gut aussehenden Dame beim Aussteigen behülflich. Gleich danach aber nahm die Gesellschafterin ihren Platz wieder ein, während die ältere Dame auf eine Vortreppe zuschritt und nach Passierung derselben in den Hausflur eintrat. Von diesem aus stieg sie, so schnell ihre Korpulenz es zuließ, eine Holzstiege mit abgelaufenen Stufen hinauf, unten von sehr wenig Licht, weiter oben aber von einer schweren Luft umgeben, die man füglich als eine Doppelluft bezeichnen konnte. Gerade der Stelle gegenüber, wo die Treppe mündete, befand sich eine Entreetür[5] mit Guckloch und neben diesem ein grünes, knittriges Blechschild, darauf „Professor Wilibald Schmidt" ziemlich undeutlich zu lesen war. Die ein wenig asthmatische Dame fühlte zunächst das Bedürfnis

---

[1] viersitziger Kutschwagen mit aufklappbarem Verdeck
[2] Der Roman spielt überwiegend im Osten Berlins. Etliche der genannten Schauplätze sind heute noch vorhanden. Andere, wie die von der Kurstraße abgehende Adlerstraße, existieren nicht mehr.
[3] zwerghafter, langhaariger Schoßhund
[4] Eine Anstellung als Erzieherin, Lehrerin, Gouvernante oder Gesellschafterin zählte gegen Ende des 19. Jahrhunderts zu den wenigen Berufsmöglichkeiten für gebildete ledige Frauen.
[5] Wohnungstür, Korridortür

sich auszuruhen und musterte bei der Gelegenheit den ihr übrigens von langer Zeit her bekannten Vorflur, der vier gelb gestrichene Wände mit etlichen Haken und Riegeln und dazwischen einen hölzernen Halbmond zum Bürsten und Ausklopfen der Röcke zeigte. Dazu wehte, der ganzen Atmosphäre auch hier den Charakter gebend, von einem nach hinten zu führenden Korridor her ein sonderbarer Küchengeruch heran, der, wenn nicht alles täuschte, nur auf Rührkartoffeln und Karbonade[1] gedeutet werden konnte, beides mit Seifenwrasen[2] untermischt. „Also kleine Wäsche", sagte die von dem allen wieder ganz eigentümlich berührte stattliche Dame still vor sich hin, während sie zugleich weit zurückliegender Tage gedachte, wo sie selbst hier, in eben dieser Adlerstraße, gewohnt und in dem gerade gegenüber gelegenen Materialwarenladen ihres Vaters mit im Geschäft geholfen und auf einem über zwei Kaffeesäcke gelegten Brett kleine und große Düten[3] geklebt hatte, was ihr jedesmal mit „zwei Pfennig fürs Hundert" gutgetan worden war. „Eigentlich viel zu viel, Jenny", pflegte dann der Alte zu sagen, „aber du sollst mit Geld umgehen lernen." Ach, waren das Zeiten gewesen! Mittags, Schlag zwölf, wenn man zu Tisch ging, saß sie zwischen dem Commis[4] Herrn Mielke und dem Lehrling Louis, die beide, so verschieden sie sonst waren, dieselbe hochstehende Kammtolle[5] und dieselben erfrorenen Hände hatten. Und Louis schielte bewundernd nach ihr hinüber, aber wurde jedesmal verlegen, wenn er sich auf seinen Blicken ertappt sah. Denn er war zu niedrigen Standes, aus einem Obstkeller in der Spreegasse. Ja, das alles stand jetzt wieder vor ihrer Seele, während sie sich auf dem Flur umsah und endlich die Klingel neben der Tür zog. Der überall verbogene Draht raschelte denn auch, aber kein Anschlag ließ sich hören, und so fasste sie schließlich den Klingelgriff noch einmal und zog stärker. Jetzt klang auch ein Bimmelton von der Küche her bis auf den Flur herüber,

---

[1] Kotelett
[2] Dunst aus Seifenlauge
[3] (veraltet) Tüten
[4] Handlungsgehilfe, kaufmännischer Angestellter
[5] hochfrisierter Haarschopf

und ein paar Augenblicke später ließ sich erkennen, dass eine hinter dem Guckloch befindliche kleine Holzklappe beiseitegeschoben wurde. Sehr wahrscheinlich war es des Professors Wirtschafterin, die jetzt, von ihrem Beobachtungsposten aus, nach Freund oder Feind aussah, und als diese Beobachtung ergeben hatte, dass es „gut Freund" sei, wurde der Türriegel ziemlich geräuschvoll zurückgeschoben, und eine ramassierte[1] Frau von ausgangs vierzig, mit einem ansehnlichen Haubenbau[2] auf ihrem vom Herdfeuer geröteten Gesicht, stand vor ihr.

„Ach, Frau Treibel ... Frau Kommerzienrätin[3] ... Welche Ehre ..."

„Guten Tag, liebe Frau Schmolke. Was macht der Professor? Und was macht Fräulein Corinna? Ist das Fräulein zu Hause?"

„Ja, Frau Kommerzienrätin. Eben wieder nach Hause gekommen aus der Philharmonie[4]. Wie wird sie sich freuen." Und dabei trat Frau Schmolke zur Seite, um den Weg nach dem einfenstrigen, zwischen den zwei Vorderstuben gelegenen und mit einem schmalen Leinwandläufer belegten Entree[5] freizugeben. Aber ehe die Kommerzienrätin noch eintreten konnte, kam ihr Fräulein Corinna schon entgegen und führte die „mütterliche Freundin", wie sich die Rätin gern selber nannte, nach rechts hin, in das eine Vorderzimmer.

Dies war ein hübscher, hoher Raum, die Jalousien herabgelassen, die Fenster nach innen auf, vor deren einem eine Blumenestrade[6] mit Goldlack und Hyazinthen stand. Auf dem Sofatische präsentierte sich gleichzeitig eine Glasschale mit Apfelsinen, und die Porträts der Eltern des Pro-

---

[1] ramassiert (mundartlich): dick, gedrungen, untersetzt
[2] auffällig geformte und verzierte Haube
[3] Kommerzienrat: bis 1919 verliehener Ehrentitel für Finanzmänner, Industrielle und Großkaufleute
[4] im Zweiten Weltkrieg zerstörter Konzertsaal, heute bekannt als „alte Philharmonie"
[5] Eingangsbereich
[6] Estrade: stufenartig erhöhter Platz (z.B. vor einem Fenster), hier mit Blumen dekoriert

fessors, des Rechnungsrats[1] Schmidt aus der Heroldskammer[2] und seiner Frau, geb. Schwerin, sahen auf die Glasschale hernieder – der alte Rechnungsrat in Frack und Rotem Adlerorden[3], die geborne Schwerin mit starken
5 Backenknochen und Stubsnase, was, trotz einer ausgesprochenen Bürgerlichkeit, immer noch mehr auf die pommersch-uckermärkischen Träger des berühmten Namens[4] als auf die spätere oder, wenn man will, auch *viel* frühere posensche Linie hindeutete.

10 „Liebe Corinna, wie nett du dies alles zu machen verstehst und wie hübsch es doch bei euch ist, so kühl und so frisch – und die schönen Hyazinthen. Mit den Apfelsinen verträgt es sich freilich nicht recht, aber das tut nichts, es sieht so gut aus … Und nun legst du mir in deiner Sorglichkeit
15 auch noch das Sofakissen zurecht! Aber verzeih, ich sitze nicht gern auf dem Sofa; das ist immer so weich, und man sinkt dabei so tief ein. Ich setze mich lieber hier in den Lehnstuhl und sehe zu den alten, lieben Gesichtern da hinauf. Ach, war das ein Mann; gerade wie dein Vater.
20 Aber der alte Rechnungsrat war beinah noch verbindlicher, und einige sagten auch immer, er sei so gut wie von der Kolonie[5]. Was auch stimmte. Denn seine Großmutter, wie du freilich besser weißt als ich, war ja eine Charpentier, Stralauer Straße."

25 Unter diesen Worten hatte die Kommerzienrätin in einem hohen Lehnstuhle Platz genommen und sah mit dem Lorgnon[6] nach den „lieben Gesichtern" hinauf, deren sie sich eben so huldvoll erinnert hatte, während Corinna fragte, ob sie nicht etwas Mosel und Selterwasser bringen dürfe,
30 es sei so heiß.

„Nein, Corinna, ich komme eben vom Lunch, und Selterwasser steigt mir immer so zu Kopf. Sonderbar, ich kann Sherry vertragen und auch Port, wenn er lange gelagert

---

[1] Rechnungsrat: Ehrentitel für Beamte
[2] Behörde für Standes- und Adelsangelegenheiten
[3] Der „Rote Adlerorden" (1792–1918) war nach dem „Schwarzen Adlerorden" der zweithöchste preußische Orden.
[4] Gemeint ist das ostelbische Uradelsgeschlecht der Schwerins.
[5] Wohnviertel französischstämmiger Hugenotten
[6] an einem Stil befestigte Lesehilfe

hat, aber Mosel und Selterwasser, das benimmt mich …
Ja, sieh, Kind, dies Zimmer hier, das kenne ich nun schon
vierzig Jahre und darüber, noch aus Zeiten her, wo ich ein
halbwachsen[1] Ding war, mit kastanienbraunen Locken,
die meine Mutter, so viel sie sonst zu tun hatte, doch im- 5
mer mit rührender Sorgfalt wickelte. Denn damals, meine
liebe Corinna, war das Rotblonde noch nicht so Mode wie
jetzt, aber kastanienbraun galt schon, besonders wenn es
Locken waren, und die Leute sahen mich auch immer
darauf an. Und dein Vater auch. Er war damals noch ein 10
Student und dichtete. Du wirst es kaum glauben, wie reizend und wie rührend das alles war, denn die Kinder
wollen es immer nicht wahrhaben, dass die Eltern auch
einmal jung waren und gut aussahen und ihre Talente
hatten. Und ein paar Gedichte waren an mich gerichtet, 15
die hab ich mir aufgehoben bis diesen Tag, und wenn mir
schwer ums Herz ist, dann nehme ich das kleine Buch, das
ursprünglich einen blauen Deckel hatte (jetzt aber hab ich
es in grünen Maroquin[2] binden lassen), und setze mich
ans Fenster und sehe auf unsern Garten und weine mich 20
still aus, ganz still, dass es niemand sieht, am wenigsten
Treibel oder die Kinder. Ach Jugend! Meine liebe Corinna,
du weißt gar nicht, welch ein Schatz die Jugend ist und
wie die reinen Gefühle, die noch kein rauer Hauch getrübt
hat, doch unser Bestes sind und bleiben." 25
„Ja", lachte Corinna, „die Jugend ist gut. Aber ‚Kommerzienrätin' ist auch gut und eigentlich noch besser. Ich bin
für einen Landauer und einen Garten um die Villa herum.
Und wenn Ostern ist und Gäste kommen, natürlich recht
viele, so werden Ostereier in dem Garten versteckt, und 30
jedes Ei ist eine Attrappe voll Konfitüren von Hövell[3] oder
Kranzler[4], oder auch ein kleines Necessaire[5] ist drin. Und
wenn dann all die Gäste die Eier gefunden haben, dann
nimmt jeder Herr seine Dame, und man geht zu Tisch. Ich
bin durchaus für Jugend, aber für Jugend mit Wohlleben 35

---

[1] halbwüchsig, halb erwachsen
[2] feines marokkanisches Ziegenleder
[3] Berliner Schokoladen- und Konfitürefabrik
[4] vornehmes zeitgenössisches Café
[5] kleiner Behälter für Dinge des täglichen Gebrauchs

und hübschen Gesellschaften." „Das höre ich gern, Corinna, wenigstens gerade jetzt; denn ich bin hier, um dich einzuladen, und zwar auf morgen schon; es hat sich so rasch gemacht. Ein junger Mr. Nelson ist nämlich bei Otto
5 Treibels angekommen (das heißt aber, er wohnt nicht bei ihnen), ein Sohn von Nelson & Co. aus Liverpool, mit denen mein Sohn Otto seine Hauptgeschäftsverbindung hat. Und Helene kennt ihn auch. Das ist so hamburgisch, die kennen alle Engländer, und wenn sie sie nicht kennen,
10 so tun sie wenigstens so. Mir unbegreiflich. Also Mr. Nelson, der übermorgen schon wieder abreist, um den handelt es sich; ein lieber Geschäftsfreund, den Ottos durchaus einladen mussten. Das verbot sich aber leider, weil Helene mal wieder Plätt-Tag[1] hat, was nach ihrer Meinung
15 allem anderen vorgeht, sogar im Geschäft. Da haben *wir's* denn übernommen, offen gestanden nicht allzu gern, aber doch auch nicht geradezu ungern. Otto war nämlich, während seiner englischen Reise, wochenlang in dem Nelson'schen Hause zu Gast. Du siehst daraus, wie's steht
20 und wie sehr mir an deinem Kommen liegen muss; du sprichst englisch und hast alles gelesen und hast vorigen Winter auch Mr. Booth[2] als Hamlet gesehen. Ich weiß noch recht gut, wie du davon schwärmtest. Und englische Politik und Geschichte wirst du natürlich auch wissen, dafür
25 bist du ja deines Vaters Tochter."
„Nicht viel weiß ich davon, nur ein bisschen. Ein bisschen lernt man ja."
„Ja, jetzt, liebe Corinna. Du hast es gut gehabt, und alle haben es jetzt gut. Aber zu meiner Zeit, da war es anders,
30 und wenn mir nicht der Himmel, dem ich dafür danke, das Herz für das Poetische gegeben hätte, was, wenn es mal in einem lebt, nicht wieder auszurotten ist, so hätte ich nichts gelernt und wüsste nichts. Aber, Gott sei Dank, ich habe mich an Gedichten herangebildet, und wenn man
35 viele davon auswendig weiß, so weiß man doch manches.

---

[1] plätten (mundartlich): bügeln
[2] Edwin Booth (1833–93), US-Schauspieler und Shakespeare-Darsteller; trat 1882 im Berliner Residenztheater auf, Bruder des Lincoln-Attentäters John Wilkes Booth

Und dass es so ist, sieh, das verdanke ich nächst Gott, der es in meine Seele pflanzte, deinem Vater. Der hat das Blümlein großgezogen, das sonst drüben in dem Ladengeschäft unter all den prosaischen[1] Menschen – und du glaubst gar nicht, wie prosaische Menschen es gibt – ver- 5 kümmert wäre … Wie geht es denn mit deinem Vater? Es muss ein Vierteljahr sein oder länger, dass ich ihn nicht gesehen habe, den 14. Februar, an Ottos Geburtstag. Aber er ging so früh, weil so viel gesungen wurde."

„Ja, das liebt er nicht. Wenigstens dann nicht, wenn er 10 damit überrascht wird. Es ist eine Schwäche von ihm, und manche nennen es eine Unart."

„Oh, nicht doch, Corinna, das darfst du nicht sagen. Dein Vater ist bloß ein origineller Mann. Ich bin unglücklich, dass man seiner so selten habhaft werden kann. Ich hätt' 15 ihn auch zu morgen gerne mit eingeladen, aber ich bezweifle, dass Mr. Nelson ihn interessiert, und von den anderen ist nun schon gar nicht zu sprechen; unser Freund Krola wird morgen wohl wieder singen, und Assessor Goldammer seine Polizeigeschichten erzählen und sein 20 Kunststück mit dem Hut und den zwei Talern machen."

„Oh, da freu ich mich. Aber freilich, Papa tut sich nicht gerne Zwang an, und seine Bequemlichkeit und seine Pfeife sind ihm lieber als ein junger Engländer, der vielleicht dreimal um die Welt gefahren ist. Papa ist gut, aber 25 einseitig und eigensinnig."

„Das kann ich nicht zugeben, Corinna. Dein Papa ist ein Juwel, das weiß ich am besten."

„Er unterschätzt alles Äußerliche, Besitz und Geld, und überhaupt alles, was schmückt und schön macht." 30

„Nein, Corinna, sage das nicht. Er sieht das Leben von der richtigen Seite an; er weiß, dass Geld eine Last ist und dass das Glück ganz woanders liegt." Sie schwieg bei diesen Worten und seufzte nur leise. Dann aber fuhr sie fort: „Ach, meine liebe Corinna, glaube mir, kleine Verhält- 35 nisse, das ist *das*, was allein glücklich macht."

Corinna lächelte. „Das sagen alle die, die drüber stehen und die kleinen Verhältnisse nicht kennen."

---

[1] prosaisch: sachlich-nüchtern, fantasielos

„Ich kenne sie, Corinna."

„Ja, von früher her. Aber das liegt nun zurück und ist vergessen oder wohl gar verklärt. Eigentlich liegt es doch so: Alles möchte reich sein, und ich verdenke es keinem. Papa freilich, der schwört noch auf die Geschichte von dem Kamel und dem Nadelöhr[1]. Aber die junge Welt …"

„… ist leider anders. Nur zu wahr. Aber so gewiss das ist, so ist es doch nicht so schlimm damit, wie du dir's denkst. Es wäre auch zu traurig, wenn der Sinn für das Ideale verloren ginge, vor allem in der Jugend. Und in der Jugend lebt er auch noch. Da ist zum Beispiel dein Vetter Marcell, den du beiläufig morgen auch treffen wirst (er hat schon zugesagt) und an dem ich wirklich nichts weiter zu tadeln wüsste, als dass er Wedderkopp heißt. Wie kann ein so feiner Mann einen so störrischen Namen führen! Aber wie dem auch sein möge, wenn ich ihn bei Ottos treffe, so spreche ich immer so gern mit ihm. Und warum? Bloß weil er die Richtung hat, die man haben soll. Selbst unser guter Krola sagte mir erst neulich, Marcell sei eine von Grund aus ethische Natur, was er noch höher stelle als das Moralische; worin ich ihm, nach einigen Aufklärungen von seiner Seite, beistimmen musste. Nein, Corinna, gib den Sinn, der sich nach oben richtet, nicht auf, jenen Sinn, der von dorther allein das Heil erwartet. Ich habe nur meine beiden Söhne, Geschäftsleute, die den Weg ihres Vaters gehen, und ich muss es geschehen lassen; aber wenn mich Gott durch eine Tochter gesegnet hätte, *die* wäre *mein* gewesen, auch im Geist, und wenn sich ihr Herz einem armen, aber edlen Manne, sagen wir einem Manne wie Marcell Wedderkopp, zugeneigt hätte …"

„… so wäre das ein Paar geworden", lachte Corinna. „Der arme Marcell! Da hätt' er nun sein Glück machen können, und muss gerade die Tochter fehlen."

Die Kommerzienrätin nickte.

„Überhaupt ist es schade, dass es so selten klappt und

---

[1] Gleichnis im Neuen Testament: „Eher geht ein Kamel durch ein Nadelöhr, als dass ein Reicher in das Reich Gottes gelangt." (Matth. 19,24)

passt", fuhr Corinna fort. „Aber Gott sei Dank, gnädigste Frau haben ja noch den Leopold, jung und unverheiratet, und da Sie solche Macht über ihn haben – so wenigstens sagt er selbst, und sein Bruder Otto sagt es auch, und alle Welt sagt es –, so könn' er Ihnen, da der ideale Schwie- ⁵ gersohn nun mal eine Unmöglichkeit ist, wenigstens eine ideale Schwiegertochter ins Haus führen, eine reizende, junge Person, vielleicht eine Schauspielerin …"
„Ich bin nicht für Schauspielerinnen …"
„Oder eine Malerin oder eine Pastors- oder eine Profes- ¹⁰ sorentochter …"
Die Kommerzienrätin stutzte bei diesem letzten Worte und streifte Corinna stark, wenn auch flüchtig. Indessen wahrnehmend, dass diese heiter und unbefangen blieb, schwand ihre Furchtanwandlung ebenso schnell, wie sie ¹⁵ gekommen war. „Ja, Leopold", sagte sie, „den hab ich noch. Aber Leopold ist ein Kind. Und seine Verheiratung steht jedenfalls noch in weiter Ferne. Wenn er aber käme …" Und die Kommerzienrätin schien sich allen Ernstes – vielleicht weil es sich um etwas noch „in so weiter Ferne" ²⁰ Liegendes handelte – der Vision einer idealen Schwieger- tochter hingeben zu wollen, kam aber nicht dazu, weil in eben diesem Augenblicke der aus seiner Obersekunda[1] kommende Professor eintrat und seine Freundin, die Rä- tin, mit vieler Artigkeit begrüßte. ²⁵
„Stör ich?"
„In Ihrem eigenen Hause? Nein, lieber Professor; Sie kön- nen überhaupt nie stören. Mit Ihnen kommt immer das Licht. Und wie Sie waren, so sind Sie geblieben. Aber mit Corinna bin ich nicht zufrieden. Sie spricht so modern und ³⁰ verleugnet ihren Vater, der immer nur in einer schönen Gedankenwelt lebte …"
„Nun ja, ja", sagte der Professor. „Man kann es so nennen. Aber ich denke, sie wird sich noch wieder zurückfinden. Freilich, einen Stich ins Moderne wird sie wohl behalten. ³⁵

---

[1] Die „Sekunda" (lat.: die Zweite) bezeichnete – von der obersten Klassenstufe („Prima") aus rückwärts gezählt – ursprünglich die sechste Klasse des Gymnasiums (10. Klasse); später unterteilt in Unter- (10.) und Obersekunda (11. Klasse).

Schade. Das war anders, als wir jung waren, da lebte man
noch in Fantasie und Dichtung ..."
Er sagte das so hin, mit einem gewissen Pathos, als ob er
seinen Sekundanern eine besondere Schönheit aus dem
Horaz[1] oder aus dem Parzival[2] (denn er war Klassiker und
Romantiker zugleich) zu demonstrieren hätte. Sein Pathos
war aber doch etwas theatralisch gehalten und mit einer
feinen Ironie gemischt, die die Kommerzienrätin auch
klug genug war, herauszuhören. Sie hielt es indessen
trotzdem für angezeigt, einen guten Glauben zu zeigen,
nickte deshalb nur und sagte: „Ja, schöne Tage, die nie
wiederkehren."
„Nein", sagte der in seiner Rolle mit dem Ernst eines
Großinquisitors[3] fortfahrende Wilibald. „Es ist vorbei damit; aber man muss eben weiterleben."
Eine halb verlegene Stille trat ein, während welcher man,
von der Straße her, einen scharfen Peitschenknips hörte.
„Das ist ein Mahnzeichen", warf jetzt die Kommerzienrätin ein, eigentlich froh der Unterbrechung. „Johann unten
wird ungeduldig. Und wer hätte den Mut, es mit einem
solchen Machthaber zu verderben."
„Niemand", erwiderte Schmidt. „An der guten Laune unserer Umgebung hängt unser Lebensglück; ein Minister
bedeutet mir wenig, aber die Schmolke ..."
„Sie treffen es wie immer, lieber Freund."
Und unter diesen Worten erhob sich die Kommerzienrätin
und gab Corinna einen Kuss auf die Stirn, während sie Wilibald die Hand reichte. „Mit uns, lieber Professor, bleibt es
beim Alten, unentwegt." Und damit verließ sie das Zimmer,
von Corinna bis auf den Flur und die Straße begleitet.
„Unentwegt", wiederholte Wilibald, als er allein war.
„Herrliches Modewort, und nun auch schon bis in die Villa Treibel gedrungen ... Eigentlich ist meine Freundin Jen-

---

[1] Quintus Horatius Flaccus (65 – 8 v. Chr.): bedeutender römischer
    Dichter
[2] Versroman des mittelhochdeutschen Dichters Wolfram von
    Eschenbach (1160/80 – 1220)
[3] Organisator der Inquisition, die als kirchliche Institution seit dem
    12. Jahrhundert „Ketzer" verfolgte, folterte und zum Feuertod ver-
    urteilte

ny noch gerade so wie vor vierzig Jahren, wo sie die kastanienbraunen Locken schüttelte. Das Sentimentale liebte sie schon damals, aber doch immer unter Bevorzugung von Courmachen[1] und Schlagsahne. Jetzt ist sie nun rundlich geworden und beinah gebildet, oder doch, was man so gebildet zu nennen pflegt, und Adolar Krola trägt ihr Arien aus ‚Lohengrin' und ‚Tannhäuser'[2] vor. Denn ich denke mir, dass das ihre Lieblingsopern sind. Ach, ihre Mutter, die gute Frau Bürstenbinder, die das Püppchen drüben im Apfelsinenladen immer so hübsch herauszuputzen wusste, sie hat in ihrer Weiberklugheit damals ganz richtig gerechnet. Nun ist das Püppchen eine Kommerzienrätin und kann sich alles gönnen, auch das Ideale, und sogar ‚unentwegt'. Ein Musterstück von einer Bourgeoise[3]."

Und dabei trat er ans Fenster, hob die Jalousien ein wenig und sah, wie Corinna, nachdem die Kommerzienrätin ihren Sitz wieder eingenommen hatte, den Wagenschlag ins Schloss warf. Noch ein gegenseitiger Gruß, an dem die Gesellschaftsdame mit sauer-süßer Miene teilnahm, und die Pferde zogen an und trabten langsam auf die nach der Spree hin gelegene Ausfahrt zu, weil es schwer war, in der engen Adlerstraße zu wenden.

Als Corinna wieder oben war, sagte sie: „Du hast doch nichts dagegen, Papa. Ich bin morgen zu Treibels zu Tisch geladen. Marcell ist auch da und ein junger Engländer, der sogar Nelson[4] heißt."

„Ich was dagegen? Gott bewahre. Wie könnt ich was dagegen haben, wenn ein Mensch sich amüsieren will. Ich nehme an, du amüsierst dich."

„Gewiss amüsier ich mich. Es ist doch mal was anderes. Was Distelkamp sagt und Rindfleisch und der kleine Friedeberg, das weiß ich ja schon alles auswendig. Aber was Nelson sagen wird, denk dir, Nelson, das weiß ich nicht."

---

[1] jemandem die Cour machen: jemandem den Hof machen
[2] Opern (1845/50, 1842/45) Richard Wagners (1813–83)
[3] Angehörige des (hier abwertend als oberflächlich, materialistisch charakterisierten) Besitzbürgertums
[4] Anspielung auf den britischen Admiral Horatio Nelson (1758–1805)

„Viel Gescheites wird es wohl nicht sein."

„Das tut nichts. Ich sehne mich manchmal nach Unge-
scheitheiten."

„Da hast du recht, Corinna."

Zweites Kapitel

Die Treibel'sche Villa lag auf einem großen Grundstücke,
das, in bedeutender Tiefe, von der Köpnicker Straße bis
an die Spree reichte. Früher hatten hier in unmittelbarer
Nähe des Flusses nur Fabrikgebäude gestanden, in denen
alljährlich ungezählte Zentner von Blutlaugensalz[1] und
später, als sich die Fabrik erweiterte, kaum geringere
Quantitäten von Berliner Blau[2] hergestellt worden waren.
Als aber nach dem Siebziger Kriege[3] die Milliarden ins
Land kamen und die Gründeranschauungen[4] selbst die
nüchternsten Köpfe zu beherrschen anfingen, fand auch
Kommerzienrat Treibel sein bis dahin in der Alten Jakobstraße[5] gelegenes Wohnhaus, trotzdem es von Gontard[6],
ja nach einigen sogar von Knobelsdorff[7] herrühren sollte,
nicht mehr zeit- und standesgemäß und baute sich auf

---

[1] Blutlaugensalze sind Kaliumsalze, bei deren Herstellung ursprünglich auch eingetrocknetes Blut erhitzt wurde. Gelbes Blutlaugensalz
wird als Färbemittel verwendet, rotes u.a. als Holzbeize und Stahl-
härtungsmittel.

[2] auch „Eisenblau" oder „Preußischblau": synthetischer, tiefblauer
Farbstoff

[3] Deutsch-Französischer Krieg (1870–71)

[4] Die auch als „Gründerzeit" bezeichneten „Gründerjahre" (1871–
73; im weiteren Sinne 1870–1900) nach Gründung des Deutschen
Kaiserreiches (1. Januar 1871) waren von waghalsigen Spekula-
tionen und Unternehmensgründungen geprägt. 1873 fanden viele
dieser Unternehmen durch einen Wirtschaftszusammenbruch
(„Große Depression", 1873–79) ein jähes Ende.

[5] Wohnort Fontanes von 1863–72

[6] Karl von Gontard (1731–91): Baumeister, ab 1765 im Dienst
Friedrichs des Großen

[7] Georg Wenzeslaus von Knobelsdorff (1699–1753): Baumeister
und Maler, ab 1740 Oberintendant der königlichen Schlösser und
Gärten Friedrichs des Großen

seinem Fabrikgrundstück eine modische Villa mit kleinem Vorder- und parkartigem Hintergarten. Diese Villa war ein Hochparterrebau mit aufgesetztem ersten Stock, welcher Letztere jedoch, um seiner niedrigen Fenster willen, eher den Eindruck eines Mezzanin[1] als einer Beletage[2] 5 machte. Hier wohnte Treibel seit sechzehn Jahren und begriff nicht, dass er es, einem noch dazu bloß gemutmaßten friderizianischen Baumeister zuliebe, so lange Zeit hindurch in der unvornehmen und aller frischen Luft entbehrenden Alten Jakobstraße ausgehalten habe; Gefühle, die 10 von seiner Frau Jenny mindestens geteilt wurden. Die Nähe der Fabrik, wenn der Wind ungünstig stand, hatte freilich auch allerlei Missliches im Geleite; Nordwind aber, der den Qualm herantrieb, war notorisch[3] selten, und man brauchte ja die Gesellschaften nicht gerade bei 15 Nordwind zu geben. Außerdem ließ Treibel die Fabrikschornsteine mit jedem Jahre höher hinaufführen und beseitigte damit den anfänglichen Übelstand immer mehr. Das Diner war zu sechs Uhr festgesetzt; aber bereits eine Stunde vorher sah man Huster'sche Wagen[4] mit runden 20 und viereckigen Körben vor dem Gittereingange halten. Die Kommerzienrätin, schon in voller Toilette[5], beobachtete von dem Fenster ihres Boudoirs[6] aus all diese Vorbereitungen und nahm auch heute wieder, und zwar nicht ohne eine gewisse Berechtigung, Anstoß daran. „Dass 25 Treibel es auch versäumen musste, für einen Nebeneingang Sorge zu tragen! Wenn er damals nur ein vier Fuß breites Terrain von dem Nachbargrundstück zukaufte, so hätten wir einen Eingang für derart Leute gehabt. Jetzt marschiert jeder Küchenjunge durch den Vorgarten, gera- 30 de auf unser Haus zu, wie wenn er mit eingeladen wäre. Das sieht lächerlich aus und auch anspruchsvoll, als ob die ganze Köpnicker Straße wissen solle: Treibels geben

---

[1]   niedriges Zwischengeschoss
[2]   (franz.) Stockwerk über dem Erdgeschoss
[3]   hier: bekanntermaßen, offenkundig
[4]   Der renommierte Speisewirt A. Huster war Besitzer
      des „Englischen Hauses" und führte zudem Bestellungen aus.
[5]   Gesellschaftskleidung, Damenkleidung samt Zubehör
[6]   Boudoir (franz.): privates, elegantes Damenzimmer

heut ein Diner. Außerdem ist es unklug, dem Neid der
Menschen und dem sozialdemokratischen Gefühl so ganz
nutzlos neue Nahrung zu geben."
Sie sagte sich das ganz ernsthaft, gehörte jedoch zu den
5 Glücklichen, die sich nur weniges andauernd zu Herzen
nehmen, und so kehrte sie denn vom Fenster zu ihrem
Toilettentisch[1] zurück, um noch einiges zu ordnen und
den Spiegel zu befragen, ob sie sich neben ihrer Hamburger Schwiegertochter auch werde behaupten können.
10 Helene war freilich nur halb so alt, ja kaum das; aber die
Kommerzienrätin wusste recht gut, dass Jahre nichts bedeuten und dass Konversation und Augenausdruck und
namentlich die „Welt der Formen", im einen und im andern Sinne, ja im „andern" Sinne noch mehr, den Aus-
15 schlag zu geben pflegen. Und hierin war die schon stark
an der Grenze des Embonpoint[2] angelangte Kommerzienrätin ihrer Schwiegertochter unbedingt überlegen.
In dem mit dem Boudoir korrespondierenden, an der andern Seite des Frontsaales gelegenen Zimmer saß Kom-
20 merzienrat Treibel und las das „Berliner Tageblatt"[3]. Es
war gerade eine Nummer, der der „Ulk"[4] beilag. Er wei-
dete sich an dem Schlussbild und las dann einige von
Nunnes[5] philosophischen Betrachtungen. „Ausgezeichnet … Sehr gut … Aber ich werde das Blatt doch beiseite-
25 schieben oder mindestens das ‚Deutsche Tageblatt'[6] da-
rüberlegen müssen. Ich glaube, Vogelsang gibt mich sonst
auf. Und ich kann ihn, wie die Dinge mal liegen, nicht
mehr entbehren, so wenig, dass ich ihn zu heute habe
einladen müssen. Überhaupt eine sonderbare Gesell-
30 schaft! Erst dieser Mr. Nelson, den sich Helene, weil ihre
Mädchen mal wieder am Plättbrett stehen, gefälligst ab-
gewälzt hat, und zu diesem Nelson dieser Vogelsang, die-

---

[1] Ankleide-, Frisier- und Schminktisch
[2] (franz.) Wohlbeleibtheit, Körperfülle
[3] liberal-demokratische Tageszeitung
[4] wöchentliche Satire-Beilage des „Berliner Tageblatts"
[5] Nunne: fiktiver Berliner Gelegenheitsarbeiter, der im „Ulk"
     das aktuelle Zeitgeschehen kommentierte
[6] nationalkonservative Tageszeitung

ser Leutnant a. D. und Agent provocateur[1] in Wahlsachen.
Er versteht sein Metier, so sagt man mir allgemein, und
ich muss es glauben. Jedenfalls scheint mir das sicher: Hat
er mich erst in Teupitz-Zossen[2] und an den Ufern der
Wendischen Spree[3] durchgebracht, so bringt er mich auch 5
hier durch. Und das ist die Hauptsache. Denn schließlich
läuft doch alles darauf hinaus, dass ich in Berlin selbst,
wenn die Zeit dazu gekommen ist, den Singer[4] oder irgendeinen andern von der Couleur[5] beiseiteschiebe. Nach
der Beredsamkeitsprobe neulich bei Buggenhagen[6] ist ein 10
Sieg sehr wohl möglich, und so muss ich ihn mir warm-
halten. Er hat einen Sprechanismus[7], um den ich ihn beneiden könnte, trotzdem ich doch auch nicht in einem
Trappistenkloster[8] geboren und großgezogen bin. Aber
neben Vogelsang? Null. Und kann auch nicht anders sein; 15
denn bei Lichte besehen, hat der ganze Kerl nur drei
Lieder auf seinem Kasten und dreht eins nach dem andern
von der Walze herunter[9], und wenn er damit fertig ist,
fängt er wieder an. So steht es mit ihm, und darin steckt
seine Macht, gutta cavat lapidem[10]; der alte Wilibald Sch- 20
midt würde sich freuen, wenn er mich so zitieren hörte,
vorausgesetzt, dass es richtig ist. Oder vielleicht auch umgekehrt; wenn drei Fehler drin sind, amüsiert er sich noch
mehr; Gelehrte sind nun mal so … Vogelsang, das muss
ich ihm lassen, hat freilich noch eines, was wichtiger ist 25
als das ewige Wiederholen, er hat den Glauben an sich

---

[1] Polizeispitzel, Lockspitzel, der zum Gesetzesbruch anstiftet;
     hier: bezahlter Aufwiegler
[2] zwei nahe gelegene Orte im ehemaligen preußischen Regierungs-
     bezirk Potsdam
[3] Nebenfluss der Spree, eigentlich: Dahme
[4] Paul Singer (1844–1911): einflussreicher Sozialdemokrat
[5] (franz.) hier: politische Richtung
[6] Gustav Buggenhagen: Berliner Gastwirt, dessen Restaurant ein be-
     liebtes Versammlungslokal war
[7] (mundartlich) Mundwerk, Beredsamkeit, Redegabe
[8] Trappisten: strenger katholischer Schweigeorden
[9] Anspielung auf den Leierkasten, dessen Walzwerk mit einer Kurbel
     bedient wird
[10] (lat.) steter Tropfen hölt den Stein

und ist überhaupt ein richtiger Fanatiker. Ob es wohl mit allem Fanatismus ebenso steht? Mir sehr wahrscheinlich. Ein leidlich gescheites Individuum kann eigentlich gar nicht fanatisch sein. Wer an einen Weg und eine Sache glaubt, ist allemal ein Poveretto[1], und ist seine Glaubenssache zugleich er selbst, so ist er gemeingefährlich und eigentlich reif für Dalldorf[2]. Und von solcher Beschaffenheit ist just der Mann, dem zu Ehren ich, wenn ich von Mr. Nelson absehe, heute mein Diner gebe und mir zwei adlige Fräuleins eingeladen habe, blaues Blut, das hier in der Köpnicker Straße so gut wie gar nicht vorkommt und deshalb aus Berlin W[3] von mir verschrieben werden musste, ja zur Hälfte sogar aus Charlottenburg. O Vogelsang! Eigentlich ist mir der Kerl ein Gräuel. Aber was tut man nicht alles als Bürger und Patriot."

Und dabei sah Treibel auf das zwischen den Knopflöchern ausgespannte Kettchen mit drei Orden en miniature[4], unter denen ein rumänischer der vollgültigste[5] war, und seufzte, während er zugleich auch lachte. „Rumänien, früher Moldau und Walachei[6]. Es ist mir wirklich zu wenig."

Das erste Coupé[7], das vorfuhr, war das seines ältesten Sohnes Otto, der sich selbstständig etabliert und ganz am Ausgange der Köpnicker Straße, zwischen dem zur Pionierkaserne gehörigen Pontonhaus[8] und dem Schlesischen Tor, einen Holzhof errichtet hatte, freilich von der höheren Observanz[9], denn es waren Farbehölzer, Fernambuk- und Campecheholz[10], mit denen er handelte. Seit etwa acht Jahren war er auch verheiratet. Im selben Augenblicke, wo

---

[1] armer Schlucker
[2] Nervenanstalt bei Berlin
[3] der (vornehmere) Westteil Berlins
[4] (franz.) im Kleinen, im kleinen Maßstab
[5] vollgültig: allgemein anerkannt, vollwertig, uneingeschränkt gültig
[6] Die Fürstentümer Moldau und Walachei wurden 1859/61 zu Rumänien vereint.
[7] hier: geschlossene, zweisitzige Kutsche
[8] Lagerhaus für die zum Brückenbau benötigten Schwimmkörper
[9] hier: Ausprägung
[10] exotische Hölzer mit roter bzw. blauer Färbekraft

der Wagen hielt, zeigte er sich seiner jungen Frau beim Aussteigen behülflich, bot ihr verbindlich den Arm und schritt, nach Passierung des Vorgartens, auf die Freitreppe zu, die zunächst zu einem verandaartigen Vorbau der väterlichen Villa hinaufführte. Der alte Kommerzienrat stand schon in der Glastür und empfing die Kinder mit der ihm eigenen Jovialität[1]. Gleich darauf erschien auch die Kommerzienrätin aus dem seitwärts angrenzenden und nur durch eine Portiere[2] von dem großen Empfangssaal geschiedenen Zimmer und reichte der Schwiegertochter die Backe, während ihr Sohn Otto ihr die Hand küsste. „Gut, dass du kommst, Helene", sagte sie mit einer glücklichen Mischung von Behaglichkeit und Ironie, worin sie, wenn sie wollte, Meisterin war. „Ich fürchtete schon, du würdest dich auch vielleicht behindert sehen." „Ach, Mama, verzeih … Es war nicht bloß des Plätt-Tags halber; unsere Köchin hat zum ersten Juni gekündigt, und wenn sie kein Interesse mehr haben, so sind sie so unzuverlässig; und auf Elisabeth ist nun schon gar kein Verlass mehr. Sie ist ungeschickt bis zur Unschicklichkeit und hält die Schüsseln immer so dicht über den Schultern, besonders der Herren, als ob sie sich ausruhen wollte …"
Die Kommerzienrätin lächelte halb versöhnt, denn sie hörte gern dergleichen.
„… Und aufschieben", fuhr Helene fort, „verbot sich auch. Mr. Nelson, wie du weißt, reist schon morgen Abend wieder. Übrigens ein charmanter junger Mann, der euch gefallen wird. Etwas kurz und einsilbig, vielleicht weil er nicht recht weiß, ob er sich deutsch oder englisch ausdrücken soll; aber was er sagt, ist immer gut und hat ganz die Gesetztheit und Wohlerzogenheit, die die meisten Engländer haben. Und dabei immer wie aus dem Ei gepellt. Ich habe nie solche Manschetten gesehen, und es bedrückt mich geradezu, wenn ich dann sehe, womit sich mein armer Otto behelfen muss, bloß weil man die richtigen Kräfte beim besten Willen nicht haben kann. Und so sauber wie die Manschetten, so sauber ist alles an ihm, ich

---

[1] betont wohlwollende Art, Leutseligkeit
[2] Türvorhang

meine an Mr. Nelson, auch sein Kopf und sein Haar. Wahrscheinlich, dass er es mit Honey-water[1] bürstet, oder vielleicht ist es auch bloß mit Hülfe von Shampooing."
Der so rühmlich Gekennzeichnete war der Nächste, der
am Gartengitter erschien und schon im Herankommen
die Kommerzienrätin einigermaßen in Erstaunen setzte.
Diese hatte, nach der Schilderung ihrer Schwiegertochter,
einen Ausbund von Eleganz erwartet; stattdessen kam ein
Menschenkind daher, an dem, mit Ausnahme der von der
jungen Frau Treibel gerühmten Manschettenspezialität,
eigentlich alles die Kritik herausforderte. Den ungebür-
steten Zylinder im Nacken und reisemäßig in einem gelb
und braun quadrierten Anzuge steckend, stieg er, von
links nach rechts sich wiegend, die Freitreppe herauf und
grüßte mit der bekannten heimatlichen Mischung von
Selbstbewusstsein und Verlegenheit. Otto ging ihm entgegen, um ihn seinen Eltern vorzustellen.
„Mr. Nelson from Liverpool – derselbe, lieber Papa, mit
dem ich …"
„Ah, Mr. Nelson. Sehr erfreut. Mein Sohn spricht noch oft
von seinen glücklichen Tagen in Liverpool und von dem
Ausfluge, den er damals mit Ihnen nach Dublin und,
wenn ich nicht irre, auch nach Glasgow machte. Das geht
jetzt ins neunte Jahr; Sie müssen damals noch sehr jung
gewesen sein."
„O nicht sehr jung, Mister Treibel … about sixteen …"
„Nun, ich dächte doch, sechzehn …"
„Oh, sechzehn, nicht sehr jung … nicht für uns."
Diese Versicherungen klangen umso komischer, als Mr.
Nelson auch jetzt noch wie ein Junge wirkte. Zu weiteren
Betrachtungen darüber war aber keine Zeit, weil eben jetzt
eine Droschke zweiter Klasse[2] vorfuhr, der ein langer, ha-
gerer Mann in Uniform entstieg. Er schien Auseinandersetzungen mit dem Kutscher zu haben, während deren er
übrigens eine beneidenswert sichere Haltung beobachtete, und nun rückte er sich zurecht und warf die Gittertür

---

[1] (engl.) Honigwasser
[2] Die Droschke wurde als Mietpferdekutsche in zwei (Preis-)Klassen
    eingeteilt.

ins Schloss. Er war in Helm und Degen; aber ehe man noch der „Schilderhäuser"[1] auf seiner Achselklappe gewahr werden konnte, stand es für jeden mit militärischem Blick nur einigermaßen Ausgerüsteten fest, dass er seit wenigstens dreißig Jahren außer Dienst sein müsse. Denn die Grandezza[2], mit der er daherkam, war mehr die Steifheit eines alten, irgendeiner ganz seltenen Sekte zugehörigen Torf- oder Salzinspektors als die gute Haltung eines Offiziers. Alles gab sich mehr oder weniger automatenhaft, und der in zwei gewirbelten Spitzen auslaufende schwarze Schnurrbart wirkte nicht nur gefärbt, was er natürlich war, sondern zugleich auch wie angeklebt. Desgleichen der Henriquatre[3]. Dabei lag sein Untergesicht im Schatten zweier vorspringender Backenknochen. Mit der Ruhe, die sein ganzes Wesen auszeichnete, stieg er jetzt die Freitreppe hinauf und schritt auf die Kommerzienrätin zu. „Sie haben befohlen, meine Gnädigste …" – „Hocherfreut, Herr Leutnant …" Inzwischen war auch der alte Treibel herangetreten und sagte: „Lieber Vogelsang, erlauben Sie mir, dass ich Sie mit den Herrschaften bekannt mache; meinen Sohn Otto kennen Sie, aber nicht seine Frau, meine liebe Schwiegertochter – Hamburgerin, wie Sie leicht erkennen werden … Und hier", und dabei schritt er auf Mr. Nelson zu, der sich mit dem inzwischen ebenfalls erschienenen Leopold Treibel gemütlich und ohne jede Rücksicht auf den Rest der Gesellschaft unterhielt, „und hier ein junger lieber Freund unseres Hauses, Mr. Nelson from Liverpool."

Vogelsang zuckte bei dem Wort „Nelson" zusammen und schien einen Augenblick zu glauben – denn er konnte die Furcht des Gefopptwerdens nie ganz loswerden –, dass man sich einen Witz mit ihm erlaube. Die ruhigen Mienen aller aber belehrten ihn bald eines Besseren, weshalb er sich artig verbeugte und zu dem jungen Engländer sagte: „Nelson. Ein großer Name. Sehr erfreut, Mr. Nelson."

---

[1] volkstümliche Bezeichnung für die Rangabzeichen der Reserveoffiziere
[2] feierlich-hoheitsvolle Haltung
[3] nach Heinrich IV. von Frankreich (1589 – 1616) benannter Spitzbart

Dieser lachte dem alt und aufgesteift vor ihm stehenden Leutnant ziemlich ungeniert ins Gesicht, denn solche komische Person war ihm noch gar nicht vorgekommen. Dass er in seiner Art ebenso komisch wirkte, dieser Grad der Erkenntnis lag ihm fern. Vogelsang biss sich auf die Lippen und befestigte sich, unter dem Eindruck dieser Begegnung, in der lang gehegten Vorstellung von der Impertinenz[1] englischer Nation. Im Übrigen war jetzt der Zeitpunkt da, wo das Eintreffen immer neuer Ankömmlinge von jeder anderen Betrachtung abzog und die Sonderbarkeiten eines Engländers rasch vergessen ließ.

Einige der befreundeten Fabrikbesitzer aus der Köpnicker Straße lösten in ihren Chaisen[2] mit niedergeschlagenem Verdeck die, wie es schien, noch immer sich besinnende Vogelsang'sche Droschke rasch und beinahe gewaltsam ab; dann kam Corinna samt ihrem Vetter Marcell Wedderkopp (beide zu Fuß), und schließlich fuhr Johann, der Kommerzienrat-Treibel'sche Kutscher, vor, und dem mit blauem Atlas[3] ausgeschlagenen Landauer – derselbe, darin gestern die Kommerzienrätin ihren Besuch bei Corinna gemacht hatte – entstiegen zwei alte Damen, die von Johann mit ganz besonderem und beinahe überraschlichem Respekt behandelt wurden. Es erklärte sich dies aber einfach daraus, dass Treibel, gleich bei Beginn dieser ihm wichtigen und jetzt etwa um dritthalb Jahre zurückliegenden Bekanntschaft, zu seinem Kutscher gesagt hatte: „Johann, ein für alle Mal, diesen Damen gegenüber immer Hut in Hand. Das andere, du verstehst mich, ist meine Sache." Dadurch waren die guten Manieren Johanns außer Frage gestellt. Beiden alten Damen ging Treibel jetzt bis in die Mitte des Vorgartens entgegen, und nach lebhaften Bekomplimentierungen[4], an denen auch die Kommerzienrätin teilnahm, stieg man wieder die Gartentreppe hinauf und trat, von der Veranda her, in den großen Empfangssalon ein, der bis dahin, weil das schöne Wetter

---

[1] Dreistigkeit, Frechheit, Unverschämtheit
[2] Kutschen mit (zurückschlagbarem) Halbverdeck
[3] glänzendes Gewebe
[4] Austausch von Höflichkeiten und Komplimenten

zum Verweilen im Freien einlud, nur von wenigen betreten worden war. Fast alle kannten sich von früheren Treibel'schen Diners her; nur Vogelsang und Nelson waren Fremde, was den partiellen Vorstellungsakt erneuerte. „Darf ich Sie", wandte sich Treibel an die zuletzt erschienenen alten Damen, „mit zwei Herren bekannt machen, die mir heute zum ersten Male die Ehre ihres Besuches geben: Leutnant Vogelsang, Präsident unseres Wahlkomitees, und Mr. Nelson from Liverpool." Man verneigte sich gegenseitig. Dann nahm Treibel Vogelsangs Arm und flüsterte diesem, um ihn einigermaßen zu orientieren, zu: „Zwei Damen vom Hofe; die korpulente: Frau Majorin von Ziegenhals, die *nicht* korpulente (worin Sie mir zustimmen werden): Fräulein Edwine von Bomst."
„Merkwürdig", sagte Vogelsang. „Ich würde, die Wahrheit zu gestehen …"
„Eine Vertauschung der Namen für angezeigt gehalten haben. Da treffen Sie's, Vogelsang. Und es freut mich, dass Sie ein Auge für solche Dinge haben. Da bezeugt sich das alte Leutnantsblut. Ja, diese Ziegenhals; einen Meter Brustweite wird sie wohl haben, und es lassen sich allerhand Betrachtungen darüber anstellen, werden auch wohl seinerzeit angestellt worden sein. Im Übrigen, es sind das so die scherzhaften Widerspiele, die das Leben erheitern. Klopstock[1] war Dichter, und ein anderer, den ich noch persönlich gekannt habe, hieß Griepenkerl[2] … Es trifft sich, dass uns beide Damen ersprießliche Dienste leisten können."
„Wie das? Wieso?"
„Die Ziegenhals ist eine rechte Cousine von dem Zossener Landesältesten[3], und ein Bruder der Bomst hat sich mit einer Pastorstochter aus der Storkower Gegend[4] ehelich

---

[1] Friedrich Gottlieb Klopstock (1724–1803)
[2] Wolfgang Robert Griepenkerl (1810–68): deutscher Dramatiker und Literaturprofessor
[3] Landesältester: Beauftragter der Kreditverbände der Grundbesitzer zur Schätzung ihrer Güter
[4] Storkow: Kleinstadt im ehemaligen preußischen Regierungsbezirk Potsdam

vermählt. Halbe Mesalliance[1], die wir ignorieren müssen, weil wir Vorteil daraus ziehen. Man muss, wie Bismarck, immer ein Dutzend Eisen im Feuer haben[2] … Ah, Gott sei Dank. Johann hat den Rock[3] gewechselt und gibt das Zei-
5 chen. Allerhöchste Zeit … Eine Viertelstunde warten geht; aber zehn Minuten darüber ist zu viel … Ohne mich ängstlich zu belauschen, ich höre, wie der Hirsch nach Wasser schreit.[4] Bitte, Vogelsang, führen Sie meine Frau … Liebe Corinna, bemächtigen Sie sich Nelsons … Victory and West-
10 minster Abbey[5]; das Entern ist diesmal an Ihnen. Und nun meine Damen … darf ich um Ihren Arm bitten, Frau Majorin …? Und um den Ihren, mein gnädigstes Fräulein?"
Und die Ziegenhals am rechten, die Bomst am linken Arm, ging er auf die Flügeltür zu, die sich, während dieser sei-
15 ner letzten Worte, mit einer gewissen langsamen Feierlichkeit geöffnet hatte.

Drittes Kapitel

Das Esszimmer entsprach genau dem vorgelegenen Empfangszimmer und hatte den Blick auf den großen, parkartigen Hintergarten mit plätscherndem Springbrunnen, ganz in der Nähe des Hauses; eine kleine Kugel stieg auf
5 dem Wasserstrahl auf und ab, und auf dem Querholz einer zur Seite stehenden Stange saß ein Kakadu und sah, mit dem bekannten Auge voll Tiefsinn, abwechselnd auf den Strahl mit der balancierenden Kugel und dann wieder in den Esssaal, dessen oberes Schiebefenster, der Ventilation
10 halber, etwas herabgelassen war. Der Kronleuchter brann-

---

[1] nicht standesgemäße Ehe; unglückliche, nicht ebenbürtige Verbindung
[2] Anspielung auf die Bündnispolitik Bismarcks
[3] hier: (veraltet) Herrenjacke
[4] Anspielung auf einen Psalm des Alten Testamentes: „Wie der Hirsch lechzt nach frischem Wasser,/so lechzt meine Seele, Gott, nach dir." (Ps. 42,2)
[5] „Victory" hieß Admiral Nelsons Flaggschiff bei Trafalgar; in der berühmten Londoner Kirche „Westminster Abbey" wurde Nelson begraben.

te schon, aber die niedrig geschraubten Flämmchen waren in der Nachmittagssonne kaum sichtbar und führten ihr schwaches Vorleben nur deshalb, weil der Kommerzienrat, um ihn selbst sprechen zu lassen, nicht liebte, „durch Manipulationen im Laternenansteckerstil in seiner Diner- stimmung gestört zu werden". Auch der bei der Gelegenheit hörbar werdende kleine Puff, den er gern als „moderierten[1] Salutschuss" bezeichnete, konnte seine Gesamtstellung zu der Frage nicht ändern. Der Speisesaal selbst war von schöner Einfachheit: gelber Stuck, in den einige Reliefs eingelegt waren, reizende Arbeiten von Professor Franz. Seitens der Kommerzienrätin war, als es sich um diese Ausschmückung handelte, Reinhold Begas[2] in Vorschlag gebracht, aber von Treibel, als seinen Etat überschreitend, abgelehnt worden. „Das ist für die Zeit, wo wir Generalkonsuls[3] sein werden …" „Eine Zeit, die nie kommt", hatte Jenny geantwortet. „Doch, doch, Jenny; Teupitz-Zossen ist die erste Staffel[4] dazu." Er wusste, wie zweifelhaft seine Frau seiner Wahlagitation und allen sich daran knüpfenden Hoffnungen gegenüberstand, weshalb er gern durchklingen ließ, dass er von dem Baum seiner Politik auch für die weibliche Eitelkeit noch goldene Früchte zu heimsen gedenke.

Draußen setzte der Wasserstrahl sein Spiel fort. Drinnen im Saal aber, in der Mitte der Tafel, die, statt der üblichen Riesenvase mit Flieder und Goldregen, ein kleines Blumenparkett[5] zeigte, saß der alte Treibel, neben sich die beiden adligen Damen, ihm gegenüber seine Frau zwischen Leutnant Vogelsang und dem ehemaligen Opernsänger Adolar Krola. Krola war seit fünfzehn Jahren Hausfreund, worauf ihm dreierlei einen gleichmäßigen Anspruch gab: sein gutes Äußere, seine gute Stimme und sein gutes Vermögen. Er hatte sich nämlich kurz vor seinem

---

[1] moderiert (hier): moderat, gemäßigt
[2] Begas (1831–1911) und Julius Franz (1824–87) waren bedeutende Bildhauer.
[3] Generalkonsul: höchster Rang des Konsulamtes, höher anzusiedeln als Kommerzienrat
[4] erste Etappe, erste Stufe
[5] Blumenarrangement

Rücktritt von der Bühne mit einer Millionärstochter verheiratet. Allgemein zugestanden, war er ein sehr liebenswürdiger Mann, was er vor manchem seiner ehemaligen
Kollegen ebenso sehr voraus hatte wie die mehr als gesi-
cherte Finanzlage.

Frau Jenny präsentierte sich in vollem Glanz, und ihre
Herkunft aus dem kleinen Laden in der Adlerstraße war
in ihrer Erscheinung bis auf den letzten Rest getilgt. Alles
wirkte reich und elegant; aber die Spitzen auf dem veil-
chenfarbenen Brokatkleide[1], so viel musste gesagt werden, taten es nicht allein, auch nicht die kleinen Brillant-
ohrringe, die bei jeder Bewegung hin und her blitzten;
nein, was ihr mehr als alles andere eine gewisse Vornehm-
heit lieh, war die sichere Ruhe, womit sie zwischen ihren
Gästen thronte. Keine Spur von Aufregung gab sich zu
erkennen, zu der allerdings auch keine Veranlassung vor-
lag. Sie wusste, was in einem reichen und auf Repräsentation gestellten Hause brauchbare Dienstleute bedeuten,
und so wurde denn alles, was sich nach dieser Seite hin
nur irgendwie bewährte, durch hohen Lohn und gute Behandlung festgehalten. Alles ging infolge davon wie am
Schnürchen, auch heute wieder, und ein Blick Jennys re-
gierte das Ganze, wobei das untergeschobene Luftkissen,
das ihr eine dominierende Stellung gab, ihr nicht wenig
zustatten kam. In ihrem Sicherheitsgefühl war sie zugleich
die Liebenswürdigkeit selbst. Ohne Furcht, wirtschaftlich
irgendetwas ins Stocken kommen zu sehen, konnte sie
sich selbstverständlich auch den Pflichten einer gefälligen
Unterhaltung widmen, und weil sie's störend empfinden
mochte – den ersten Begrüßungsmoment abgerechnet –,
zu keinem einzigen intimeren Gesprächsworte mit den
adligen Damen gekommen zu sein, so wandte sie sich jetzt
über den Tisch hin an die Bomst und fragte voll anschei-
nender oder vielleicht auch voll wirklicher Teilnahme:
„Haben Sie, mein gnädigstes Fräulein, neuerdings etwas
von Prinzess Anisettchen[2] gehört? Ich habe mich immer
für diese junge Prinzessin lebhaft interessiert, ja, für die

---

[1] Brokat: kostbares Seidengewebe
[2] eine vermutlich fiktive Gestalt

ganze Linie des Hauses. Sie soll glücklich verheiratet sein. Ich höre so gern von glücklichen Ehen, namentlich in der Obersphäre der Gesellschaft, und ich möchte dabei bemerken dürfen, es scheint mir eine törichte Annahme, dass auf den Höhen der Menschheit[1] das Eheglück ausgeschlossen sein solle."

„Gewiss", unterbrach hier Treibel übermütig, „ein solcher Verzicht auf das denkbar Höchste …"

„Lieber Treibel", fuhr die Rätin fort, „ich richtete mich an das Fräulein v. Bomst, das, bei jedem schuldigen Respekt vor deiner sonstigen Allgemeinkenntnis, mir in allem, was ‚Hof' angeht, doch um ein Erhebliches kompetenter ist als du."

„Zweifellos", sagte Treibel. Und die Bomst, die dies eheliche Intermezzo mit einem sichtlichen Behagen begleitet hatte, nahm nun ihrerseits das Wort und erzählte von der Prinzessin, die ganz die Großmutter sei, denselben Teint und vor allem dieselbe gute Laune habe. Das wisse, so viel dürfe sie wohl sagen, niemand besser als sie, denn sie habe noch des Vorzugs genossen, unter den Augen der Hochseligen, die eigentlich ein Engel gewesen, ihr Leben bei Hofe beginnen zu dürfen, bei welcher Gelegenheit sie so recht die Wahrheit begriffen habe, dass die Natürlichkeit nicht nur das Beste, sondern auch das Vornehmste sei.

„Ja", sagte Treibel, „das Beste und das Vornehmste. Da hörst du's, Jenny, von einer Seite her, die du, Pardon, mein gnädigstes Fräulein, eben selbst als ‚kompetenteste Seite' bezeichnet hast."

Auch die Ziegenhals mischte sich jetzt mit ein, und das Gesprächsinteresse der Kommerzienrätin, die, wie jede geborene Berlinerin, für Hof und Prinzessinnen schwärmte, schien sich mehr und mehr ihren beiden Visavis[2] zuwenden zu wollen, als plötzlich ein leises Augenzwinkern Treibels ihr zu verstehen gab, dass auch noch andere Per-

---

[1] Anspielung auf Schillers Tragödie „Die Jungfrau von Orleans" (I,2): „Drum soll der Sänger mit dem König gehen,/Sie beide wohnen auf der Menschheit Höhen!"

[2] Visavis: Gegenüber

sonen zu Tische säßen und dass es des Landes der Brauch
sei, sich, was Gespräch angehe, mehr mit seinem Nachbar
zur Linken und Rechten als mit seinem Gegenüber zu
beschäftigen. Die Kommerzienrätin erschrak denn auch
nicht wenig, als sie wahrnahm, wie sehr Treibel mit seinem stillen, wenn auch halb scherzhaften Vorwurf im
Rechte sei. Sie hatte Versäumtes nachholen wollen und
war dadurch in eine neue, schwerere Versäumnis hinein-
geraten. Ihr linker Nachbar, Krola – nun, das mochte gehen, der war Hausfreund und harmlos und nachsichtig
von Natur. Aber Vogelsang! Es kam ihr mit einem Male
zum Bewusstsein, dass sie während des Prinzessinnenge-
sprächs von der rechten Seite her immer etwas wie einen
sich einbohrenden Blick empfunden hatte. Ja, das war Vogelsang gewesen, Vogelsang, dieser furchtbare Mensch,
dieser Mephisto[1] mit Hahnenfeder und Hinkefuß, wenn
auch beides nicht recht zu sehen war. Er war ihr widerwärtig, und doch musste sie mit ihm sprechen; es war die
höchste Zeit.

„Ich habe, Herr Leutnant, von Ihren beabsichtigten Reisen
in unsere liebe Mark Brandenburg gehört; Sie wollen bis
an die Gestade der Wendischen Spree vordringen, ja, noch
darüber hinaus. Eine höchst interessante Gegend, wie mir
Treibel sagt, mit allerlei Wendengöttern[2], die sich, bis diesen Tag, in dem finsteren Geiste der Bevölkerung aussprechen sollen."

„Nicht dass ich wüsste, meine Gnädigste."

„So zum Beispiel in dem Städtchen Storkow, dessen
Burgemeister, wenn ich recht unterrichtet bin, der Burgemeister Tschech[3] war, jener politische Rechtsfanatiker, der
auf König Friedrich Wilhelm IV. schoss, ohne Rücksicht
auf die nebenstehende Königin. Es ist eine lange Zeit, aber
ich entsinne mich der Einzelheiten, als ob es gestern ge-

---

[1] Mephistopheles: der Teufel aus Goethes „Faust"
[2] Anspielung auf heidnische Vorstellungen der ab dem 7. Jahrhundert
     in Nord- und Ostdeutschland eingewanderten Wenden (Slawen)
[3] Heinrich Ludwig Tschech (1789–1844): Der ehemalige Bürgermei-
     ster von Storkow verübte am 26. Juli 1844 ein Attentat auf König
     Friedrich Wilhelm IV. von Preußen und wurde am 14. Dezember
     enthauptet.

wesen wäre, und entsinne mich auch noch des eigentümlichen Liedes[1], das damals auf diesen Vorfall gedichtet
wurde."

„Ja", sagte Vogelsang, „ein erbärmlicher Gassenhauer,
darin ganz der frivole Geist spukte, der die Lyrik jener 5
Tage beherrschte. Was sich anders in dieser Lyrik gibt,
ganz besonders auch in dem in Rede stehenden Gedicht,
ist nur Schein, Lug und Trug. ‚Er erschoss uns auf ein Haar
Unser teures Königspaar.' Da haben Sie die ganze Perfi-
die[2]. Das sollte loyal klingen und unter Umständen viel- 10
leicht auch den Rückzug decken, ist aber schnöder und
schändlicher als alles, was jene verlogene Zeit sonst noch
hervorgebracht hat, den großen Hauptsünder auf diesem
Gebiete nicht ausgenommen. Ich meine natürlich Herwegh, George Herwegh[3]." „Ach, da treffen Sie mich, Herr 15
Leutnant, wenn auch ungewollt, an einer sehr empfind-
lichen Stelle. Herwegh war nämlich in der Mitte der Vier-
zigerjahre, wo ich eingesegnet[4] wurde, mein Lieblings-
dichter. Es entzückte mich, weil ich immer sehr
protestantisch fühlte, wenn er seine ‚Flüche gegen Rom'[5] 20
herbeischleppte, worin Sie mir vielleicht beistimmen werden. Und ein anderes Gedicht, worin er uns aufforderte,
die Kreuze aus der Erde zu reißen[6], las ich beinah mit
gleichem Vergnügen. Ich muss freilich einräumen, dass es
keine Lektüre für eine Konfirmandin war. Aber meine 25
Mutter sagte: ‚Lies es nur, Jenny; der König hat es auch
gelesen, und Herwegh war sogar bei ihm in Charlottenburg, und die besseren Klassen lesen es alle.' Meine Mut-

---

[1] anonymes satirisches Gedicht, beginnt mit: „Aber keiner war so
    frech/wie der Bürgermeister Tschech,/denn er traf um fast ein
    Haar/unser teures Königspaar […]"
[2] Hinterhältigkeit, Falschheit
[3] Georg Herwegh (1817–75): revolutionärer deutscher Dichter
[4] Einsegnung: Konfirmation
[5] Anspielung auf Herweghs antiklerikales Gedicht „Gegen Rom"
    (1841), in dem es in der ersten Strophe heißt: „Noch einen Fluch
    schlepp ich herbei:/Fluch über dich, o Petri Sohn!/Fluch über deine
    Klerisei!/Fluch über deinen Sündenthron! […]"
[6] Im Gedicht „Aufruf" (1841) heißt es in der ersten Strophe: „Reißt
    die Kreuze aus der Erden!/Alle sollen Schwerter werden […]"

ter, wofür ich ihr noch im Grabe danke, war immer für die besseren Klassen. Und das sollte jede Mutter, denn es ist bestimmend für unseren Lebensweg. Das Niedere kann dann nicht heran und bleibt hinter uns zurück."

5 Vogelsang zog die Augenbrauen zusammen, und jeder, den die Vorstellung von seiner Mephistophelesschaft bis dahin nur gestreift hatte, hätte bei diesem Mienenspiel unwillkürlich nach dem Hinkefuß suchen müssen. Die Kommerzienrätin aber fuhr fort: „Im Übrigen wird mir

10 das Zugeständnis nicht schwer, dass die patriotischen Grundsätze, die der große Dichter predigte, vielleicht sehr anfechtbar waren. Wiewohl auch *das* nicht immer das Richtige ist, was auf der großen Straße liegt …"

Vogelsang, der stolz darauf war, durchaus eine Nebenstra-

15 ße zu wandeln, nickte jetzt zustimmend.

„… Aber lassen wir die Politik, Herr Leutnant. Ich gebe Ihnen Herwegh als politischen Dichter preis, da das Politische nur ein Tropfen fremden Blutes in seinen Adern war. Indessen groß ist er, wo er nur Dichter ist. Erinnern

20 Sie sich? ‚Ich möchte hingehn wie das Abendrot, Und wie der Tag mit seinen letzten Gluten …'"

„… ‚Mich in den Schoß des Ewigen verbluten'[1] … Ja, das kenn ich, meine Gnädigste, das hab ich damals auch nachgebetet. Aber wer sich, als es galt[2], durchaus nicht verblu-

25 ten wollte, das war der Herr Dichter selbst. Und so wird es immer sein. Das kommt von den hohlen, leeren Worten und der Reimsucherei. Glauben Sie mir, Frau Rätin, das sind überwundene Standpunkte. Der Prosa gehört die Welt."

30 „Jeder nach seinem Geschmack, Herr Leutnant Vogelsang", sagte die durch diese Worte tief verletzte Jenny. „Wenn Sie Prosa vorziehen, so kann ich Sie daran nicht hindern. Aber mir gilt die poetische Welt, und vor allem

---

1 Zitat aus dem Gedicht „Strophen aus der Fremde" (1841): „Ich möchte hingehn wie das Abendrot/Und wie der Tag mit seinen letzten Gluten – /O leichter, sanfter, ungefühlter Tod! – /Mich in den Schoß des Ewigen verbluten."

2 Herwegh, der 1848 mit einem Freikorps am badischen Aufstand beteiligt war, flüchtete nach der Niederlage gegen württembergische Truppen über Paris in die Schweiz.

gelten mir auch die Formen, in denen das Poetische herkömmlich seinen Ausdruck findet. Ihm allein verlohnt es
sich zu leben. Alles ist nichtig[1]; am nichtigsten aber ist das,
wonach alle Welt so begehrlich drängt: äußerlicher Besitz,
Vermögen, Gold. ‚Gold ist nur Chimäre‘[2], da haben Sie den
Ausspruch eines großen Mannes und Künstlers, der, seinen Glücksgütern nach, ich spreche von Meyerbeer, wohl
in der Lage war, zwischen dem Ewigen und Vergäng-
lichen unterscheiden zu können. Ich für meine Person
verbleibe dem Ideal und werde nie darauf verzichten. Am
reinsten aber hab ich das Ideal im Liede, vor allem in dem
Liede, das gesungen wird. Denn die Musik hebt es noch
in eine höhere Sphäre. Habe ich recht, lieber Krola?"
Krola lächelte gutmütig-verlegen vor sich hin, denn als
Tenor und Millionär saß er zwischen zwei Stühlen. Endlich aber nahm er seiner Freundin Hand und sagte: „Jenny,
wann hätten Sie je *nicht* recht gehabt?"
Der Kommerzienrat hatte sich mittlerweile ganz der Majorin von Ziegenhals zugewandt, deren „Hoftage" noch
etwas weiter zurücklagen als die der Bomst. Ihm, Treibel,
war dies natürlich gleichgültig; denn sosehr ihm ein gewisser Glanz passte, den das Erscheinen der Hofdamen,
trotz ihrer Außerdienststellung, seiner Gesellschaft immer
noch lieh, so stand er doch auch wieder völlig darüber, ein
Standpunkt, den ihm die beiden Damen selbst eher zum
Guten als zum Schlechten anrechneten. Namentlich die
den Freuden der Tafel überaus zugeneigte Ziegenhals
nahm ihrem kommerzienrätlichen Freunde nichts übel,
am wenigsten aber verdross es sie, wenn er, außer Adels-
und Geburtsfragen, allerlei Sittlichkeitsprobleme streifte,
zu deren Lösung er sich, als geborener Berliner, besonders
berufen fühlte. Die Majorin gab ihm dann einen Tipp mit
dem Finger und flüsterte ihm etwas zu, das vierzig Jahre
früher bedenklich gewesen wäre, *jetzt* aber – beide renom-
mierten beständig mit ihrem Alter – nur Heiterkeit weck-

---

[1] Anspielung auf das Buch Kohelet im Alten Testament (1,2)
[2] Arie aus Giacomo Meyerbeers (1791–1864) Oper „Robert der
     Teufel" (1813); Chimäre: Ungeheuer aus der griechischen Sage, ein
     Mischwesen aus Ziege, Löwe und Schlange

te. Meist waren es harmlose Sentenzen[1] aus Büchmann[2] oder andere geflügelte Worte, denen erst der Ton, aber dieser oft sehr entschieden, den erotischen Charakter aufdrückte.

5 „Sagen Sie, cher[3] Treibel", hob die Ziegenhals an, „wie kommen Sie zu dem Gespenst da drüben; er scheint noch ein Vorachtundvierziger[4]; das war damals die Epoche des sonderbaren Leutnants, aber dieser übertreibt es. Karikatur durch und durch. Entsinnen Sie sich noch eines Bildes

10 aus jener Zeit, das den Don Quixote[5] mit einer langen Lanze darstellte, dicke Bücher rings um sich her. Das ist er, wie er leibt und lebt."

Treibel fuhr mit dem linken Zeigefinger am Innenrand seiner Krawatte hin und her und sagte: „Ja, wie ich zu ihm

15 komme, meine Gnädigste. Nun, jedenfalls mehr der Not gehorchend als dem eigenen Triebe.[6] Seine gesellschaftlichen Meriten[7] sind wohl eigentlich gering, und seine menschlichen werden dasselbe Niveau haben. Aber er ist ein Politiker."

20 „Das ist unmöglich. Er kann doch nur als Warnungsschatten vor den Prinzipien stehen, die das Unglück haben, von ihm vertreten zu werden. Überhaupt, Kommerzienrat, warum verirren Sie sich in die Politik? Was ist die Folge? Sie verderben sich Ihren guten Charakter, Ihre guten Sitten und Ihre

25 gute Gesellschaft. Ich höre, dass Sie für Teupitz-Zossen kandidieren wollen. Nun meinetwegen. Aber wozu? Lassen Sie doch die Dinge gehen. Sie haben eine charmante Frau, gefühlvoll und hochpoetisch, und haben eine Villa wie diese,

---

[1] Sinnsprüche, Denksprüche
[2] Gemeint ist die Zitatensammlung „Geflügelte Worte" (1864) Georg Büchmanns (1822–84).
[3] (franz.) lieb, wert, teuer
[4] Offizier aus der Zeit vor der Revolution 1848
[5] Held aus Miguel de Cervantes Saavedras (1547–1616) Roman „Der sinnreiche Junker Don Quijote von der Mancha" (1605/15)
[6] Anspielung auf Schillers Trauerspiel „Die Braut von Messina" (1803), das mit dem Vers „Der Not gehorchend, nicht dem eignen Trieb" beginnt
[7] Verdienste

darin wir eben ein Ragout fin[1] einnehmen, das seinesglei-
chen sucht, und haben draußen im Garten einen Springbrunnen und einen Kakadu, um den ich Sie beneiden
könnte, denn meiner, ein grüner, verliert gerade die Federn
und sieht aus wie die schlechte Zeit. Was wollen Sie mit
Politik? Was wollen Sie mit Teupitz-Zossen? Ja mehr, um
Ihnen einen Vollbeweis meiner Vorurteilslosigkeit zu geben,
was wollen Sie mit Konservatismus? Sie sind ein Industrieller und wohnen in der Köpnicker Straße. Lassen Sie doch
diese Gegend ruhig bei Singer oder Ludwig Löwe[2], oder
wer sonst hier gerade das Prä[3] hat. Jeder Lebensstellung
entsprechen auch bestimmte politische Grundsätze. Rittergutsbesitzer sind agrarisch, Professoren sind nationale Mit-
telpartei, und Industrielle sind fortschrittlich. Seien Sie doch
Fortschrittler. Was wollen Sie mit dem Kronenorden[4]? Ich,
wenn ich an Ihrer Stelle wäre, lancierte[5] mich ins Städtische
hinein und ränge nach der Bürgerkrone[6]."
Treibel, sonst unruhig, wenn einer lange sprach – was er
nur sich selbst ausgiebig gestattete –, war diesmal doch
aufmerksam gefolgt und winkte zunächst einen Diener
heran, um der Majorin ein zweites Glas Chablis[7] zu prä-
sentieren. Sie nahm auch, er mit, und nun stieß er mit ihr
an und sagte: „Auf gute Freundschaft und noch zehn Jahre so wie heut! Aber das mit dem Fortschrittlertum und der
Bürgerkrone – was ist da zu sagen, meine Gnädigste! Sie
wissen, unsereins rechnet und rechnet und kommt aus der
Regula-de-tri[8] gar nicht mehr heraus, aus dem alten An-
satze: ‚Wenn das und das so viel bringt, wie viel bringt das

---

[1] (franz.) feines Fleischgericht
[2] Ludwig Löwe (1837–86): Berliner Industrieller, Waffenfabrikant, Politiker der „Fortschrittspartei"
[3] das Prä haben: den Vorrang haben
[4] von Wilhelm I. anlässlich seiner Krönung (1861) gestiftet, entsprach
im Rang dem Roten Adlerorden
[5] lancieren (hier): an eine gewünschte Stelle, einen vorteilhaften Po-
sten bringen
[6] Ehrenkranz bei den Römern; hier im übertragenen Sinne für das
Amt des Bürgermeisters
[7] französischer Weißwein, benannt nach dem gleichnamigen Ort
[8] Dreisatz

und das.' Und sehen Sie, Freundin und Gönnerin, nach demselben Ansatz hab ich mir auch den Fortschritt und den Konservatismus berechnet und bin dahintergekommen, dass mir der Konservatismus, ich will nicht sagen
5 mehr abwirft, das wäre vielleicht falsch, aber besser zu mir passt, mich besser kleidet. Besonders seitdem ich Kommerzienrat bin, ein Titel von fragmentarischem[1] Charakter, der doch natürlich seiner Vervollständigung[2] entgegensieht."

„Ah, ich verstehe."

10 „Nun sehen Sie, l'appétit vient en mangeant[3], und wer A sagt, will auch B sagen. Außerdem aber, ich erkenne die Lebensaufgabe des Weisen vor allen Dingen in Herstellung des sogenannten Harmonischen, und dies Harmonische, wie die Dinge nun mal liegen, oder vielleicht kann
15 ich auch sagen, wie die Zeichen nun mal sprechen, schließt in meinem Spezialfalle die fortschrittliche Bürgerkrone so gut wie aus."

„Sagen Sie das im Ernste?"

„Ja, meine Gnädigste. Fabriken im Allgemeinen neigen
20 der Bürgerkrone zu, Fabriken im Besonderen aber – und dahin gehört ausgesprochenermaßen die meine – konstatieren[4] den Ausnahmefall. Ihr Blick fordert Beweise. Nun denn, ich will es versuchen. Ich frage Sie, können Sie sich einen Handelsgärtner denken, der, sagen wir auf der Lich-
25 tenberger oder Rummelsburger[5] Gemarkung, Kornblumen im Großen zieht, Kornblumen, dies Symbol königlich preußischer Gesinnung[6], und der zugleich Petroleur[7] und

---

[1] fragmentarisch: bruchstückhaft, unvollendet
[2] Gemeint ist die nächsthöhere Rangstufe: „Geheimer Kommerzienrat".
[3] (franz.) Der Appetit kommt beim Essen; Zitat aus François Rabelais' (1494–1553) Romanzyklus „Gargantua und Pantagruel" (1532–64)
[4] feststellen, bemerken; hier im Sinne von: belegen
[5] Berliner Vororte
[6] Die Kornblume war die Lieblingsblume Kaiser Wilhelms I.; Anhänger Preußens steckten sie sich am Geburtstag des Kaisers an.
[7] Brandstifter; Anspielung auf die Pariser Kommunarden, die beim Aufstand von 1871 öffentliche Gebäude mit Petroleum in Brand steckten

Dynamitarde[1] ist? Sie schütteln den Kopf und bestätigen
dadurch mein ‚Nein'. Und nun frage ich Sie weiter, was
sind alle Kornblumen der Welt gegen eine Berliner-Blau-
Fabrik? Im Berliner Blau haben Sie das symbolisch Preußische sozusagen in höchster Potenz[2], und je sicherer und
unanfechtbarer das ist, desto unerlässlicher ist auch mein
Verbleiben auf dem Boden des Konservatismus. Der Aus-
bau des Kommerzienrätlichen bedeutet in meinem Spezialfalle das natürlich Gegebene … jedenfalls mehr als die
Bürgerkrone."
Die Ziegenhals schien überwunden und lachte, während
Krola, der mit halbem Ohr zugehört hatte, zustimmend
nickte.

So ging das Gespräch in der Mitte der Tafel, aber noch
heiterer verlief es am unteren Ende derselben, wo sich die
junge Frau Treibel und Corinna gegenübersaßen, die junge Frau zwischen Marcell Wedderkopp und dem Referendar Enghaus, Corinna zwischen Mr. Nelson und Leopold
Treibel, dem jüngeren Sohne des Hauses. An der Schmal-
seite des Tisches, mit dem Rücken gegen das breite Gar-
tenfenster, war das Gesellschaftsfräulein, Fräulein Honig,
platziert worden, deren herbe Züge sich wie ein Protest
gegen ihren Namen ausnahmen. Je mehr sie zu lächeln
suchte, je sichtbarer wurde der sie verzehrende Neid, der
sich nach rechts hin gegen die hübsche Hamburgerin,
nach links hin, in fast noch ausgesprochenerer Weise, gegen Corinna richtete, diese halbe Kollegin, die sich trotzdem mit einer Sicherheit benahm, als ob sie die Majorin
von Ziegenhals oder doch mindestens das Fräulein von
Bomst gewesen wäre.
Die junge Frau Treibel sah sehr gut aus, blond, klar, ruhig.
Beide Nachbarn machten ihr den Hof, Marcell freilich nur
mit erkünsteltem Eifer, weil er eigentlich Corinna beobachtete, die sich aus dem einen oder andern Grunde die
Eroberung des jungen Engländers vorgesetzt zu haben
schien. Bei diesem Vorgehen voll Koketterie sprach sie

---

[1] Sprengstoffattentäter
[2] hier im Sinne von: Konzentration, Stärke

übrigens so lebhaft, so laut, als ob ihr daran läge, dass jedes Wort auch von ihrer Umgebung und ganz besonders von ihrem Vetter Marcell gehört werde.

„Sie führen einen so schönen Namen", wandte sie sich
5 an Mr. Nelson, „so schön und berühmt, dass ich wohl fragen möchte, ob Ihnen nie das Verlangen gekommen ist ...?"

„O yes, yes ..."

„... sich der Fernambuk- und Campecheholzbranche, darin Sie, soviel ich weiß, auch tätig sind, für immer zu ent-
10 schlagen? Ich fühle deutlich, dass ich, wenn ich Nelson hieße, keine ruhige Stunde mehr haben würde, bis ich meine Battle at the Nile[1] ebenfalls geschlagen hätte. Sie kennen natürlich die Einzelheiten der Schlacht ..."

„Oh, to be sure."

15 „Nun, da wär' ich denn endlich – denn hierlandes weiß niemand etwas Rechtes davon – an der richtigen Quelle. Sagen Sie, Mr. Nelson, wie war das eigentlich mit der Idee, der Anordnung zur Schlacht? Ich habe die Beschreibung vor einiger Zeit im Walter Scott[2] gelesen und war seitdem
20 immer im Zweifel darüber, was eigentlich den Ausschlag gegeben habe, ob mehr eine geniale Disposition[3] oder ein heroischer Mut ..."

„I should rather think, a heroical courage ... British oaks and British hearts ...[4]"

25 „Ich freue mich, diese Frage durch Sie beglichen zu sehen und in einer Weise, die meinen Sympathien entspricht. Denn ich bin für das Heroische, weil es so selten ist. Aber ich möchte doch auch annehmen, dass das geniale Kommando ..."

---

[1] Schlacht am Nil (1./2. August 1798), in der Nelson die napoleonische Flotte besiegte
[2] Walter Scott (1771–1832): schottischer Schriftsteller, 1827 erschien seine Napoleon-Biografie „Das Leben Napoleons"
[3] Veranlagung
[4] (engl.) „Ich möchte eher meinen, ein heroischer Mut ... Britische Eichen und britische Herzen ..."; Eichenholz war Baumaterial für Kriegsschiffe.

„Certainly, Miss Corinna. No doubt … England expects
that every man will do his duty[1] …"
„Ja, das waren herrliche Worte, von denen ich übrigens bis
heute geglaubt hatte, dass sie bei Trafalgar[2] gesprochen
seien. Aber warum nicht auch bei Abukir[3]? Etwas Gutes 5
kann immer zweimal gesagt werden. Und dann … eigentlich ist eine Schlacht wie die andere, besonders See-
schlachten – ein Knall, eine Feuersäule, und alles geht in
die Luft. Es muss übrigens großartig sein und entzückend
für alle die, die zusehen können; ein wundervoller An- 10
blick."
„O splendid[4] …"
„Ja, Leopold", fuhr Corinna fort, indem sie sich plötzlich
an ihren andern Tischnachbar wandte, „da sitzen Sie nun
und lächeln. Und warum lächeln Sie? Weil Sie hinter die- 15
sem Lächeln Ihre Verlegenheit verbergen wollen. Sie haben eben nicht jene ‚heroical courage', zu der sich dear Mr.
Nelson so bedingungslos bekannt hat. Ganz im Gegenteil.
Sie haben sich aus Ihres Vaters Fabrik, die doch in gewissem Sinne, wenn auch freilich nur geschäftlich, die 20
Blut- und Eisentheorie[5] vertritt – ja, es klang mir vorhin
fast, als ob Ihr Papa der Frau Majorin von Ziegenhals etwas von diesen Dingen erzählt hätte –, Sie haben sich, sag
ich, aus dem Blutlaugenhof, in dem Sie verbleiben mussten, in den Holzhof Ihres Bruders Otto zurückgezogen. 25
Das war nicht gut, auch wenn es Fernambukholz ist. Da
sehen Sie meinen Vetter Marcell drüben, der schwört je-

---

[1] (engl.) „Sicherlich, Fräulein Corinna. Ohne Zweifel … England er-
    wartet, dass jedermann seine Pflicht erfüllt …"; Anspielung auf den
    Tagesbefehl Nelsons vor der Schlacht bei Trafalgar
[2] In der Seeschlacht von Trafalgar (21. Oktober 1805) besiegte die
    Royal Navy unter Nelsons Kommando die französisch-spanische
    Armada.
[3] Die Schlacht am Nil fand vor der Küste der ägyptischen Hafenstadt
    Abukir statt.
[4] famos, herrlich
[5] Anspielung auf eine Rede Bismarcks: „Nicht durch Reden und Ma-
    joritätsbeschlüsse werden die großen Fragen der Zeit entschieden
    – das ist der Fehler von 1848 und 1849 gewesen –, sondern durch
    Eisen und Blut."

den Tag, wenn er mit seinen Hanteln umherficht, dass es auf das Reck und das Turnen ankomme, was ihm ein für alle Mal die Heldenschaft bedeutet, und dass Vater Jahn[1] doch schließlich noch über Nelson geht."

5 Marcell drohte halb ernst-, halb scherzhaft mit dem Finger zu Corinna hinüber und sagte: „Cousine, vergiss nicht, dass der Repräsentant einer andern Nation dir zur Seite sitzt und dass du die Pflicht hast, einigermaßen für deutsche Weiblichkeit einzutreten."

10 „Oh, no, no", sagte Nelson. „Nichts Weiblichkeit; always quick and clever … das is, was wir lieben an deutsche Frauen. Nichts Weiblichkeit. Fräulein Corinna is quite in the right way."

„Da hast du's, Marcell. Mr. Nelson, für den du so sorglich
15 eintrittst, damit er nicht falsche Bilder mit in sein meerumgürtetes Albion[2] hinübernimmt, Mr. Nelson lässt dich im Stich, und Frau Treibel, denk ich, lässt dich auch im Stich und Herr Enghaus auch und mein Freund Leopold auch. Und so bin ich gutes Muts, und bleibt nur noch
20 Fräulein Honig …"

Diese verneigte sich und sagte: „Ich bin gewohnt, mit der Majorität zu gehen", und ihre ganze Verbittertheit lag in diesem Tone der Zustimmung.

„Ich will mir meines Vetters Mahnung aber doch gesagt
25 sein lassen", fuhr Corinna fort. „Ich bin etwas übermütig, Mr. Nelson, und außerdem aus einer plauderhaften Familie …"

„Just what I like, Miss Corinna. ‚Plauderhafte Leute, gute Leute', so sagen wir in England."

30 „Und das sag ich auch, Mr. Nelson. Können Sie sich einen immer plaudernden Verbrecher denken?"

„Oh, no; certainly not …"

„Und zum Zeichen, dass ich, trotz ewigen Schwatzens, doch eine weibliche Natur und eine richtige Deutsche bin,
35 soll Mr. Nelson von mir hören, dass ich auch noch nebenher kochen, nähen und plätten kann und dass ich im Let-

---

[1] „Turnvater" Friedrich Ludwig Jahn (1778–1852) gilt als Begründer der deutschen Turnerbewegung.
[2] dichterischer Name für England

te-Verein[1] die Kunststopferei gelernt habe. Ja, Mr. Nelson, so steht es mit mir. Ich bin ganz deutsch und ganz weiblich, und bleibt eigentlich nur noch die Frage: Kennen Sie den Lette-Verein und kennen Sie die Kunststopferei?"
„No, Fräulein Corinna, neither the one nor the other."[2]
„Nun sehen Sie, dear Mr. Nelson, der Lette-Verein ist ein Verein oder ein Institut oder eine Schule für weibliche Handarbeit. Ich glaube sogar nach englischem Muster, was noch ein besonderer Vorzug wäre."
„Not at all; German schools are always to be preferred."[3]
„Wer weiß, ich möchte das nicht so schroff hinstellen. Aber lassen wir das, um uns mit dem weit Wichtigeren zu beschäftigen, mit der Kunststopfereifrage. Das ist wirklich was. Bitte, wollen Sie zunächst das Wort nachsprechen …"
Mr. Nelson lächelte gutmütig vor sich hin.
„Nun, ich sehe, dass es Ihnen Schwierigkeiten macht. Aber diese Schwierigkeiten sind nichts gegen die der Kunststopferei selbst. Sehen Sie, hier ist mein Freund Leopold Treibel und trägt, wie Sie sehen, einen untadeligen Rock mit einer doppelten Knopfreihe, und auch wirklich zugeknöpft, ganz wie es sich für einen Gentleman und einen Berliner Kommerzienratssohn geziemt. Und ich taxiere den Rock auf wenigstens hundert Mark."
„Überschätzung."
„Wer weiß. Du vergisst, Marcell, dass es verschiedene Skalen auch auf diesem Gebiete gibt, eine für Oberlehrer und eine für Kommerzienräte. Doch lassen wir die Preisfrage. Jedenfalls ein feiner Rock, prima. Und nun, wenn wir aufstehen, Mr. Nelson, und die Zigarren herumgereicht werden – ich denke, Sie rauchen doch –, werde ich Sie um Ihre Zigarre bitten und meinem Freunde Leopold Treibel ein Loch in den Rock brennen, hier gerade, wo sein Herz sitzt, und dann werd ich den Rock in einer Droschke mit

---

[1] von Wilhelm Adolf Lette (1799–1868) gegründeter (1866) „Verein zur Förderung der Erwerbsfähigkeit des weiblichen Geschlechts"
[2] (engl.) „[…] weder das eine noch das andere."
[3] (engl.) „Ganz und gar nicht, deutsche Schulen sind immer vorzuziehen."

nach Hause nehmen, und morgen um dieselbe Zeit wollen wir uns hier im Garten wieder versammeln und um das Bassin herum Stühle stellen, wie bei einer Aufführung. Und der Kakadu kann auch dabei sein. Und dann werd ich auftreten wie eine Künstlerin, die ich in der Tat auch bin, und werde den Rock herumgehen lassen, und wenn Sie, dear Mr. Nelson, dann noch imstande sind, die Stelle zu finden, wo das Loch war, so will ich Ihnen einen Kuss geben und Ihnen als Sklavin nach Liverpool hin folgen. Aber es wird nicht dazu kommen. Soll ich sagen leider? Ich habe zwei Medaillen als Kunststopferin gewonnen, und Sie werden die Stelle sicherlich *nicht* finden …"

„Oh, ich werde finden, no doubt, I will find it", entgegnete Mr. Nelson leuchtenden Auges, und weil er seiner immer wachsenden Bewunderung, passend oder nicht, einen Ausdruck geben wollte, schloss er mit einem in kurzen Ausrufungen gehaltenen Hymnus auf die Berlinerinnen und der sich daran anschließenden und mehrfach wiederholten Versicherung, dass sie decidedly clever[1] seien.

Leopold und der Referendar vereinigten sich mit ihm in diesem Lob, und selbst Fräulein Honig lächelte, weil sie sich als Landsmännin mitgeschmeichelt fühlen mochte. Nur im Auge der jungen Frau Treibel sprach sich eine leise Verstimmung darüber aus, eine Berlinerin und kleine Professorstochter in dieser Weise gefeiert zu sehen. Auch Vetter Marcell, so sehr er zustimmte, war nicht recht zufrieden, weil er davon ausging, dass seine Cousine ein solches Hasten und Sich-in-Szene-Setzen nicht nötig habe; sie war ihm zu schade für die Rolle, die sie spielte. Corinna ihrerseits sah auch ganz deutlich, was in ihm vorging, und würde sich ein Vergnügen daraus gemacht haben, ihn zu necken, wenn nicht in eben diesem Momente – das Eis wurde schon herumgereicht – der Kommerzienrat an das Glas geklopft und sich, um einen Toast auszubringen, von seinem Platz erhoben hätte: „Meine Herren und Damen, Ladies and Gentlemen …"

„Ah, *das* gilt Ihnen", flüsterte Corinna Mr. Nelson zu.

„… Ich bin", fuhr Treibel fort, „an dem Hammelrücken

---

[1] entschieden gescheit

vorübergegangen und habe diese verhältnismäßig späte
Stunde für einen meinerseits auszubringenden Toast herankommen lassen – eine Neuerung, die mich in diesem
Augenblicke freilich vor die Frage stellt, ob der Schmelze-
zustand eines rot und weißen Panaché[1] nicht noch etwas
Vermeidenswerteres ist als der Hammelrücken im Zustande der Erstarrung ...“
„Oh, wonderfully good ...“
„... Wie dem aber auch sein möge, jedenfalls gibt es zurzeit nur *ein* Mittel, ein vielleicht schon angerichtetes Übel
auf ein Mindestmaß herabzudrücken: Kürze. Genehmi-
gen Sie denn, meine Herrschaften, in Ihrer Gesamtheit
meinen Dank für Ihr Erscheinen, und gestatten Sie mir des
Ferneren und im besonderen Hinblick auf zwei liebe Gäste, die hier zu sehen ich heute zum ersten Male die Ehre
habe, meinen Toast in die britischerseits nahezu geheilig-
te Formel kleiden zu dürfen: ‚On our army and navy‘, auf
Heer und Flotte also, die wir das Glück haben hier an
dieser Tafel, *einer*seits (er verbeugte sich gegen Vogelsang)
durch Beruf und Lebensstellung, *anderer*seits (Verbeugung
gegen Nelson) durch einen weltberühmten Heldennamen
vertreten zu sehen. Noch einmal also: ‚Our army and navy!‘ Es lebe Leutnant Vogelsang, es lebe Mr. Nelson.“
Der Toast fand allseitige Zustimmung, und der in eine
nervöse Unruhe geratene Mr. Nelson wollte sofort das
Wort nehmen, um zu danken. Aber Corinna hielt ihn ab,
Vogelsang sei der Ältere und würde vielleicht den Dank
für ihn mit aussprechen.
„Oh, no, no, Fräulein Corinna, not he ... not such an ugly
old fellow[2] ..., please, look at him“, und der zapplige Hel-
dennamensvetter machte wiederholte Versuche, sich von
seinem Platze zu erheben und zu sprechen. Aber Vogelsang kam ihm wirklich zuvor, und nachdem er den Bart
mit der Serviette geputzt und in nervöser Unruhe seinen
Waffenrock erst auf- und dann wieder zugeknöpft hatte,
begann er mit einer an Komik streifenden Würde: „Meine
Herren. Unser liebenswürdiger Wirt hat die Armee leben

---

[1] Panaschee: mehrfarbig gemischtes Speiseeis
[2] (engl.) „nicht solch ein hässlicher alter Kerl“

lassen und mit der Armee meinen Namen verknüpft. Ja, meine Herren, ich *bin* Soldat ..."

„Oh, for shame!"[1], brummte der über das wiederholte „meine Herren" und das gleichzeitige Unterschlagen aller anwesenden Damen aufrichtig empörte Mr. Nelson, „oh, for shame", und ein Kichern ließ sich allerseits hören, das auch anhielt, bis des Redners immer finsterer werdendes Augenrollen eine wahre Kirchenstille wiederhergestellt hatte. Dann erst fuhr dieser fort: „Ja, meine Herren, ich *bin* Soldat ... Aber mehr als das, ich bin auch Streiter im Dienst einer Idee. Zwei große Mächte sind es, denen ich diene: Volkstum und Königtum. Alles andere stört, schädigt, verwirrt. Englands Aristokratie, die mir, von meinem Prinzip ganz abgesehen, auch persönlich widerstreitet, veranschaulicht eine solche Schädigung, eine solche Verwirrung; ich verabscheue Zwischenstufen und überhaupt die feudale Pyramide[2]. Das sind Mittelalterlichkeiten. Ich erkenne mein Ideal in einem Plateau[3] mit einem einzigen, aber alles überragenden Pic[4]."

Die Ziegenhals wechselte hier Blicke mit Treibel.

„... Alles sei von Volkesgnaden, bis zu der Stelle hinauf, wo die Gottesgnadenschaft beginnt. Dabei streng geschiedene Machtbefugnisse. Das Gewöhnliche, das Massenhafte, werde bestimmt durch die Masse, das Ungewöhnliche, das Große, werde bestimmt durch das Große. Das ist Thron und Krone. Meiner politischen Erkenntnis nach ruht alles Heil, alle Besserungsmöglichkeit in der Aufrichtung einer Royaldemokratie, zu der sich, soviel ich weiß, auch unser Kommerzienrat bekennt. Und in diesem Gefühle, darin wir uns eins wissen, erhebe ich das Glas und bitte Sie, mit mir auf das Wohl unseres hochverehrten Wirtes zu trinken, zugleich unseres Gonfaloniere[5], der uns die Fahne trägt. Unser Kommerzienrat Treibel, er lebe hoch!"

---

[1] (engl.) „Pfui!", „Eine Schande!"
[2] Der feudale Ständestaat lässt sich als Pyramide darstellen, deren Spitze der Herrscher bildet, darunter folgen Adel und Klerus und schließlich das gemeine Volk.
[3] Hochebene
[4] Bergspitze
[5] hier: Bannenträger

Alles erhob sich, um mit Vogelsang anzustoßen und ihn als Erfinder der Royaldemokratie zu beglückwünschen. Einige konnten als aufrichtig entzückt gelten, besonders das Wort „Gonfaloniere" schien gewirkt zu haben, andere lachten still in sich hinein, und nur drei waren direkt un- 5 zufrieden: Treibel, weil er sich von den eben entwickelten Vogelsang'schen Prinzipien praktisch nicht viel versprach, die Kommerzienrätin, weil ihr das Ganze nicht fein genug vorkam, und drittens Mr. Nelson, weil er sich aus dem gegen die englische Aristokratie gerichteten Satze Vogel- 10 sangs einen neuen Hass gegen eben diesen gesogen hatte.

„Stuff and nonsense! What does he know of our aristocracy? To be sure, he doesn't belong to it – that's all."

„Ich weiß doch nicht", lachte Corinna. „Hat er nicht was 15 von einem Peer of the realm[1]?"

Nelson vergaß über dieser Vorstellung beinahe all seinen Groll und bot Corinna, während er eine Knackmandel[2] von einem der Tafelaufsätze nahm, eben ein Vielliebchen[3] an, als die Kommerzienrätin den Stuhl schob und dadurch 20 das Zeichen zur Aufhebung der Tafel gab. Die Flügeltüren öffneten sich, und in derselben Reihenfolge, wie man zu Tisch gegangen war, schritt man wieder auf den mittlerweile gelüfteten Frontsaal zu, wo die Herren, Treibel an der Spitze, den älteren und auch einigen jüngeren Damen 25 respektvoll die Hand küssten.

Nur Mr. Nelson verzichtete darauf, weil er die Kommerzienrätin „a little pompous"[4] und die beiden Hofdamen „a little ridiculous"[5] fand, und begnügte sich, an Corinna herantretend, mit einem kräftigen „shaking hands".

---

[1] (engl.) Pair, Angehöriger des englischen Hochadels, Mitglied des Oberhauses
[2] süße, oft zweikernige Mandel
[3] doppelkernige Frucht; alter Brauch, bei dem zwei Personen gemeinsam ein „Vielliebchen" essen und derjenige, der den anderen am nächsten Morgen als Erster mit „Guten Morgen, Vielliebchen!" begrüßt, ein Geschenk erhält
[4] (engl.) ein wenig pompös, wichtigtuerisch
[5] (engl.) ein wenig lächerlich

Viertes Kapitel

Die große Glastür, die zur Freitreppe führte, stand auf;
dennoch war es schwül, und so zog man es vor, den Kaffee
draußen zu nehmen, die einen auf der Veranda, die andern im Vorgarten selbst, wobei sich die Tischnachbarn in
5 kleinen Gruppen wieder zusammenfanden und weiter-
plauderten. Nur als sich die beiden adligen Damen von
der Gesellschaft verabschiedeten, unterbrach man sich in
diesem mit Medisance[1] reichlich gewürzten Gespräch und
sah eine kleine Weile dem Landauer nach, der, die Köpni-
10 cker Straße hinauf, erst auf die Frau von Ziegenhals'sche
Wohnung, in unmittelbarer Nähe der Marschallsbrücke,
dann aber auf Charlottenburg zufuhr, wo die seit fünfund-
dreißig Jahren in einem Seitenflügel des Schlosses ein-
quartierte Bomst ihr Lebensglück und zugleich ihren be-
15 sten Stolz aus der Betrachtung zog, in erster Zeit mit des
hochseligen Königs Majestät[2], dann mit der Königin Wit-
we und zuletzt mit den Meiningen'schen Herrschaften[3]
dieselbe Luft geatmet zu haben. Es gab ihr all das etwas
Verklärtes, was auch zu ihrer Figur passte.
20 Treibel, der die Damen bis an den Wagenschlag begleitet,
hatte mittlerweile, vom Straßendamm her, die Veranda
wieder erreicht, wo Vogelsang, etwas verlassen, aber mit
uneingebüßter Würde, seinen Platz behauptete. „Nun ein
Wort unter uns, Leutnant, aber nicht hier; ich denke, wir
25 absentieren[4] uns einen Augenblick und rauchen ein Blatt,
das nicht alle Tage wächst und namentlich nicht überall."
Dabei nahm er Vogelsang unter den Arm und führte den
Gerngehorchenden in sein neben dem Saale gelegenes
Arbeitszimmer, wo der geschulte, diesen Lieblingsmo-
30 ment im Dinerleben seines Herrn von langher kennende
Diener bereits alles zurechtgestellt hatte: das Zigarrenkist-
chen, den Likörkasten und die Karaffe mit Eiswasser. Die
gute Schulung des Dieners beschränkte sich aber nicht auf

---

[1] Spott, Klatsch
[2] Friedrich Wilhelm IV. (1795–1861)
[3] Angehörige der herzöglichen Familie von Sachsen-Meiningen
[4] sich absentieren: sich entfernen

diese Vorarrangements, vielmehr stand er im selben Augenblick, wo beide Herren ihre Plätze genommen hatten, auch schon mit dem Tablett vor ihnen und präsentierte den Kaffee.

„Das ist recht, Friedrich, auch der Aufbau hier, alles zu 5 meiner Zufriedenheit; aber gib doch lieber die andere Kiste her, die flache. Und dann sage meinem Sohn Otto, ich ließe ihn bitten … Ihnen doch recht, Vogelsang? Oder wenn du Otto nicht triffst, so bitte den Polizeiassessor[1], ja, lieber *den*, er weiß doch besser Bescheid. Sonderbar, alles, 10 was in der Molkenmarktluft[2] groß geworden, ist dem Rest der Menschheit um ein Beträchtliches überlegen. Und dieser Goldammer hat nun gar noch den Vorteil, ein richtiger Pastorssohn zu sein, was all seinen Geschichten einen eigentümlich pikanten Beigeschmack gibt." Und dabei 15 klappte Treibel den Kasten auf und sagte: „Cognac oder Allasch[3]? Oder das eine tun und das andere nicht lassen?"

Vogelsang lächelte, schob den Zigarrenabknipser ziemlich demonstrativ beiseite und biss die Spitze mit seinen Raff- 20 zähnen ab. Dann griff er nach einem Streichhölzchen. Im Übrigen schien er abwarten zu wollen, womit Treibel beginnen würde. Der ließ denn auch nicht lange warten: „Eh bien, Vogelsang, wie gefielen Ihnen die beiden alten Damen? Etwas Feines, nicht wahr? Besonders die Bomst. 25 Meine Frau würde sagen: ätherisch[4]. Nun, durchsichtig genug ist sie. Aber offen gestanden, die Ziegenhals ist mir lieber, drall und prall, kapitales Weib, und muss ihrer Zeit ein geradezu formidables[5] Festungsviereck[6] gewesen sein. Rasse, Temperament, und wenn ich recht gehört habe, so 30 pendelt ihre Vergangenheit zwischen verschiedenen kleinen Höfen hin und her. Lady Milford[7], aber weniger sen-

---

1   Assessor: Beamter auf Probe
2   Am Molkenmarkt befand sich das Stadtgefängnis.
3   Kümmellikör
4   überaus zart, himmlisch
5   formidabel: außergewöhnlich, gewaltig, furchtbar
6   Anordnung von vier sich wechselseitig schützenden Festungen
7   Geliebte des Fürsten in Schillers Trauerspiel „Kabale und Liebe" (1784)

timental. Alles natürlich alte Geschichten, alles beglichen, man könnte beinahe sagen, schade. Den Sommer über ist sie jetzt regelmäßig bei den Kraczinskis, in der Zossener Gegend; weiß der Teufel, wo seit Kurzem all die pol-
5 nischen Namen herkommen. Aber schließlich ist es gleich-gültig. Was meinen Sie, wenn ich die Ziegenhals, in Anbe-tracht dieser Kraczinski'schen Bekanntschaft, unsern Zwecken dienstbar zu machen suchte?"

„Kann zu nichts führen."

10 „Warum nicht? Sie vertritt einen richtigen Standpunkt."

„Ich würde mindestens sagen müssen, einen *nicht* rich-tigen."

„Wieso?"

„Sie vertritt einen durchaus beschränkten Standpunkt,
15 und wenn ich das Wort wähle, so bin ich noch ritterlich. Übrigens wird mit diesem ‚ritterlich' ein wachsender und geradezu horrender Missbrauch getrieben; ich glaube nämlich nicht, dass unsere Ritter sehr ritterlich, das heißt ritterlich im Sinne von artig und verbindlich, gewesen
20 sind. Alles bloß historische Fälschungen. Und was diese Ziegenhals angeht, die wir uns, wie Sie sagen, dienstbar machen sollen, so vertritt sie natürlich den Standpunkt des Feudalismus, den der Pyramide. Dass sie zum Hofe steht, ist gut und ist das, was sie mit uns verbindet; aber
25 das ist nicht genug. Personen wie diese Majorin und selbstverständlich auch ihr adliger Anhang, gleichviel ob er polnischen oder deutschen Ursprungs ist – alle leben mehr oder weniger in einem Wust von Einbildungen, will sagen von mittelalterlichen Standesvorurteilen, und das
30 schließt ein Zusammengehen aus, trotzdem wir die Kö-nigsfahne mit ihnen gemeinsam haben. Aber diese Ge-meinsamkeit frommt nicht, schadet uns nur. Wenn wir rufen: ‚Es lebe der König', so geschieht es, vollkommen selbstsuchtslos, um einem großen Prinzip die Herrschaft
35 zu sichern; für mich bürge ich, und ich hoffe, dass ich es auch für Sie kann …"

„Gewiss, Vogelsang, gewiss."

„Aber diese Ziegenhals – von der ich beiläufig fürchte, dass Sie nur zu sehr recht haben mit der von Ihnen ange-
40 deuteten, wenn auch, Gott sei Dank, weit zurückliegenden

Auflehnung gegen Moral und gute Sitte –, diese Ziegenhals und ihresgleichen, wenn die rufen: ‚Es lebe der König', so heißt das immer nur, es lebe der, der für uns sorgt,
unser Nährvater; sie kennen nichts als ihren Vorteil. Es ist
ihnen versagt, in einer Idee aufzugehen, und sich auf Per-   5
sonen stützen, die nur *sich* kennen, das heißt unsre Sache
verloren geben. Unsre Sache besteht nicht bloß darin, den
fortschrittlichen Drachen zu bekämpfen, sie besteht auch
in der Bekämpfung des Vampir-Adels, der immer bloß
saugt und saugt. Weg mit der ganzen Interessenpolitik. In   10
dem Zeichen absoluter Selbstlosigkeit müssen wir siegen,
und dazu brauchen wir das Volk, nicht das Quitzowtum[1],
das seit dem gleichnamigen Stücke wieder obenauf ist
und das Heft in die Hände nehmen möchte. Nein, Kommerzienrat, nichts von Pseudo-Konservatismus, kein Kö-   15
nigtum auf falscher Grundlage; das Königtum, wenn wir
es konservieren wollen, muss auf etwas Soliderem ruhen
als auf einer Ziegenhals oder einer Bomst."
„Nun, hören Sie, Vogelsang, die Ziegenhals wenigstens
…"   20
Und Treibel schien ernstlich gewillt, diesen Faden, der
ihm passte, weiterzuspinnen. Aber ehe er dazu kommen
konnte, trat der Polizeiassessor vom Salon her ein, die
kleine Meißner Tasse noch in der Hand, und nahm zwischen Treibel und Vogelsang Platz. Gleich nach ihm er-   25
schien auch Otto, vielleicht von Friedrich benachrichtigt,
vielleicht auch aus eignem Antriebe, weil er von langer
Zeit her die der Erotik zugewendeten Wege kannte, die
Goldammer, bei Likör und Zigarren, regelmäßig und
meist sehr rasch, sodass jede Versäumnis sich strafte, zu   30
wandeln pflegte.
Der alte Treibel wusste dies selbstverständlich noch viel
besser, hielt aber ein auch seinerseits beschleunigtes Verfahren doch für angezeigt und hob deshalb ohne Weiteres
an: „Und nun sagen Sie, Goldammer, was gibt es? Wie   35

---

[1]   Die Quitzows sind ein märkisches Uradels- und Raubritterge-
schlecht, das im 15. Jh. einen Adelsaufstand anführte. Ernst von Wil-
denbruch (1845–1909) schildert diese Vorgänge in seinem Drama
„Die Quitzows" (1888).

steht es mit dem Lützowplatz? Wird die Panke[1] zuge-
schüttet, oder, was so ziemlich dasselbe sagen will, wird
die Friedrichsstraße sittlich gereinigt? Offen gestanden,
ich fürchte, dass unsre pikanteste Verkehrsader nicht allzu
5 viel dabei gewinnen wird; sie wird um ein Geringes mo-
ralischer und um ein Beträchtliches langweiliger werden.
Da das Ohr meiner Frau bis hierher nicht trägt, so lässt
sich dergleichen allenfalls aufs Tapet bringen; im Übrigen
soll Ihnen meine gesamte Fragerei keine Grenzen ziehen.
10 Je freier, je besser. Ich habe lange genug gelebt, um zu
wissen, dass alles, was aus einem Polizeimunde kommt,
immer Stoff ist, immer frische Brise, freilich mitunter auch
Schirokko[2], ja geradezu Samum[3]. Sagen wir Samum. Also
was schwimmt obenauf?"
15 „Eine neue Soubrette[4]."
„Kapital[5]. Sehen Sie, Goldammer, jede Kunstrichtung ist
gut, weil jede das Ideal im Auge hat. Und das Ideal ist die
Hauptsache, so viel weiß ich nachgerade von meiner Frau.
Aber das Idealste bleibt doch immer eine Soubrette. Na-
20 me?"
„Grabillon. Zierliche Figur, etwas großer Mund, Leberfleck."
„Um Gottes willen, Goldammer, das klingt ja wie ein
Steckbrief. Übrigens Leberfleck ist reizend; großer Mund
25 Geschmackssache. Und Protegé[6] von wem?"
Goldammer schwieg.
„Ah, ich verstehe. Obersphäre. Je höher hinauf, je näher
dem Ideal. Übrigens da wir mal bei Obersphäre sind, wie
steht es denn mit der Grußgeschichte. Hat er wirklich
30 nicht gegrüßt? Und ist es wahr, dass er, natürlich der
Nichtgrüßer, einen Urlaub hat antreten müssen? Es wäre
eigentlich das Beste, weil es so nebenher einer Absage
gegen den ganzen Katholizismus gleichkäme, sozusagen
zwei Fliegen mit einer Klappe."

---

[1] kleiner Nebenfluss der Spree
[2] warmer, oft stürmischer Mittelmeerwind
[3] Wüstenwind in Afrika und Arabien
[4] Darstellerin heiter-komischer Sopranrollen
[5] hier: großartig, vorzüglich
[6] Günstling, Schützling

Goldammer, heimlicher Fortschrittler, aber offener Anti-
katholik, zuckte die Achseln und sagte: „So gut steht es
leider nicht und kann auch nicht. Die Macht der Gegen-
strömung ist zu stark. Der, der den Gruß verweigerte,
wenn Sie wollen der Wilhelm Tell der Situation[1], hat zu
gute Rückendeckung. Wo? Nun, das bleibt in der Schwebe; gewisse Dinge darf man nicht bei Namen nennen, und
ehe wir nicht der bekannten Hydra[2] den Kopf zertreten
oder, was dasselbe sagen will, dem altenfritzischen
‚Écrasez l'infâme'[3] zum Siege verholfen haben …“
In diesem Augenblicke hörte man nebenan singen, eine
bekannte Komposition, und Treibel, der eben eine neue
Zigarre nehmen wollte, warf sie wieder in das Kistchen
zurück und sagte: „Meine Ruh' ist hin[4] … Und mit der
Ihrigen, meine Herren, steht es nicht viel besser. Ich glaube, wir müssen wieder bei den Damen erscheinen, um an
der Ära Adolar Krola teilzunehmen. Denn *die* beginnt
jetzt.“
Damit erhoben sich alle vier und kehrten unter Vortritt
Treibels in den Saal zurück, wo wirklich Krola am Flügel
saß und seine drei Hauptstücke, mit denen er rasch hintereinander aufzuräumen pflegte, vollkommen virtuos,
aber mit einer gewissen, absichtlichen Klapprigkeit zum
Besten gab. Es waren: „Der Erlkönig"[5], „Herr Heinrich saß
am Vogelherd"[6] und „Die Glocken von Speyer"[7]. Diese
letztere Nummer, mit dem geheimnisvoll einfallenden
Glockenbimbam, machte jedes Mal den größten Eindruck
und bestimmte selbst Treibel zu momentan ruhigem Zu-
hören. Er sagte dann auch wohl mit einer gewissen hö-

---

[1] In Schillers „Wilhelm Tell" (1804) weigert sich Tell, den Hut des
    Landvogts Geßler zu grüßen (III,3).
[2] neunköpfiges Ungeheuer der griechischen Sage
[3] „Vernichtet den schändlichen (Aberglauben)", hatte Friedrich der
    Große (der „Alte Fritz") 1759 in einem Brief an Voltaire über die
    Katholische Kirche geschrieben.
[4] Zitat aus dem Lied Gretchens in Goethes „Faust"
[5] Ballade von Johann Wolfgang Goethe (1782)
[6] Ballade von Johann Nepomuk Vogl (1802–66)
[7] Ballade von Maximilian Freiherr von Oer (1806–46)

heren Miene: „Von Loewe, ex ungue Leonem[1]; das heißt
von Karl Loewe, Ludwig komponiert nicht."
Viele von denen, die den Kaffee im Garten oder auf der
Veranda genommen hatten, waren, gleich als Krola begann, ebenfalls in den Saal getreten, um zuzuhören, andere dagegen, die die drei Balladen schon von zwanzig
Treibel'schen Diners her kannten, hatten es doch vorgezo-
gen, im Freien zu bleiben und ihre Gartenpromenade[2]
fortzusetzen, unter ihnen auch Mr. Nelson, der, als ein
richtiger Vollblut-Engländer, musikalisch auf schwäch-
sten Füßen stand und rundheraus erklärte, das Liebste sei
ihm ein Nigger mit einer Pauke zwischen den Beinen: „I
can't see, what it means; music is nonsense."[3] So ging er
denn mit Corinna auf und ab, Leopold an der anderen
Seite, während Marcell mit der jungen Frau Treibel in
einiger Entfernung folgte, beide sich über Nelson und
Leopold halb ärgernd, halb erheiternd, die, wie schon bei
Tische, von Corinna nicht loskonnten.
Es war ein prächtiger Abend draußen, von der Schwüle,
die drinnen herrschte, keine Spur, und schräg über den
hohen Pappeln, die den Hintergarten von den Fabrikge-
bäuden abschnitten, stand die Mondsichel; der Kakadu
saß ernst und verstimmt auf seiner Stange, weil es versäumt worden war, ihn zu rechter Zeit in seinen Käfig
zurückzunehmen, und nur der Wasserstrahl stieg so lustig
in die Höhe wie zuvor.
„Setzen wir uns", sagte Corinna, „wir promenieren schon,
ich weiß nicht wie lange", und dabei ließ sie sich ohne
Weiteres auf den Rand der Fontäne nieder. „Take a seat[4],
Mr. Nelson. Sehen Sie nur den Kakadu, wie bös er aussieht. Er ist ärgerlich, dass sich keiner um ihn kümmert."

---

[1] (lat.) An der Klaue (erkennt man) den Löwen; Zitat aus der klas-
     sischen Dichtung, hier zugleich Anspielung auf den Komponisten
     Karl Loewe (1796–1869), der die drei oben genannten Balladen
     vertonte
[2] Promenade (hier): Spaziergang
[3] (engl.) „Ich kann nicht verstehen, was es bedeutet; Musik ist Un-
     sinn."
[4] (engl.) Nehmen Sie Platz […]

„To be sure, und sieht aus wie Leutnant Sangevogel. Doesn't he?"

„Wir nennen ihn für gewöhnlich Vogelsang. Aber ich habe nichts dagegen, ihn umzutaufen. Helfen wird es freilich nicht viel."

„No, no, there's no help for him; Vogelsang, ah, ein hässlicher Vogel, kein Singevogel, no finch, no trussel[1]."

„Nein, er ist bloß ein Kakadu, ganz wie Sie sagen."

Aber kaum, dass dies Wort gesprochen war, so folgte nicht nur ein lautes Kreischen von der Stange her, wie wenn der Kakadu gegen den Vergleich protestieren wolle, sondern auch Corinna schrie laut auf, freilich nur, um im selben Augenblicke wieder in ein helles Lachen auszubrechen, in das gleich danach auch Leopold und Mr. Nelson einstimmten. Ein plötzlich sich aufmachender Windstoß hatte nämlich dem Wasserstrahl eine Richtung genau nach der Stelle hin gegeben, wo sie saßen, und bei der Gelegenheit allesamt, den Vogel auf seiner Stange mit eingeschlossen, mit einer Flut von Spritzwasser überschüttet. Das gab nun ein Klopfen und Abschütteln, an dem auch der Kakadu teilnahm, freilich ohne seinerseits seine Laune dabei zu verbessern.

Drinnen hatte Krola mittlerweile sein Programm beendet und stand auf, um andern Kräften den Platz einzuräumen. Es sei nichts misslicher als ein solches Kunstmonopol; außerdem dürfe man nicht vergessen, der Jugend gehöre die Welt. Dabei verbeugte er sich huldigend gegen einige junge Damen, in deren Familien er ebenso verkehrte wie bei den Treibels. Die Kommerzienrätin ihrerseits aber übertrug diese ganz allgemein gehaltene Huldigung gegen die Jugend in ein bestimmteres Deutsch und forderte die beiden Fräulein Felgentreus auf, doch einige der reizenden Sachen zu singen, die sie neulich, als Ministerialdirektor Stoeckenius in ihrem Hause gewesen, so schön vorgetragen hätten; Freund Krola werde gewiss die Güte haben, die Damen am Klavier zu begleiten. Krola, sehr erfreut,

---

[1] (engl.) kein Fink, keine Drossel; „trussel" ist allerdings eine Wortschöpfung Fontanes, korrekt heißt es im Englischen: „throttle" bzw. „throstle"

einer gesanglichen Mehrforderung, die sonst die Regel
war, entgangen zu sein, drückte sofort seine Zustimmung
aus und setzte sich an seinen eben erst aufgegebenen
Platz, ohne ein Ja oder Nein der beiden Felgentreus abzu-
5 warten. Aus seinem ganzen Wesen sprach eine Mischung
von Wohlwollen und Ironie. Die Tage seiner eignen Be-
rühmtheit lagen weit zurück, aber je weiter sie zurücklagen, desto höher waren seine Kunstansprüche geworden,
sodass es ihm, bei dem totalen Unerfülltbleiben derselben,
10 vollkommen gleichgültig erschien, *was* zum Vortrage kam
und *wer* das Wagnis wagte. Von Genuss konnte keine Rede für ihn sein, nur von Amüsement, und weil er einen
angeborenen Sinn für das Heitere hatte, durfte man sagen,
sein Vergnügen stand jedes Mal dann auf der Höhe, wenn
15 seine Freundin Jenny Treibel, wie sie das liebte, durch
Vortrag einiger Lieder den Schluss der musikalischen Soi-
ree[1] machte. Das war aber noch weit im Felde, vorläufig
waren noch die beiden Felgentreus da, von denen denn
auch die ältere Schwester, oder, wie es zu Krolas jedesma-
20 ligem Gaudium[2] hieß, „die weitaus talentvollere", mit
„Bächlein, lass dein Rauschen sein" ohne Weiteres einsetzte. Daran reihte sich: „Ich schnitt es gern in alle Rinden
ein"[3], was, als allgemeines Lieblingsstück, zu der Kommerzienrätin großem, wenn auch nicht geäußerten Ver-
25 druss von einigen indiskreten Stimmen im Garten begleitet wurde. Dann folgte die Schlussnummer, ein Duett aus
„Figaros Hochzeit"[4]. Alles war hingerissen, und Treibel
sagte zu Vogelsang, er könne sich nicht erinnern, seit den
Tagen der Milanollos[5] etwas so Liebliches von Schwestern
30 gesehen und gehört zu haben, woran er die weitere, allerdings unüberlegte Frage knüpfte, ob Vogelsang seinerseits

---

[1] Abendvorstellung
[2] Spaß, Vergnügen
[3] zwei Lieder aus dem von Franz Schubert (1797–1828) ver-
   tonten Zyklus „Die schöne Müllerin" (1820) von Wilhelm Müller
   (1794–1827)
[4] Oper von Wolfgang Amadeus Mozart (1756–91)
[5] Gemeint sind die Violinvirtuosinnen und „Wunderkinder" Teresa
   (1827–1904) und Marie Milanollo (1832–48).

sich noch der Milanollos erinnern könne. „Nein", sagte dieser barsch und peremptorisch[1]. – „Nun, dann bitt ich um Entschuldigung."

Eine Pause trat ein, und einige Wagen, darunter auch der Felgentreu'sche, waren schon angefahren; trotzdem zögerte man noch mit dem Aufbruch, weil das Fest immer noch seines Abschlusses entbehrte. Die Kommerzienrätin nämlich hatte noch nicht gesungen, ja war unerhörterweise noch nicht einmal zum Vortrag eines ihrer Lieder aufgefordert worden – ein Zustand der Dinge, der so rasch wie möglich geändert werden musste. Dies erkannte niemand klarer als Adolar Krola, der, den Polizeiassessor beiseitenehmend, ihm eindringlichst vorstellte, dass durchaus etwas geschehen und das hinsichtlich Jennys Versäumte sofort nachgeholt werden müsse. „Wird Jenny *nicht* aufgefordert, so seh ich die Treibel'schen Diners, oder wenigstens unsere Teilnahme daran, für alle Zukunft infrage gestellt, was doch schließlich einen Verlust bedeuten würde …"

„Dem wir unter allen Umständen vorzubeugen haben, verlassen Sie sich auf mich." Und die beiden Felgentreus an der Hand nehmend, schritt Goldammer, rasch entschlossen, auf die Kommerzienrätin zu, um, wie er sich ausdrückte, als erwählter Sprecher des Hauses, um ein Lied zu bitten. Die Kommerzienrätin, der das Abgekartete der ganzen Sache nicht entgehen konnte, kam in ein Schwanken zwischen Ärger und Wunsch; aber die Beredsamkeit des Antragstellers siegte doch schließlich; Krola nahm wieder seinen Platz ein, und einige Augenblicke später erklang Jennys dünne, durchaus im Gegensatz zu ihrer sonstigen Fülle stehende Stimme durch den Saal hin, und man vernahm die in diesem Kreise wohlbekannten Liedesworte:

Glück, von deinen tausend Losen
Eines nur erwähl ich mir,
Was soll Gold? Ich liebe Rosen
Und der Blumen schlichte Zier.

---

[1] hier: endgültig

Und ich höre Waldesrauschen,
Und ich seh ein flatternd Band –
Aug' in Auge Blicke tauschen,
Und ein Kuss auf deine Hand.

5 Geben nehmen, nehmen geben,
Und dein Haar umspielt der Wind,
Ach, nur das, nur das ist Leben,
Wo sich Herz zum Herzen find't.

Es braucht nicht gesagt zu werden, dass ein rauschender
10 Beifall folgte, woran sich, von des alten Felgentreu Seite,
die Bemerkung schloss, „die damaligen Lieder (er vermied eine bestimmte Zeitangabe) wären doch schöner
gewesen, namentlich inniger", eine Bemerkung, die von
dem direkt zur Meinungsäußerung aufgeforderten Krola
15 schmunzelnd bestätigt wurde.
Mr. Nelson seinerseits hatte von der Veranda dem Vortrage zugehört und sagte jetzt zu Corinna: „Wonderfully
good. Oh, these Germans, they know everything ... even
such an old lady."[1]
20 Corinna legte ihm den Finger auf den Mund.
Kurze Zeit danach war alles fort, Haus und Park leer, und
man hörte nur noch, wie drinnen im Speisesaal geschäf-
tige Hände den Ausziehtisch zusammenschoben und wie
draußen im Garten der Strahl des Springbrunnens plät-
25 schernd ins Bassin[2] fiel.

Fünftes Kapitel

Unter den Letzten, die, den Vorgarten passierend, das
kommerzienrätliche Haus verließen, waren Marcell und
Corinna. Diese plauderte nach wie vor in übermütiger
Laune, was des Vetters mühsam zurückgehaltene Ver-
5 stimmung nur noch steigerte. Zuletzt schwiegen beide.
So gingen sie schon fünf Minuten nebeneinander her, bis

---

[1] (engl.) „Oh, diese Deutschen, sie können alles ... sogar so eine alte
Dame."
[2] künstlich angelegtes Wasserbecken

Corinna, die sehr gut wusste, was in Marcells Seele vorging, das Gespräch wieder aufnahm. „Nun, Freund, was gibt es?"

„Nichts."

„Nichts?"

„Oder, wozu soll ich es leugnen, ich bin verstimmt."

„Worüber?"

„Über dich. Über dich, weil du kein Herz hast."

„Ich? Erst recht hab ich …"

„Weil du kein Herz hast, sag ich, keinen Sinn für Familie, nicht einmal für deinen Vater …"

„Und nicht einmal für meinen Vetter Marcell …"

„Nein, den lass aus dem Spiel, von dem ist nicht die Rede. Mir gegenüber kannst du tun, was du willst. Aber dein Vater. Da lässt du nun heute den alten Mann einsam und allein und kümmerst dich sozusagen um gar nichts. Ich glaube, du weißt nicht einmal, ob er zu Haus ist oder nicht."

„Freilich ist er zu Haus. Er hat ja heut seinen ‚Abend', und wenn auch nicht alle kommen, etliche vom hohen Olymp[1] werden wohl da sein."

„Und du gehst aus und überlässest alles der alten guten Schmolke?"

„Weil ich es ihr überlassen kann. Du weißt das ja so gut wie ich; es geht alles wie am Schnürchen, und in diesem Augenblick essen sie wahrscheinlich Oderkrebse und trinken Mosel. Nicht Treibel'schen, aber doch Professor Schmidt'schen, einen edlen Trarbacher[2], von dem Papa behauptet, er sei der einzige reine Wein in Berlin. Bist du nun zufrieden?"

„Nein."

„Dann fahre fort."

„Ach, Corinna, du nimmst alles so leicht und denkst, wenn du's leicht nimmst, so hast du's aus der Welt geschafft. Aber es glückt dir nicht. Die Dinge bleiben doch schließlich, was und wie sie sind. Ich habe dich nun bei Tisch beobachtet …"

---

[1] Sitz der Götter in der griechischen Mythologie
[2] bekannter Moselwein

„Unmöglich, du hast ja der jungen Frau Treibel ganz intensiv den Hof gemacht, und ein paarmal wurde sie sogar rot …"

„Ich habe dich beobachtet, sag ich, und mit einem wahren
5 Schrecken das Übermaß von Koketterie[1] gesehen, mit dem du nicht müde wirst, dem armen Jungen, dem Leopold, den Kopf zu verdrehen …"

Sie hatten, als Marcell dies sagte, gerade die platzartige Verbreiterung erreicht, mit der die Köpnicker Straße, nach
10 der Inselbrücke hin, abschließt, eine verkehrslose und beinahe menschenleere Stelle. Corinna zog ihren Arm aus dem des Vetters und sagte, während sie nach der anderen Seite der Straße zeigte: „Sieh, Marcell, wenn da drüben nicht der einsame Schutzmann stände, so stellt' ich mich jetzt mit
15 verschränkten Armen vor dich hin und lachte dich fünf Minuten lang aus. Was soll das heißen, ich sei nicht müde geworden, dem armen Jungen, dem Leopold, den Kopf zu verdrehen? Wenn du nicht ganz in Huldigung gegen Helenen aufgegangen wärst, so hättest du sehen müssen, dass
20 ich kaum zwei Worte mit ihm gesprochen. Ich habe mich nur mit Mr. Nelson unterhalten, und ein paarmal hab ich mich ganz ausführlich an dich gewandt."

„Ach, das sagst du so, Corinna, und weißt doch, wie falsch es ist. Sieh, du bist sehr gescheit und weißt es auch; aber
25 du hast doch den Fehler, den viele gescheite Leute haben, dass sie die anderen für ungescheiter halten, als sie sind. Und so denkst du, du kannst mir ein X für ein U machen und alles so drehen und beweisen, wie du's drehen und beweisen willst. Aber man hat doch auch so seine Augen
30 und Ohren und ist also, mit deinem Verlaub, hinreichend ausgerüstet, um zu hören und zu sehen."

„Und was ist es denn nun, was der Herr Doktor gehört und gesehen haben?"

„Der Herr Doktor haben gehört und gesehen, dass Fräu-
35 lein Corinna mit ihrem Redekatarakt[2] über den unglücklichen Mr. Nelson hergefallen ist …"

„Sehr schmeichelhaft …"

---

[1] Gefallsucht; kokett: spielerisch darauf bedacht, anderen zu gefallen
[2] Redeschwall; Katarakt: Stromschnelle, Wasserfall

„Und dass sie – wenn ich das mit dem Redekatarakt auf-
geben und ein anderes Bild dafür einstellen will –, dass
sie, sag ich, zwei Stunden lang die Pfauenfeder ihrer Eitelkeit auf dem Kinn oder auf der Lippe balanciert und
überhaupt in den feineren akrobatischen Künsten ein Äu- 5
ßerstes geleistet hat. Und das alles vor wem? Etwa vor Mr.
Nelson? Mitnichten. Der gute Nelson, der war nur das
Trapez, daran meine Cousine herumturnte; *der*, um dessentwillen das alles geschah, der zusehen und bewundern
sollte, der hieß Leopold Treibel, und ich habe wohl be- 10
merkt, wie mein Cousinchen auch ganz richtig gerechnet
hatte; denn ich kann mich nicht entsinnen, einen Menschen gesehen zu haben, der, verzeih den Ausdruck,
durch einen ganzen Abend hin so ‚total weg‘ gewesen
wäre wie dieser Leopold.“ 15
„Meinst du?“
„Ja, das mein ich.“
„Nun, darüber ließe sich reden … Aber sieh nur …“
Und dabei blieb sie stehen und wies auf das entzückende
Bild, das sich – sie passierten eben die Fischerbrücke – 20
drüben vor ihnen ausbreitete. Dünne Nebel lagen über
den Strom hin, sogen aber den Lichterglanz nicht ganz
auf, der von rechts und links her auf die breite Wasserflä-
che fiel, während die Mondsichel oben im Blauen stand,
keine zwei Handbreit von dem etwas schwerfälligen Pa- 25
rochialkirchturm[1] entfernt, dessen Schattenriss am anderen Ufer in aller Klarheit aufragte.
„Sieh nur“, wiederholte Corinna, „nie hab ich den Sing-
uhrturm in solcher Schärfe gesehen. Aber ihn schön finden, wie seit Kurzem Mode geworden, das kann ich doch 30
nicht; er hat so etwas Halbes, Unfertiges, als ob ihm auf
dem Wege nach oben die Kraft ausgegangen wäre. Da bin
ich doch mehr für die zugespitzten, langweiligen Schin-
deltürme, die nichts wollen als hoch sein und in den Himmel zeigen.“ 35
Und in demselben Augenblicke, wo Corinna dies sagte,
begannen die Glöckchen drüben ihr Spiel.
„Ach“, sagte Marcell, „sprich doch nicht so von dem Turm

---

[1] Parochialkirche: Pfarrkirche

und ob er schön ist oder nicht. Mir ist es gleich und dir auch; das mögen die Fachleute miteinander ausmachen. Und du sagst das alles nur, weil du von dem eigentlichen Gespräch loswillst. Aber höre lieber zu, was die Glöckchen drüben spielen. Ich glaube, sie spielen: ‚Üb immer Treu und Redlichkeit.'[1]"

„Kann sein, und ist nur schade, dass sie nicht auch die berühmte Stelle von dem Kanadier[2] spielen können, der noch Europens übertünchte Höflichkeit nicht kannte. So was Gutes bleibt leider immer unkomponiert, oder vielleicht geht es auch nicht. Aber nun sage mir, Freund, was soll das alles heißen? Treu und Redlichkeit. Meinst du wirklich, dass mir die fehlen? Gegen wen versünd'ge ich mich denn durch Untreue? Gegen dich? Hab ich Gelöbnisse gemacht? Hab ich dir etwas versprochen und das Versprechen nicht gehalten?"

Marcell schwieg.

„Du schweigst, weil du nichts zu sagen hast. Ich will dir aber noch allerlei mehr sagen, und dann magst du selber entscheiden, ob ich treu und redlich oder doch wenigstens aufrichtig bin, was so ziemlich dasselbe bedeutet."

„Corinna …"

„Nein, jetzt will *ich* sprechen, in aller Freundschaft, aber auch in allem Ernst. Treu und redlich. Nun, ich weiß wohl, dass du treu und redlich bist, was beiläufig nicht viel sagen will; ich für meine Person kann dir nur wiederholen, ich bin es auch."

„Und spielst doch beständig eine Komödie."

„Nein, das tu ich nicht. Und *wenn* ich es tue, so doch so, dass jeder es merken kann. Ich habe mir, nach reiflicher Überlegung, ein bestimmtes Ziel gesteckt, und wenn ich nicht mit dürren Worten sage ‚dies *ist* mein Ziel', so unterbleibt das nur, weil es einem Mädchen nicht kleidet, mit solchen Plänen aus sich herauszutreten. Ich erfreue mich,

---

[1] erste Zeile des Gedichts „Der alte Landmann an seinen Sohn" von Ludwig Hölty (1748–76), das zur Melodie von „Ein Mädchen oder Weibchen" aus Mozarts „Zauberflöte" als Lied gesungen wurde

[2] Gemeint ist der Anfang von Johann Gottfried Seumes (1763–1810) Gedicht „Der Wilde" (1801): „Ein Kanadier, der noch Europens/ Übertünchte Höflichkeit nicht kannte […]".

dank meiner Erziehung, eines guten Teils von Freiheit,
einige werden vielleicht sagen von Emanzipation, aber
trotzdem bin ich durchaus kein emanzipiertes Frauenzimmer. Im Gegenteil, ich habe gar keine Lust, das alte Herkommen umzustoßen, alte, gute Sätze, zu denen auch der 5
gehört: Ein Mädchen wirbt nicht, um ein Mädchen *wird*
geworben."
„Gut, gut; alles selbstverständlich …"
„… Aber freilich, das ist unser altes Eva-Recht, die großen
Wasser spielen zu lassen und unsere Kräfte zu gebrau- 10
chen, bis *das* geschieht, um dessentwillen wir da sind, mit
anderen Worten, bis man um uns wirbt. Alles gilt diesem
Zweck. Du nennst das, je nachdem dir der Sinn steht,
Raketensteigenlassen oder Komödie, mitunter auch Intrige, und immer Koketterie." 15
Marcell schüttelte den Kopf. „Ach, Corinna, du darfst mir
darüber keine Vorlesung halten wollen und zu mir sprechen, als ob ich erst gestern auf die Welt gekommen wäre.
Natürlich hab ich oft von Komödie gesprochen und noch
öfter von Koketterie. Wovon spricht man nicht alles. Und 20
wenn man dergleichen hinspricht, so widerspricht man
sich auch wohl, und was man eben noch getadelt hat, das
lobt man im nächsten Augenblick. Um's rundheraus zu
sagen, spiele so viel Komödie, wie du willst, sei so kokett,
wie du willst, ich werde doch nicht so dumm sein, die 25
Weiberwelt und die Welt überhaupt ändern zu wollen, ich
will sie wirklich nicht ändern, auch dann nicht, wenn ich's
könnte; nur um eines muss ich dich angehen, du musst,
wie du dich vorhin ausdrücktest, die großen Wasser an der
rechten Stelle, das heißt also vor den rechten Leuten sprin- 30
gen lassen, vor solchen, wo's passt, wo's hingehört, wo
sich's lohnt. Du gehst aber mit deinen Künsten nicht an die
richtige Adresse, denn du kannst doch nicht ernsthaft daran denken, diesen Leopold Treibel heiraten zu wollen?"
„Warum nicht? Ist er zu jung für mich? Nein. Er stammt 35
aus dem Januar und ich aus dem September; er hat also
noch einen Vorsprung von acht Monaten."
„Corinna, du weißt ja recht gut, wie's liegt und dass er
einfach für dich nicht passt, weil er zu unbedeutend für
dich ist. Du bist eine aparte Person, vielleicht ein bisschen 40

zu sehr, und er ist kaum Durchschnitt. Ein sehr guter
Mensch, das muss ich zugeben, hat ein gutes, weiches
Herz, nichts von dem Kiesel, den die Geldleute sonst hier
links haben, hat auch leidlich weltmännische Manieren
und kann vielleicht einen Dürer'schen Stich[1] von einem
Ruppiner Bilderbogen[2] unterscheiden, aber du würdest
dich doch totlangweilen an seiner Seite. Du, deines Vaters
Tochter, und eigentlich noch klüger als der Alte, du wirst
doch nicht dein eigentliches Lebensglück wegwerfen wollen, bloß um in einer Villa zu wohnen und einen Landauer zu haben, der dann und wann ein paar alte Hofdamen
abholt, oder um Adolar Krolas ramponierten Tenor alle
vierzehn Tage den ‚Erlkönig' singen zu hören. Es ist nicht
möglich, Corinna; du wirst dich doch, wegen solches Bet-
tels von Mammon[3], nicht einem unbedeutenden Menschen an den Hals werfen wollen."
„Nein, Marcell, das Letztere gewiss nicht; ich bin nicht für
Zudringlichkeiten. Aber wenn Leopold morgen bei
meinem Vater antritt – denn ich fürchte beinah, dass er
noch zu denen gehört, die sich statt der Hauptperson erst
der Nebenpersonen versichern –, wenn er also morgen
antritt und um diese rechte Hand deiner Cousine Corinna
anhält, so nimmt ihn Corinna und fühlt sich als Corinne
au Capitole[4]."
„Das ist nicht möglich; du täuschest dich, du spielst mit
der Sache. Es ist eine Fantasterei, der du nach deiner Art
nachhängst."
„Nein, Marcell, *du* täuschest dich, nicht ich; es ist mein
vollkommener Ernst, so sehr, dass ich ein ganz klein wenig davor erschrecke."

---

[1] Der spätmittelalterliche Maler Albrecht Dürer (1471 – 1528) stellte
zahlreiche seiner Bilder im Kupferstichdruckverfahren her, bei dem
die Bildvorlage in eine Kupferplatte gestochen wird.

[2] künstlerisch anspruchslos kolorierte Bilderbögen, mit denen ein
märkischer Verlag Tagesereignisse illustrierte

[3] Bettel von Mammon: schnöde, materielle Dinge; Bettel: minder-
wertiges Zeug, Kram; Mammon (aram.): abwertend für Reichtum,
Geld

[4] Anspielung auf Germaine de Staëls (1766 – 1817) Roman „Corinne
oder Italien" (1807)

„Das ist dein Gewissen."

„Vielleicht. Vielleicht auch nicht. Aber so viel will ich dir
ohne Weiteres zugeben, *das*, wozu der liebe Gott mich so
recht eigentlich schuf, das hat nichts zu tun mit einem
Treibel'schen Fabrikgeschäft oder mit einem Holzhof und 5
vielleicht am wenigsten mit einer Hamburger Schwägerin. Aber ein Hang nach Wohlleben, der jetzt alle Welt
beherrscht, hat mich auch in der Gewalt, ganz so wie alle
anderen, und so lächerlich und verächtlich es in deinem
Oberlehrersohre klingen mag, ich halt es mehr mit Bon- 10
witt und Littauer[1] als mit einer kleinen Schneiderin, die
schon um acht Uhr früh kommt und eine merkwürdige
Hof- und Hinterstubenatmosphäre mit ins Haus bringt
und zum zweiten Frühstück ein Brötchen mit Schlack-
wurst[2] und vielleicht auch einen Gilka[3] kriegt. Das alles 15
widersteht mir im höchsten Maße; je weniger ich davon
sehe, desto besser. Ich find es ungemein reizend, wenn so
die kleinen Brillanten im Ohre blitzen, etwa wie bei meiner Schwiegermama in spe[4] ... ‚Sich einschränken', ach,
ich kenne das Lied, das immer gesungen und immer ge- 20
predigt wird, aber wenn ich bei Papa die dicken Bücher
abstäube, drin niemand hineinsieht, auch er selber nicht,
und wenn dann die Schmolke sich abends auf mein Bett
setzt und mir von ihrem verstorbenen Manne, dem Schutzmann, erzählt, und dass er, wenn er noch lebte, jetzt ein 25
Revier hätte, denn Madai[5] hätte große Stücke auf ihn gehalten, und wenn sie dann zuletzt sagt: ‚Aber, Corinnchen,
ich habe ja noch gar nicht mal gefragt, was wir morgen
essen wollen? ... Die Teltower[6] sind jetzt so schlecht und
eigentlich alle schon madig, und ich möchte dir vorschla- 30

---

[1] exklusives zeitgenössisches Berliner Damenmodehaus
[2] Salami, Zervelatwurst
[3] nach dem Hersteller benannter Kümmellikör
[4] in spe: zukünftig, bald; Schwiegermama in spe: zukünftige Schwiegermama
[5] Guido von Madai (1810–92) war von 1872 bis 1885 Berliner Poli-
zeipräsident.
[6] Teltower Rübchen, kleine Speiserüben

gen, Wellfleisch[1] und Wruken[2], das aß Schmolke auch immer so gern' – ja, Marcell, in solchem Augenblicke wird mir immer ganz sonderbar zumut, und Leopold Treibel erscheint mir dann mit einem Mal als der Rettungsanker
5 meines Lebens, oder wenn du willst, wie das aufzusetzende große Marssegel[3], das bestimmt ist, mich bei gutem Wind an ferne, glückliche Küsten zu führen."

„Oder wenn es stürmt, dein Lebensglück zum Scheitern zu bringen."

10 „Warten wir's ab, Marcell."

Und bei diesen Worten bogen sie, von der Alten Leipziger Straße her, in Raules Hof ein, von dem aus ein kleiner Durchgang in die Adlerstraße führte.

Sechstes Kapitel

Um dieselbe Stunde, wo man sich bei Treibels vom Diner erhob, begann Professor Schmidts „Abend". Dieser „Abend", auch wohl Kränzchen genannt, versammelte, wenn man vollzählig war, um einen runden Tisch und
5 eine mit einem roten Schleier versehene Moderateurlampe[4] sieben Gymnasiallehrer, von denen die meisten den Professortitel führten. Außer unserem Freunde Schmidt waren es noch Folgende: Friedrich Distelkamp, emeritierter[5] Gymnasialdirektor, Senior des Kreises; nach ihm
10 die Professoren Rindfleisch und Hannibal Kuh, zu welchen beiden sich noch Oberlehrer Immanuel Schultze gesellte, sämtlich vom Großen-Kurfürsten-Gymnasium. Den Schluss machte Dr. Charles Etienne, Freund und Studiengenosse Marcells, zurzeit französischer Lehrer an
15 einem vornehmen Mädchenpensionat, und endlich Zeichenlehrer Friedeberg, dem, vor ein paar Jahren erst – niemand wusste recht, warum und woher –, der die Mehrheit

---

[1] gekochter Schweinebauch
[2] (mundartlich) Kohlrüben
[3] Segel, das an einer Rah (quer zum Mast angebrachte Stange) der Marsstenge (Teil des Mastes) befestigt ist
[4] flaschenförmige Öllampe
[5] emeritiert: in den Ruhestand versetzt

des Kreises auszeichnende Professortitel angeflogen war, übrigens ohne sein Ansehen zu heben. Er wurde vielmehr, nach wie vor, für nicht ganz voll angesehen, und eine Zeit lang war aufs Ernsthafteste die Rede davon gewesen, ihn, wie sein Hauptgegner Immanuel Schultze vorge- 5 schlagen, aus ihrem Kreise „herauszugraulen", was unser Wilibald Schmidt indessen mit der Bemerkung bekämpft hatte, dass Friedeberg, trotz seiner wissenschaftlichen Nichtzugehörigkeit, eine nicht zu unterschätzende Bedeutung für ihren „Abend" habe. „Seht, liebe Freunde", 10 so etwa waren seine Worte gewesen, „wenn wir unter uns sind, so folgen wir unseren Auseinandersetzungen eigentlich immer nur aus Rücksicht und Artigkeit und leben dabei mehr oder weniger der Überzeugung, alles, was seitens des anderen gesagt wurde, *viel* besser oder – wenn 15 wir bescheiden sind – wenigstens ebenso gut sagen zu können. Und das lähmt immer. Ich für mein Teil wenigstens bekenne offen, dass ich, wenn ich mit meinem Vortrage gerade an der Reihe war, das Gefühl eines gewissen Unbehagens, ja zuzeiten einer geradezu hochgradigen 20 Beklemmung nie ganz losgeworden bin. Und in einem so bedrängten Augenblicke seh ich dann unseren immer zu spät kommenden Friedeberg eintreten, verlegen lächelnd natürlich, und empfinde sofort, wie meiner Seele die Flügel wieder wachsen; ich spreche freier, intuitiver, klarer, 25 denn ich habe wieder ein Publikum, wenn auch nur ein ganz kleines. *Ein* andächtiger Zuhörer, anscheinend so wenig, ist doch schon immer was und mitunter sogar sehr viel." Auf diese warme Verteidigung Wilibald Schmidts hin war Friedeberg dem Kreise verblieben. Schmidt durf- 30 te sich überhaupt als die Seele des Kränzchens betrachten, dessen Namensgebung, „Die sieben Waisen Griechenlands"[1], ebenfalls auf ihn zurückzuführen war. Immanuel Schultze, meist in der Opposition und außerdem ein Gottfried-Keller-Schwärmer[2], hatte seinerseits „Das Fähnlein 35

---

[1] Anspielung auf die „Sieben Weisen Griechenlands", eine Gruppe von Politikern und Philosophen im 7. und 6. Jh. v. Chr.
[2] Gottfried Keller (1819–1890): Schweizer Dichter

der sieben Aufrechten"[1] vorgeschlagen, war aber damit nicht durchgedrungen, weil, wie Schmidt betonte, diese Bezeichnung einer Entlehnung gleichgekommen wäre. „Die sieben Waisen" klängen freilich ebenfalls entlehnt, aber das sei bloß Ohr- und Sinnestäuschung; das „a", worauf es recht eigentlich ankomme, verändere nicht nur mit einem Schlage die ganze Situation, sondern erziele sogar den denkbar höchsten Standpunkt, den der Selbstironie. Wie sich von selbst versteht, zerfiel die Gesellschaft, wie jede Vereinigung der Art, in fast ebenso viele Parteien, wie sie Mitglieder zählte, und nur dem Umstande, dass die drei vom Großen-Kurfürsten-Gymnasium, außer der Zusammengehörigkeit, die diese gemeinschaftliche Stellung gab, auch noch verwandt und verschwägert waren (Kuh war Schwager, Immanuel Schultze Schwiegersohn von Rindfleisch), nur diesem Umstande war es zuzuschreiben, dass die vier anderen, und zwar aus einer Art Selbsterhaltungstrieb, ebenfalls eine Gruppe bildeten und bei Beschlussfassungen meist zusammengingen. Hinsichtlich Schmidts und Distelkamps konnte dies nicht weiter überraschen, da sie von alter Zeit her Freunde waren, zwischen Etienne und Friedeberg aber klaffte für gewöhnlich ein tiefer Abgrund, der sich ebenso sehr in ihrer voneinander abweichenden Erscheinung wie in ihren verschiedenen Lebensgewohnheiten aussprach. Etienne, sehr elegant, versäumte nie, während der großen Ferien, mit Nachurlaub nach Paris zu gehen, während sich Friedeberg, angeblich um seiner Malstudien willen, auf die Woltersdorfer Schleuse[2] (die landschaftlich unerreicht dastände) zurückzog. Natürlich war dies alles nur Vorgabe. Der wirkliche Grund war der, dass Friedeberg, bei ziemlich beschränkter Finanzlage, nach dem erreichbar Nächstliegenden griff und überhaupt Berlin nur verließ, um von seiner Frau – mit der er seit Jahren immer dicht vor der Scheidung stand – auf einige Wochen loszukommen. In einem sowohl die Handlungen wie die Worte seiner Mit-

---

[1] Novelle (1861) von Gottfried Keller
[2] beliebtes Ausflugsziel

glieder kritischer prüfenden Kreise hätte diese Finte[1] notwendig verdrießen müssen, indessen Offenheit und Ehrlichkeit im Verkehr mit- und untereinander war keineswegs ein hervorstechender Zug der „sieben Waisen", eher das Gegenteil. So versicherte beispielsweise jeder, „ohne den ,Abend' eigentlich nicht leben zu können", was in Wahrheit nicht ausschloss, dass immer nur *die* kamen, die nichts Besseres vorhatten. Theater und Skat gingen weit vor und sorgten dafür, dass Unvollständigkeit der Versammlung die Regel war und nicht mehr auffiel.

Heute aber schien es sich schlimmer als gewöhnlich gestalten zu wollen. Die Schmidt'sche Wanduhr, noch ein Erbstück vom Großvater her, schlug bereits halb, halb neun, und noch war niemand da außer Etienne, der, wie Marcell zu den Intimen des Hauses zählend, kaum als Gast und Besuch gerechnet wurde.

„Was sagst du, Etienne", wandte sich jetzt Schmidt an diesen, „was sagst du zu dieser Saumseligkeit[2]? Wo bleibt Distelkamp? Wenn auch auf *den* kein Verlass mehr ist (,die Douglas waren immer treu'[3]), so geht der ,Abend' aus den Fugen, und ich werde Pessimist und nehme für den Rest meiner Tage Schopenhauer und Eduard von Hartmann[4] untern Arm."

Während er noch so sprach, ging draußen die Klingel, und einen Augenblick später trat Distelkamp ein.

„Entschuldige, Schmidt, ich habe mich verspätet. Die Details erspar ich dir und unserem Freunde Etienne. Auseinandersetzungen, weshalb man zu spät kommt, selbst wenn sie wahr, sind nicht viel besser als Krankengeschichten. Also lassen wir's. Inzwischen bin ich überrascht, trotz meiner Verspätung immer noch der eigentlich Erste zu sein. Denn Etienne gehört ja so gut wie zur Familie. Die Großen Kurfürstlichen aber! Wo sind sie? Nach

---

[1]   hier: Vorwand
[2]   Nachlässigkeit, Pflichtvergessenheit
[3]   Selbstzitat Fontanes aus der Ballade „Der Aufstand in Northumberland"
[4]   Die Philosophen Arthur Schopenhauer (1788–1860) und Eduard von Hartmann (1842–1906) vertraten ein pessimistisches Weltbild.

Kuh und unserem Freunde Immanuel frag ich nicht erst,
die sind bloß ihres Schwagers und Schwiegervaters Klien-
tel[1]. Rindfleisch selbst aber – wo steckt er?"
„Rindfleisch hat abgeschrieben; er sei heut in der ‚Griechischen'[2]."
„Ach, das ist Torheit. Was will er in der Griechischen? Die
sieben Waisen gehen vor. Er findet hier wirklich mehr."
„Ja, das sagst du so, Distelkamp. Aber es liegt doch wohl
anders. Rindfleisch hat nämlich ein schlechtes Gewissen,
ich könnte vielleicht sagen: mal wieder ein schlechtes Gewissen."
„Dann gehört er erst recht hierher; hier kann er beichten.
Aber um was handelt es sich denn eigentlich? Was ist
es?"
„Er hat da mal wieder einen Schwupper[3] gemacht, irgend-
was verwechselt, ich glaube Phrynichos den Tragiker[4] mit
Phrynichos dem Lustspieldichter[5]. War es nicht so, Etienne? (dieser nickte) Und die Sekundaner[6] haben nun mit
lirum larum einen Vers auf ihn gemacht …"
„Und?"
„Und da gilt es denn, die Scharte, so gut es geht, wieder
auszuwetzen, wozu die ‚Griechische' mit dem Lustre[7], das
sie gibt, das immerhin beste Mittel ist."
Distelkamp, der sich mittlerweile seinen Meerschaum[8]
angezündet und in die Sofaecke gesetzt hatte, lächelte bei
der ganzen Geschichte behaglich vor sich hin und sagte
dann: „Alles Schnack[9]. Glaubst du's? Ich nicht. Und wenn
es zuträfe, so bedeutet es nicht viel, eigentlich gar nichts.
Solche Schnitzer kommen immer vor, passieren jedem. Ich
will dir mal was erzählen, Schmidt, was, als ich noch jung

---

[1] hier: Abhängige
[2] ‚Griechischen Gesellschaft'
[3] (mundartlich) Schnitzer, Versehen
[4] griechischer Tragiker (ca. 540–470 v. Chr.)
[5] griechischer Dichter des 5. Jhdts. v. Chr.
[6] Schüler der Sekunda (6., 7. Klasse des Gymnasiums; also 10., 11.
     Klasse)
[7] (franz.) Glanz
[8] Meerschaumpfeife, aus Magnesiumsilikat gefertigt
[9] (mundartlich) Gerede

war und in Quarta[1] brandenburgische Geschichte vortragen musste – was damals, sag ich, einen großen Eindruck auf mich machte."

„Nun, lass hören. Was war's?"

„Ja, was war's. Offen gestanden, meine Wissenschaft, zum wenigsten was unser gutes Kurbrandenburg anging, war nicht weit her, ist es auch jetzt noch nicht, und als ich so zu Hause saß und mich notdürftig vorbereitete, da las ich – denn wir waren gerade beim ersten König[2] – allerhand Biografisches und darunter auch was vom alten General Barfus[3], der, wie die meisten Damaligen, das Pulver nicht erfunden hatte[4], sonst aber ein kreuzbraver Mann war. Und dieser Barfus präsidierte[5], während der Belagerung von Bonn, einem Kriegsgericht, drin über einen jungen Offizier abgeurteilt werden sollte."

„So, so. Nun, was war es denn?"

„Der Abzuurteilende hatte sich, das Mindeste zu sagen, etwas unheldisch benommen, und alle waren für schuldig und totschießen. Nur der alte Barfus wollte nichts davon wissen und sagte: ‚Drücken wir ein Auge zu, meine Herren. Ich habe dreißig Renkontres[6] mitgemacht, und ich muss Ihnen sagen, ein Tag ist nicht wie der andere, und der Mensch ist ungleich und das Herz auch und der Mut erst recht. Ich habe mich manches Mal auch feige gefühlt. Solange es geht, muss man Milde walten lassen, denn jeder kann sie brauchen.'"

„Höre, Distelkamp", sagte Schmidt, „das ist eine gute Geschichte, dafür dank ich dir, und so alt ich bin, *die* will ich mir doch hinter die Ohren schreiben. Denn weiß es Gott, ich habe mich auch schon blamiert, und wiewohl es die Jungens nicht bemerkt haben, wenigstens ist mir nichts aufgefallen, so hab ich es doch selber bemerkt und mich

---

[1] dritte Klasse des Gymnasiums
[2] Friedrich I. (1657–1713), ab 1701 König von Preußen
[3] Hans Albrecht Graf von Barfus (1635–1704): brandenburgischer General
[4] das Pulver (Schießpulver) nicht erfunden haben (Redewendung): nicht besonders intelligent sein
[5] präsidieren: (eine Versammlung) leiten, vorsitzen
[6] Renkontre: feindliche Begegnung, Schlacht

hinterher riesig geärgert und geschämt. Nicht wahr, Etienne, so was ist immer fatal; oder kommt es im Französischen nicht vor, wenigstens dann nicht, wenn man alle Juli nach Paris reist und einen neuen Band Maupassant[1]
5 mit heimbringt? Das ist ja wohl jetzt das Feinste? Verzeih die kleine Malice[2]. Rindfleisch ist überdies ein kreuzbraver Kerl, nomen et omen[3], und eigentlich der Beste, besser als Kuh und namentlich besser als unser Freund Immanuel Schultze. Der hat's hinter den Ohren und ist ein Schlie-
10 ker[4]. Er grient[5] immer und gibt sich das Ansehen, als ob er dem Bilde zu Sais[6] irgendwie und -wo unter den Schleier geguckt hätte, wovon er weitab ist. Denn er löst nicht mal das Rätsel von seiner eigenen Frau, an der manches verschleierter oder auch nicht verschleierter sein soll, als
15 ihm, dem Ehesponsen[7], lieb sein kann."

„Schmidt, du hast heute mal wieder deinen medisanten[8] Tag. Eben hab ich den armen Rindfleisch aus deinen Fängen gerettet, ja, du hast sogar Besserung versprochen, und schon stürzest du dich wieder auf den unglücklichen
20 Schwiegersohn. Im Übrigen, wenn ich an Immanuel etwas tadeln sollte, so läge es nach einer ganz anderen Seite hin."

„Und das wäre?"

„Dass er keine Autorität hat. Wenn er sie zu Hause nicht
25 hat, nun, traurig genug. Indessen das geht uns nichts an. Aber dass er sie, nach allem, was ich höre, auch in der Klasse nicht hat, *das* ist schlimm. Sieh, Schmidt, das ist die Kränkung und der Schmerz meiner letzten Lebensjahre,

---

[1] Guy de Maupassant (1850–93): berühmter französischer Schriftsteller
[2] Bosheit
[3] (lat.) Name und Vorbedeutung
[4] (mundartlich) Schleicher, Leisetreter
[5] grienen (mundartlich): (verschmitzt) grinsen, lachen
[6] Einer griechischen Sage zufolge wurde in der altägyptischen Stadt Sais ein verschleiertes Götterbild verehrt; in Schillers Ballade „Das verschleierte Bild zu Sais" (1795) lüftet ein Jüngling den Schleier und stirbt daraufhin.
[7] Ehegatten
[8] medisant: schmähsüchtig, lästernd

dass ich den kategorischen Imperativ[1] immer mehr hinschwinden sehe. Wenn ich da an den alten Weber denke! Von dem heißt es, wenn er in die Klasse trat, so hörte man den Sand durch das Stundenglas fallen, und kein Primaner[2] wusste mehr, dass es überhaupt möglich sei, zu flüstern oder gar vorzusagen. Und außer seinem eigenen Sprechen, ich meine Webers, war nichts hörbar als das Knistern, wenn die Horaz-Seiten umgeblättert wurden. Ja, Schmidt, *das* waren Zeiten, da verlohnte sich's, ein Lehrer und ein Direktor zu sein. Jetzt treten die Jungens in der Konditorei an einen heran und sagen: ,Wenn Sie gelesen haben, Herr Direktor, dann bitt ich …'"

Schmidt lachte. „Ja, Distelkamp, so sind sie jetzt, das ist die neue Zeit, das ist wahr. Aber ich kann mich nicht darüber ägrieren[3]. Wie waren denn, bei Lichte besehen, die großen Würdenträger mit ihrem Doppelkinn und ihren Pontacnasen[4]? Schlemmer waren es, die den Burgunder[5] viel besser kannten als den Homer[6]. Da wird immer von alten, einfachen Zeiten geredet; dummes Zeug! Sie müssen ganz gehörig gepichelt haben, das sieht man noch an ihren Bildern in der Aula. Nu ja, Selbstbewusstsein und eine steifleinene Grandezza, das alles hatten sie, das soll ihnen zugestanden sein. Aber wie sah es sonst aus?"

„Besser als heute."

„Kann ich nicht finden, Distelkamp. Als ich noch unsere Schulbibliothek unter Aufsicht hatte, Gott sei Dank, dass ich nichts mehr damit zu tun habe, da hab ich öfter in die Schulprogramme[7] hineingeguckt und in die Dissertati-

---

[1] vom Philosophen Immanuel Kant (1724–1804) formuliertes sittliches Handlungsgebot: „Handle so, dass die Maxime deines Willens jederzeit zugleich als Prinzip einer allgemeinen Gesetzgebung gelten könne."

[2] Schüler der Prima (8. und 9. Klasse des Gymnasiums; also 12. und 13. Klasse)

[3] erbittern, ärgern

[4] Rotweinnasen; Pontac: dunkler franz. Rotwein

[5] franz. Wein aus dem Burgund

[6] griechischer Dichter (vermutlich 8. Jh. v. Chr.), Verfasser der Epen „Ilias" und „Odyssee"

[7] Schuljahresberichte

onen[1] und ‚Aktusse'[2], wie sie vordem im Schwang waren.
Nun, ich weiß wohl, jede Zeit denkt, sie sei was Besonderes, und die, die kommen, mögen meinetwegen auch
über uns lachen; aber sieh, Distelkamp, vom gegenwärtigen Standpunkt unseres Wissens, oder sag ich auch bloß
unseres Geschmacks, aus, darf doch am Ende gesagt werden, es war etwas Furchtbares mit dieser Perückengelehr-
samkeit, und die stupende[3] Wichtigkeit, mit der sie sich
gab, kann uns nur noch erheitern. Ich weiß nicht, unter
wem es war, ich glaube unter Rodegast[4], da kam es in
Mode – vielleicht weil er persönlich einen Garten vorm
Rosentaler[5] hatte –, die Stoffe für die öffentlichen Reden
und Ähnliches aus der Gartenkunde zu nehmen, und sieh,
da hab ich Dissertationen gelesen über das Hortikultur-
liche[6] des Paradieses, über die Beschaffenheit des Gartens
zu Gethsemane[7] und über die mutmaßlichen Anlagen im
Garten des Joseph von Arimathia[8]. Garten und immer
wieder Garten. Nun, was sagst du dazu?"

„Ja, Schmidt, mit dir ist schlecht fechten. Du hast immer
das Auge für das Komische gehabt. Das greifst du nun
heraus, spießest es auf deine Nadel und zeigst es der Welt.
Aber was daneben lag und viel wichtiger war, das lässest
du liegen. Du hast schon sehr richtig hervorgehoben, dass
man über unsere Lächerlichkeiten auch lachen wird. Und
wer bürgt uns dafür, dass wir nicht jeden Tag in Untersuchungen eintreten, die noch viel toller[9] sind als die horti-
kulturlichen Untersuchungen über das Paradies. Lieber
Schmidt, das Entscheidende bleibt doch immer der Cha-

---

[1] Dissertation: wissenschaftliche Abhandlung zur Erlangung des Dok-
     torgrades
[2] Festschriften anlässlich von Schulfeiern; Aktus: Schulfeier, Schulauf-
     führung
[3] stupend: erstaunlich, verblüffend
[4] Samuel Rodigast (1649–1708): Dichter, von 1698 bis 1708 Rektor
     des Berliner Gymnasiums „Zum Grauen Kloster"
[5] Tor im Norden Berlins
[6] Gartenbauliche
[7] Dort wurde Jesus verhaftet (Matth. 26,36).
[8] begrub den Leichnam Jesu in seinem Garten (Markus 15,42–47)
[9] toll: hier im Sinne von: abwegig, verrückt

rakter, nicht der eitle, wohl aber der gute, ehrliche Glaube an uns selbst. Bona fide[1] müssen wir vorgehen. Aber mit unserer ewigen Kritik, eventuell auch Selbstkritik, geraten wir in eine mala fides[2] hinein und misstrauen uns selbst und dem, was wir zu sagen haben. Und ohne Glauben an uns und unsere Sache, keine rechte Lust und Freudigkeit und auch kein Segen, am wenigsten Autorität. Und das ist es, was ich beklage. Denn wie kein Heerwesen ohne Disziplin, so kein Schulwesen ohne Autorität. Es ist damit wie mit dem Glauben. Es ist nicht nötig, dass das Richtige geglaubt wird, aber dass überhaupt geglaubt wird, darauf kommt es an. In jedem Glauben stecken geheimnisvolle Kräfte und ebenso in der Autorität."

Schmidt lächelte. „Distelkamp, ich kann da nicht mit. Ich kann's in der Theorie gelten lassen, aber in der Praxis ist es bedeutungslos geworden. Gewiss kommt es auf das Ansehen vor den Schülern an. Wir gehen nur darin auseinander, aus welcher Wurzel das Ansehen kommen soll. Du willst alles auf den Charakter zurückführen und denkst, wenn du es auch nicht aussprichst: ‚Und wenn ihr euch nur selbst vertraut, vertrauen euch auch die anderen Seelen.'[3] Aber, teurer Freund, das ist just das, was ich bestreite. Mit dem bloßen Glauben an sich oder gar, wenn du den Ausdruck gestattest, mit der geschwollenen Wichtigtuerei, mit der Pomposität[4] ist es heutzutage nicht mehr getan. An die Stelle dieser veralteten Macht ist die reelle Macht des wirklichen Wissens und Könnens getreten, und du brauchst nur Umschau zu halten, so wirst du jeden Tag sehen, dass Professor Hammerstein, der bei Spichern[5] mit gestürmt und eine gewisse Premierleutnantshaltung[6] von daher beibehalten hat, dass Hammerstein, sag ich, seine

---

[1] (lat.) guten Glaubens
[2] hier: schlechter Glaube, Zweifel; mala fide (lat.): in böser Absicht trotz besseren Wissens
[3] freies Zitat aus Goethes „Faust" (Mephistopheles zum Schüler im „Studierzimmer")
[4] pompös: übertrieben prunkhaft, prächtig
[5] Während des Deutsch-Französischen Krieges erstürmten am 6. August 1870 preußische Truppen die Spicherer Höhen.
[6] Premierleutnant: Oberleutnant

Klasse *nicht* regiert, während unser Agathon Knurzel, der
aussieht wie Mr. Punch[1] und einen Doppelpuckel[2], aber
freilich auch einen Doppelgrips hat, die Klasse mit seinem
kleinen Raubvogelgesicht in der Furcht des Herrn hält.
Und nun besonders unsere Berliner Jungens, die gleich
weghaben, wie schwer einer wiegt. Wenn einer von den
Alten aus dem Grabe käme, mit Stolz und Hoheit angetan,
und eine hortikulturelle Beschreibung des Paradieses forderte, wie würde der fahren mit all seiner Würde? Drei
Tage später wär' er im ‚Kladderadatsch‘[3], und die Jungens
selber hätten das Gedicht gemacht."
„Und doch bleibt es dabei, Schmidt, mit den Traditionen
der alten Schule steht und fällt die höhere Wissenschaft."
„Ich glaub es nicht. Aber wenn es wäre, wenn die höhere
Weltanschauung, d. h. das, was wir so nennen, wenn das
alles fallen müsste, nun, so lass es fallen. Schon Attinghau-
sen[4], der doch selber alt war, sagte: ‚Das Alte stürzt, es
ändert sich die Zeit.' Und wir stehen sehr stark vor solchem Umwandlungsprozess, oder richtiger, wir sind
schon drin. Muss ich dich daran erinnern, es gab eine Zeit,
wo das Kirchliche Sache der Kirchenleute war. Ist es noch
so? Nein. Hat die Welt verloren? Nein. Es ist vorbei mit
den alten Formen, und auch unsere Wissenschaftlichkeit
wird davon keine Ausnahme machen. Sieh hier …", und
er schleppte von einem kleinen Nebentisch ein großes
Prachtwerk herbei, „… sieh hier *das*. Heute mir zuge-
schickt, und ich werd es behalten, so teuer es ist. Heinrich
Schliemanns Ausgrabungen zu Mykenä[5]. Ja, Distelkamp,
wie stehst du dazu?"
„Zweifelhaft genug."
„Kann ich mir denken. Weil du von den alten Anschau-

---

[1] Kasper im engl. Puppenspiel
[2] Puckel (mundartlich): Buckel, Rücken
[3] Krach, Aufregung; Titel einer Berliner Satirezeitschrift (1848–1944)
[4] Figur (und nachfolgendes Zitat) aus Schillers „Wilhelm Tell" (IV,2)
[5] In dem 1878 erschienenen Band „Mykenae" berichtet der Archäo-loge Heinrich Schliemann (1822–90) über seine Ausgrabungen in Mykene (Griechenland).

ungen nicht loswillst. Du kannst dir nicht vorstellen, dass jemand, der Tüten geklebt und Rosinen verkauft hat, den alten Priamus[1] ausbuddelt, und kommt er nun gar ins Agamemnon'sche[2] hinein und sucht nach dem Schädelriss, Ägisth'schen Angedenkens[3], so gerätst du in helle Empörung. Aber ich kann mir nicht helfen, du hast unrecht. Freilich, man muss was leisten, hic Rhodus, hic salta[4]; aber wer springen kann, der springt, gleichviel ob er's aus der Georgia Augusta[5] oder aus der Klipp-Schule[6] hat. Im Übrigen will ich abbrechen; am wenigsten hab ich Lust, dich mit Schliemann zu ärgern, der von Anfang an deine Renonce[7] war. Die Bücher liegen hier bloß wegen Friedeberg, den ich der beigegebenen Zeichnungen halber fragen will. Ich begreife nicht, dass er nicht kommt oder richtiger nicht schon da ist. Denn dass er kommt, ist unzweifelhaft, er hätte sonst abgeschrieben[8], artiger Mann, der er ist."

„Ja, das ist er", sagte Etienne, „das hat er noch aus dem Semitismus[9] mit rübergenommen."

„Sehr wahr", fuhr Schmidt fort, „aber wo er's herhat, ist am Ende gleichgültig. Ich bedaure mitunter, Urgermane, der ich bin, dass wir nicht auch irgendwelche Bezugsquelle für ein bisschen Schliff und Politesse[10] haben; es braucht ja nicht gerade dieselbe zu sein. Diese schreckliche Ver-

---

[1] König von Troja um 1190 v. Chr.
[2] Agamemnon: nach der griech. Sage König von Mykene und Heeresführer im Trojanischen Krieg
[3] Ägisthos, der Liebhaber von Agamemnons Frau Klytämnestra, erschlug diesen mit ihrer Hilfe.
[4] (lat.): hier ist Rhodus, hier springe; Anspielung auf Äsops (6. Jh. v. Chr.) Fabel „Der Prahler"
[5] Die 1733 gegründete Göttinger Universität zählte zu den führenden Hochschulen des 19. Jhdts.
[6] Klippschule (mundartlich, abwertend): Elementarschule
[7] hier: Ärgernis, Abneigung; eigentlich: Fehlfarbe im Kartenspiel
[8] abschreiben (hier): etwas durch schriftliche Mitteilung absagen
[9] Semiten: unscharfer Sammelbegriff für sprachlich verwandte Völker in Vorderasien und Nordafrika; im 19. Jh. häufig als Synonym für Juden verwendet; daher meint „Semitismus" hier vermutlich: jüdische Herkunft, Abstammung
[10] Höflichkeit, Artigkeit; (mundartlich) Schlauheit

wandtschaft zwischen Teutoburger Wald[1] und Grobheit ist doch mitunter störend. Friedeberg ist ein Mann, der, wie Max Piccolomini[2] – sonst nicht gerade sein Vorbild, auch nicht mal in der Liebe –, der ‚Sitten Freundlichkeit'[3] allerzeit kultiviert hat, und es bleibt eigentlich nur zu beklagen, dass seine Schüler nicht immer das richtige Verständnis dafür haben. Mit anderen Worten, sie spielen ihm auf der Nase …"

„Das uralte Schicksal der Schreib- und Zeichenlehrer …"

„Freilich. Und am Ende muss es auch so gehen und geht auch. Aber lassen wir die heikle Frage. Lass mich lieber auf Mykenä zurückkommen und sage mir deine Meinung über die Goldmasken. Ich bin sicher, wir haben da ganz was Besonderes, so das recht Eigentlichste. Jeder Beliebige kann doch nicht bei seiner Bestattung eine Goldmaske getragen haben, doch immer nur die Fürsten, also mit höchster Wahrscheinlichkeit Orests und Iphigeniens[4] unmittelbare Vorfahren. Und wenn ich mir dann vorstelle, dass diese Goldmasken genau nach dem Gesicht geformt wurden, gerade wie wir jetzt eine Gips- oder Wachsmaske formen, so hüpft mir das Herz bei der doch mindestens zulässigen Idee, dass *dies* hier" – und er wies auf eine aufgeschlagene Bildseite –, „dass dies hier das Gesicht des Atreus[5] ist oder seines Vaters oder seines Onkels …"

„Sagen wir seines Onkels."

„Ja, du spottest wieder, Distelkamp, trotzdem du mir doch selber den Spott verboten hast. Und das alles bloß, weil du der ganzen Sache misstraust und nicht vergessen kannst, dass er, ich meine natürlich Schliemann, in seinen

---

[1] In der Schlacht im Teutoburger Wald im Jahre 9 n. Chr. besiegte das germanische Heer unter Hermann dem Cherusker die vom römischen Feldherrn Varus geführten Legionen.

[2] Gestalt aus Schillers „Die Piccolomini" (1799), dem zweiten Teil der Wallenstein-Trilogie

[3] Zitat (IV,10) aus „Wallensteins Tod" (1799), dem dritten Teil von Schillers Wallenstein-Trilogie

[4] in der griechischen Sage Sohn und Tochter von Agamemnon und Klytämnestra; Orest rächte den Vater, indem er seine Mutter erschlug

[5] Vater des Agamemnon

Schuljahren über Strelitz und Fürstenberg nicht rausgekommen ist. Aber lies nur, was Virchow[1] von ihm sagt.
Und Virchow wirst du doch gelten lassen."
In diesem Augenblicke hörte man draußen die Klingel
gehen. „Ah, lupus in fabula[2]. Das ist er. Ich wusste, dass
er uns nicht im Stiche lassen würde …"
Und kaum dass Schmidt diese Worte gesprochen, trat
Friedeberg auch schon herein, und ein reizender schwar-
zer Pudel, dessen rote Zunge, wahrscheinlich von ange-
strengtem Laufe, weit heraushing, sprang auf die beiden
alten Herren zu und umschmeichelte abwechselnd Schmidt und Distelkamp. An Etienne, der ihm zu elegant war,
wagte er sich nicht heran.
„Aber alle Wetter, Friedeberg, wo kommen Sie so spät
her?"
„Freilich, freilich, und sehr zu meinem Bedauern. Aber der
Fips hier treibt es zu arg oder geht in seiner Liebe zu mir
zu weit, wenn ein Zuweitgehen in der Liebe überhaupt
möglich ist. Ich bildete mir ein, ihn eingeschlossen zu haben, und mache mich zu rechter Zeit auf den Weg. Gut.
Und nun denken Sie, was geschieht? Als ich hier ankomme, wer ist da, wer wartet auf mich? Natürlich Fips.
Ich bring ihn wieder zurück bis in meine Wohnung und
übergeb ihn dem Portier, meinem guten Freunde – man
muss in Berlin eigentlich sagen, meinem Gönner. Aber,
aber, was ist das Resultat all meiner Anstrengungen und
guten Worte? Kaum bin ich wieder hier, so ist auch Fips
wieder da. Was sollt' ich am Ende machen? Ich hab ihn
wohl oder übel mit hereingebracht und bitt um Entschuldigung für ihn und für mich."
„Hat nichts auf sich", sagte Schmidt, während er sich zugleich freundlich mit dem Hunde beschäftigte. „Reizendes
Tier und so zutunlich und fidel. Sagen Sie, Friedeberg, wie
schreibt er sich eigentlich? F oder ph? Phips mit ph ist
englisch, also vornehmer. Im Übrigen ist er, wie seine

---

[1] Rudolf Virchow (1821 – 1902): berühmter Arzt und Politiker, Förde-
rer Schliemanns
[2] (lat.) „der Wolf in der Fabel"; Redewendung im Sinne von: „Wenn
man den Teufel nennt, kommt er gerennt."

Rechtschreibung auch sein möge, für heute Abend mit eingeladen und ein durchaus willkommener Gast, vorausgesetzt, dass er nichts dagegen hat, in der Küche sozusagen am Trompetertisch[1] Platz zu nehmen. Für meine gute
5 Schmolke bürge ich. Die hat eine Vorliebe für Pudel, und wenn sie nun gar von seiner Treue hört …"

„So wird sie", warf Distelkamp ein, „ihm einen Extrazipfel[2] schwerlich versagen."

„Gewiss nicht. Und darin stimme ich meiner guten Schmol-
10 ke von Herzen bei. Denn die Treue, von der heutzutage jeder red't, wird in Wahrheit immer rarer, und Fips predigt in seiner Stadtgegend, soviel ich weiß, umsonst."

Diese von Schmidt anscheinend leicht und wie im Scherze hingesprochenen Worte richteten sich doch ziemlich
15 ernsthaft an den sonst gerade von ihm protegierten Friedeberg, dessen stadtkundig unglückliche Ehe, neben anderem, auch mit einem entschiedenen Mangel an Treue, besonders während seiner Mal- und Landschaftsstudien auf der Woltersdorfer Schleuse, zusammenhing. Friede-
20 berg fühlte den Stich auch sehr wohl heraus und wollte sich durch eine Verbindlichkeit gegen Schmidt aus der Affäre ziehen, kam aber nicht dazu, weil in ebendiesem Augenblicke die Schmolke eintrat und, unter einer Verbeugung gegen die anderen Herren, ihrem Professor ins
25 Ohr flüsterte, „dass angerichtet sei".

„Nun, lieben Freunde, dann bitt ich …" Und Distelkamp an der Hand nehmend, schritt er, unter Passierung des Entrees, auf das Gesellschaftszimmer zu, drin die Abendtafel gedeckt war. Ein eigentliches Esszimmer hatte die
30 Wohnung nicht. Friedeberg und Etienne folgten.

Siebentes Kapitel

Das Zimmer war dasselbe, in welchem Corinna am Tage zuvor den Besuch der Kommerzienrätin empfangen hatte.

---

[1] hier: Nebentisch; ursprünglich: Musikertisch abseits der (Hochzeits-)Tafel
[2] Zipfel (hier): Happen, Wurst

Der mit Lichtern und Weinflaschen gut besetzte Tisch
stand, zu vieren gedeckt, in der Mitte; darüber hing eine
Hängelampe. Schmidt setzte sich mit dem Rücken gegen
den Fensterpfeiler, seinem Freunde Friedeberg gegenüber,
der seinerseits von seinem Platz aus zugleich den Blick in   5
den Spiegel hatte. Zwischen den blanken Messingleuch-
tern standen ein paar auf einem Bazar gewonnene Porzel-
lanvasen, aus deren halb gezahnter, halb wellenförmiger
Öffnung – dentatus et undulatus[1], sagte Schmidt – kleine
Marktsträuße von Goldlack[2] und Vergissmeinnicht her-   10
vorwuchsen. Quer vor den Weingläsern lagen lange Küm-
melbrote, denen der Gastgeber, wie allem Kümmlichen[3],
eine ganz besondere Fülle gesundheitlicher Gaben zu-
schrieb.
Das eigentliche Gericht fehlte noch, und Schmidt, nach-   15
dem er sich von dem statutarisch[4] festgesetzten Trarbacher bereits zweimal eingeschenkt, auch beide Knusper-
spitzen von seinem Kümmelbrötchen abgebrochen hatte,
war ersichtlich auf dem Punkte, starke Spuren von Missstimmung und Ungeduld zu zeigen, als sich endlich die   20
zum Entree führende Tür auftat und die Schmolke, rot von
Erregung und Herdfeuer, eintrat, eine mächtige Schüssel
mit Oderkrebsen vor sich her tragend. „Gott sei Dank",
sagte Schmidt, „ich dachte schon, alles wäre den Krebsgang gegangen"[5], eine unvorsichtige Bemerkung, die die   25
Kongestionen der Schmolke nur noch steigerte, das Maß
ihrer guten Laune aber ebenso sehr sinken ließ. Schmidt,
seinen Fehler rasch erkennend, war kluger Feldherr genug, durch einige Verbindlichkeiten die Sache wieder aus-
zugleichen. Freilich nur mit halbem Erfolg.   30
Als man wieder allein war, unterließ es Schmidt nicht,
sofort den verbindlichen Wirt zu machen. Natürlich auf
seine Weise. „Sieh, Distelkamp, dieser hier ist für dich. Er
hat eine große und eine kleine Schere, und das sind immer

---

[1] (lat.) gezähnt und wellig
[2] rosenähnliches Kreuzblütengewächs
[3] Anspielung auf Kümmelliköre
[4] den Statuten entsprechend, ordnungsgemäß
[5] etwas geht den Krebsgang (Redewendung): etwas geht rückwärts,
     erlebt einen Rückschritt

die Besten. Es gibt Spiele der Natur, die mehr sind als
bloßes Spiel und dem Weisen als Wegweiser dienen; dahin
gehören beispielsweise die Pontac-Apfelsinen[1] und die
Borsdorfer[2] mit einer Pocke[3]. Denn es steht fest, je pocken-
reicher, desto schöner … Was wir hier vor uns haben, sind
Oderbruchkrebse; wenn ich recht berichtet bin, aus der
Küstriner Gegend[4]. Es scheint, dass durch die Vermäh-
lung von Oder und Warthe besonders gute Resultate ver-
mittelt werden. Übrigens, Friedeberg, sind Sie nicht eigentlich da zu Haus? Ein halber Neumärker[5] oder
Oderbrücher[6]."
Friedeberg bestätigte. „Wusst' es; mein Gedächtnis täuscht
mich selten. Und nun sagen Sie, Freund, ist dies, nach
Ihren persönlichen Erfahrungen, mutmaßlich als streng
lokale Produktion anzusehen, oder ist es mit den Oder-
bruchkrebsen wie mit den Werder'schen Kirschen[7], deren
Gewinnungsgebiet sich nächstens über die ganze Provinz
Brandenburg erstrecken wird?"
„Ich glaube doch", sagte Friedeberg, während er durch
eine geschickte, durchaus den Virtuosen verratende Ga-
belwendung einen weiß und rosa schimmernden Krebs-
schwanz aus seiner Stachelschale hob, „ich glaube doch,
dass hier ein Segeln unter zuständiger Flagge stattfindet
und dass wir auf dieser Schüssel wirkliche Oderkrebse
vor uns haben, echteste Ware, nicht bloß dem Namen
nach, sondern auch de facto[8]."
„De facto", wiederholte der in Friedebergs Latinität ein-
geweihte Schmidt, unter behaglichem Schmunzeln.
Friedeberg aber fuhr fort: „Es werden nämlich, um Küs-

---

[1] Blutorangen
[2] saftige, süße Apfelsorte
[3] Pustel
[4] Küstrin: Kleinstadt und ehemalige preußische Festung östlich Berlins (heute im Westen Polens)
[5] ehemals nordöstlicher Teil der Mark Brandenburg (heute im Westen Polens)
[6] Das Oderbruch ist ein Niederungsgebiet im Norddeutschen Tief-
land.
[7] Kirschen aus Werder an der Havel
[8] tatsächlich

trin herum, immer noch Massen gewonnen, trotzdem es nicht mehr das ist, was es war. Ich habe selbst noch Wunderdinge davon gesehen, aber freilich nichts in Vergleich zu dem, was die Leute von alten Zeiten her erzählten. Damals, vor hundert Jahren, oder vielleicht auch noch länger, gab es so viele Krebse, dass sie durchs ganze Bruch hin, wenn sich im Mai das Überschwemmungswasser wieder verlief, von den Bäumen geschüttelt wurden, zu vielen Hunderttausenden."

„Dabei kann einem ja ordentlich das Herz lachen", sagte Etienne, der ein Feinschmecker war.

„Ja, hier an diesem Tisch; aber dort in der Gegend lachte man nicht darüber. Die Krebse waren wie eine Plage, natürlich ganz entwertet, und bei der dienenden Bevölkerung, die damit geatzt[1] werden sollte, so verhasst und dem Magen der Leute so widerwärtig, dass es verboten war, dem Gesinde *mehr* als dreimal wöchentlich Krebse vorzusetzen. Ein Schock[2] Krebse kostete einen Pfennig."

„Ein Glück, dass das die Schmolke nicht hört", warf Schmidt ein, „sonst würd' ihr ihre Laune zum zweiten Male verdorben. Als richtige Berlinerin ist sie nämlich für ewiges Sparen, und ich glaube nicht, dass sie die Tatsache ruhig verwinden würde, die Epoche von ,ein Pfennig pro Schock' so total versäumt zu haben."

„Darüber darfst du nicht spotten, Schmidt", sagte Distelkamp. „Das ist eine Tugend, die der modernen Welt, neben vielem anderen, immer mehr verloren geht."

„Ja, da sollst du recht haben. Aber meine gute Schmolke hat doch auch in diesem Punkte les défauts de ses vertus[3]. So heißt es ja wohl, Etienne?"

„Gewiss", sagte dieser. „Von der George Sand[4]. Und fast ließe sich sagen ,les défauts de ses vertus' und ,comprendre c'est pardonner'[5] – das sind so recht eigentlich die Sätze, wegen deren sie gelebt hat."

---

[1] atzen: füttern
[2] altes Zählmaß: 60 Stück
[3] (franz.) die Fehler ihrer Tugenden
[4] Pseudonym der emanzipatorischen französischen Schriftstellerin Aurore Dupin (1804–76)
[5] (franz.) verstehen heißt verzeihen

„Und dann vielleicht auch von wegen dem Alfred de Mus-
set[1]", ergänzte Schmidt, der nicht gern eine Gelegenheit
vorübergehen ließ, sich, aller Klassizität unbeschadet,
auch ein modern-literarisches Ansehen zu geben.

5 „Ja, wenn man will, auch von wegen dem Alfred de Mus-
set. Aber das sind Dinge, daran die Literaturgeschichte
glücklicherweise vorübergeht."

„Sage das nicht, Etienne, nicht glücklicherweise, sage leider. Die Geschichte geht fast immer an dem vorüber, was
10 sie vor allem festhalten sollte. Dass der Alte Fritz[2] am
Ende seiner Tage dem damaligen Kammergerichtspräsi-
denten[3], Namen hab ich vergessen, den Krückstock an den
Kopf warf und, was mir noch wichtiger ist, dass er durchaus bei seinen Hunden begraben sein wollte, weil er die
15 Menschen, diese ‚mechante[4] Rasse', so gründlich verach-
tete – sieh, Freund, das ist mir mindestens ebenso viel wert
wie Hohenfriedberg oder Leuthen. Und die berühmte
Torgauer Ansprache, ‚Rackers, wollt ihr denn ewig leben',
geht mir eigentlich noch über Torgau[5] selbst."

20 Distelkamp lächelte. „Das sind so Schmidtiana. Du warst
immer fürs Anekdotische, fürs Genrehafte[6]. Mir gilt in der
Geschichte nur das Große, nicht das Kleine, das Nebensächliche."

„Ja und nein, Distelkamp. Das Nebensächliche, so viel ist
25 richtig, gilt nichts, wenn es bloß nebensächlich ist, wenn
nichts drinsteckt. Steckt aber was drin, dann ist es die
Hauptsache, denn es gibt einem dann immer das eigentlich Menschliche."

---

[1] franz. Schriftsteller (1810–57) und Geliebter George Sands
[2] Friedrich II., auch Friedrich der Große (1712–86), ab 1772 König
     von Preußen
[3] Karl Joseph Maximilian Freiherr von Fürst und Kupferberg
     (1717–90): preußischer Minister und ab 1763 Kammergerichtsprä-
     sident, 1779 in Ungnade entlassen
[4] méchant (franz.): arglistig, boshaft
[5] Hohenfriedberg, Leuthen, Torgau: von Friedrich II. siegreich ge-
     führte Schlachten; bei Torgau soll er den Rückzug seiner Soldaten
     mit dem angeführten, historisch nicht verbürgten Zitat gestoppt
     haben.
[6] genrehaft (hier): charakteristisch ausgemalt

„Poetisch magst du recht haben."

„Das Poetische – vorausgesetzt, dass man etwas anderes darunter versteht als meine Freundin Jenny Treibel –, das Poetische hat immer recht; es wächst weit über das Historische hinaus ..." [5]
Es war dies ein Schmidt'sches Lieblingsthema, drin der alte Romantiker, der er eigentlich mehr als alles andere war, jedes Mal so recht zur Geltung kam; aber heute sein Steckenpferd zu reiten verbot sich ihm doch, denn ehe er noch zu wuchtiger Auseinandersetzung ausholen konn- [10] te, hörte man Stimmen vom Entree her, und im nächsten Augenblicke traten Marcell und Corinna ein, Marcell befangen und fast verstimmt, Corinna nach wie vor in bester Laune. Sie ging zur Begrüßung auf Distelkamp zu, der ihr Pate war und ihr immer kleine Verbindlichkeiten [15] sagte. Dann gab sie Friedeberg und Etienne die Hand und machte den Schluss bei ihrem Vater, dem sie, nachdem er sich auf ihre Ordre[1] mit der breit vorgebundenen Serviette den Mund abgeputzt hatte, einen herzhaften Kuss gab. [20]

„Nun, Kinder, was bringt ihr? Rückt hier ein. Platz die Hülle und Fülle. Rindfleisch hat abgeschrieben ... Griechische Gesellschaft ... und die beiden anderen fehlen als Anhängsel natürlich von selbst. Aber kein anzügliches Wort mehr, ich habe ja Besserung geschworen und will's [25] halten. Also, Corinna, du drüben neben Distelkamp, Marcell hier zwischen Etienne und mir. Ein Besteck wird die Schmolke wohl gleich bringen ... So; so ist's recht ... Und wie sich das gleich anders ausnimmt! Wenn so Lücken klaffen, denk ich immer, Banquo[2] steigt auf. Nun, Gott sei [30] Dank, Marcell, von Banquo hast du nicht viel, oder wenn doch vielleicht, so verstehst du's, deine Wunden zu verbergen. Und nun erzählt, Kinder. Was macht Treibel? Was macht meine Freundin Jenny? Hat sie gesungen? Ich wette das ewige Lied, *mein* Lied, die berühmte Stelle ‚Wo sich [35] Herzen finden', und Adolar Krola hat begleitet. Wenn ich

---

[1] (franz.) Order, Anweisung
[2] In Shakespeares „Macbeth" (1605/06) nimmt der Geist des ermordeten Heerführers Banquo an der königlichen Tafel Platz.

dabei nur mal in Krolas Seele lesen könnte. Vielleicht aber
steht er doch milder und menschlicher dazu. Wer jeden
Tag zu zwei Diners geladen ist und mindestens anderthalb mitmacht ... Aber bitte, Corinna, klingle."

5 „Nein, ich gehe lieber selbst, Papa. Die Schmolke lässt sich
nicht gerne klingeln; sie hat so ihre Vorstellungen von
dem, was sie sich und ihrem Verstorbenen schuldig ist.
Und ob ich wiederkomme, die Herren wollen verzeihen,
weiß ich auch nicht; ich glaube kaum. Wenn man solchen
10 Treibel'schen Tag hinter sich hat, ist es das Schönste, darüber nachzudenken, wie das alles so kam und was einem
alles gesagt wurde. Marcell kann ja statt meiner berichten.
Und nur noch so viel, ein höchst interessanter Engländer
war mein Tischnachbar, und wer es von Ihnen vielleicht
15 nicht glauben will, dass er so sehr interessant gewesen,
dem brauche ich bloß den Namen zu nennen, er hieß nämlich Nelson. Und nun Gott befohlen."
Und damit verabschiedete sich Corinna.
Das Besteck für Marcell kam, und als dieser, nur um des
20 Onkels gute Laune nicht zu stören, um einen Kost- und
Probekrebs gebeten hatte, sagte Schmidt: „Fange nur erst
an. Artischocken und Krebse kann man immer essen, auch
wenn man von einem Treibel'schen Diner kommt. Ob sich
vom Hummer dasselbe sagen lässt, mag dahingestellt
25 bleiben. Mir persönlich ist allerdings auch der Hummer
immer gut bekommen. Ein eigen Ding, dass man aus Fragen derart nie herauswächst, sie wechseln bloß ab im Leben. Ist man jung, so heißt es ‚hübsch oder hässlich', ‚brü-
nett oder blond', und liegt dergleichen hinter einem, so
30 steht man vor der vielleicht wichtigeren Frage ‚Hummer
oder Krebse'. Wir könnten übrigens darüber abstimmen.
Andererseits, so viel muss ich zugeben, hat Abstimmung
immer was Totes, Schablonenhaftes und passt mir außerdem nicht recht; ich möchte nämlich Marcell gern ins Ge-
35 spräch ziehen, der eigentlich dasitzt, als sei ihm die Gerste
verhagelt. Also lieber Erörterung der Frage, Debatte. Sage,
Marcell, was ziehst du vor?"
„Versteht sich, Hummer."

„Schnell fertig ist die Jugend mit dem Wort.[1] Auf den ersten Anlauf, mit ganz wenig Ausnahmen, ist jeder für
Hummer, schon weil er sich auf Kaiser Wilhelm berufen
kann. Aber so schnell erledigt sich das nicht. Natürlich,
wenn solch ein Hummer aufgeschnitten vor einem liegt
und der wundervolle rote Rogen[2], ein Bild des Segens und
der Fruchtbarkeit, einem zu allem anderen auch noch die
Gewissheit gibt, ‚es wird immer Hummer geben‘, auch
nach Äonen[3] noch, geradeso wie heute …“
Distelkamp sah seinen Freund Schmidt von der Seite her
an.
„… Also einem die Gewissheit gibt, auch nach Äonen
noch werden Menschenkinder sich dieser Himmelsgabe
freuen – ja, Freunde, wenn man sich mit diesem Gefühl
des Unendlichen durchdringt, so kommt das darin liegende Humanitäre dem Hummer und unserer Stellung zu
ihm unzweifelhaft zugute. Denn jede philanthropische
Regung, weshalb man die Philanthropie[4] schon aus Selbstsucht kultivieren sollte, bedeutet die Mehrung eines gesunden und zugleich verfeinerten Appetits. Alles Gute hat
seinen Lohn in sich, so viel ist unbestreitbar.“
„Aber …“
„Aber es ist trotzdem dafür gesorgt, auch hier, dass die
Bäume nicht in den Himmel wachsen, und neben dem
Großen hat das Kleine nicht bloß seine Berechtigung, sondern auch seine Vorzüge. Gewiss, dem Krebse fehlt dies
und das, er hat sozusagen nicht das ‚Maß‘, was, in einem
Militärstaate wie Preußen, immerhin etwas bedeutet, aber
dem ohnerachtet, auch *er* darf sagen: Ich habe nicht umsonst gelebt. Und wenn er dann, er, der Krebs, in Petersi-
lienbutter geschwenkt, im allerappetitlichsten Reize vor
uns hintritt, so hat er Momente wirklicher Überlegenheit,
vor allem auch darin, dass sein Bestes nicht eigentlich
gegessen, sondern geschlürft, gesogen wird. Und dass
gerade das, in der Welt des Genusses, seine besonderen

---

[1] Zitat aus Schillers „Wallensteins Tod" (II,2)
[2] Gesamtheit der reifen Eier von Fischen und eineiigen Meerestieren
[3] unendlich lange Zeitalter
[4] Menschenliebe

Meriten hat, wer wollte das bestreiten? Es ist, sozusagen, das natürlich Gegebene. Wir haben da in erster Reihe den Säugling, für den saugen zugleich leben heißt. Aber auch in den höheren Semestern …"

5 „Lass es gut sein, Schmidt", unterbrach Distelkamp. „Mir ist nur immer merkwürdig, dass du, neben Homer und sogar neben Schliemann, mit solcher Vorliebe Kochbuchliches behandelst, reine Menufragen, als ob du zu den Bankiers und Geldfürsten gehörtest, von denen ich bis auf
10 Weiteres annehme, dass sie gut essen …"

„Mir ganz unzweifelhaft."

„Nun, sieh, Schmidt, diese Herren von der hohen Finanz, darauf möcht ich mich verwetten, sprechen nicht mit halb so viel Lust und Eifer von einer Schildkrötensuppe wie
15 du."

„Das ist richtig, Distelkamp, und sehr natürlich. Sieh, ich habe die Frische, die macht's; auf die Frische kommt es an, in allem. Die Frische gibt einem die Lust, den Eifer, das Interesse, und wo die Frische nicht ist, da ist gar nichts.
20 Das ärmste Leben, das ein Menschenkind führen kann, ist das des petit crevé[1]. Lauter Zappeleien; nichts dahinter. Hab ich recht, Etienne?"

Dieser, der in allem Parisischen regelmäßig als Autorität angerufen wurde, nickte zustimmend, und Distelkamp
25 ließ die Streitfrage fallen oder war geschickt genug, ihr eine neue Richtung zu geben, indem er aus dem allgemein Kulinarischen auf einzelne berühmte kulinarische Persönlichkeiten überlenkte, zunächst auf den Freiherrn von Rumohr[2] und im raschen Anschluss an diesen auf den ihm
30 persönlich befreundet gewesenen Fürsten Pückler-Muskau[3]. Besonders dieser Letztere war Distelkamps Schwärmerei. Wenn man dermaleinst das Wesen des modernen Aristokratismus an einer historischen Figur werde nachweisen wollen, so werde man immer den Fürsten
35 Pückler als Musterbeispiel nehmen müssen. Dabei sei er

---

[1] Modenarr, Geck
[2] Carl Friedrich von Rumohr (1785 – 1843): Kunsthistoriker, Verfasser von „Geist der Kochkunst" (1822)
[3] Hermann Ludwig Heinrich Fürst von Pückler-Muskau (1785 – 1871): Landschaftsarchitekt, Schriftsteller und Feinschmecker

durchaus liebenswürdig gewesen, allerdings etwas launenhaft, eitel und übermütig, aber immer grundgut. Es sei schade, dass solche Figuren ausstürben. Und nach diesen einleitenden Sätzen begann er speziell von Muskau und Branitz zu erzählen, wo er vordem oft tagelang zu Besuch gewesen war und sich mit der märchenhaften, von „Semilassos Weltfahrten"[1] mit heimgebrachten Abessinierin[2] über Nahes und Fernes unterhalten hatte.

Schmidt hörte nichts Lieberes als Erlebnisse der Art, und nun gar von Distelkamp, vor dessen Wissen und Charakter er überhaupt einen ungeheuchelten Respekt hatte.

Marcell teilte ganz und gar diese Vorliebe für den alten Direktor und verstand außerdem – obwohl geborener Berliner –, gut und mit Interesse zuzuhören; trotzdem tat er heute Fragen über Fragen, die seine volle Zerstreutheit bewiesen. Er war eben mit anderem beschäftigt.

So kam elf heran, und mit dem Glockenschlage – ein Satz von Schmidt wurde mitten durchgeschnitten – erhob man sich und trat aus dem Esszimmer in das Entree, darin seitens der Schmolke die Sommerüberzieher[3] samt Hut und Stock schon in Bereitschaft gelegt waren. Jeder griff nach dem seinen, und nur Marcell nahm den Oheim[4] einen Augenblick beiseite und sagte: „Onkel, ich spräche gerne noch ein Wort mit dir", ein Ansinnen, zu dem dieser, jovial und herzlich wie immer, seine volle Zustimmung ausdrückte. Dann, unter Vorantritt der Schmolke, die mit der Linken den messingenen Leuchter über den Kopf hielt, stiegen Distelkamp, Friedeberg und Etienne zunächst treppab und traten gleich danach in die muffig schwüle Adlerstraße hinaus. Oben aber nahm Schmidt seines Neffen Arm und schritt mit ihm auf seine Studierstube zu.

---

[1] Unter dem Pseudonym Semilasso veröffentlichte Pückler-Muskau mehrere Reiseberichte.
[2] Äthiopierin; gemeint ist Machuba, die Pückler-Muskau 1837 auf einem Sklavenmarkt kaufte und mit nach Europa brachte.
[3] Überzieher (veraltet): Herrenmantel
[4] (veraltet) Onkel

„Nun, Marcell, was gibt es? Rauchen wirst du nicht, du siehst mir viel zu bewölkt aus; aber verzeih, *ich* muss mir erst eine Pfeife stopfen." Und dabei ließ er sich, den Tabakskasten vor sich herschiebend, in eine Sofaecke nieder.

5 „So! Marcell … Und nun nimm einen Stuhl und setz dich und schieße los. Was gibt es?"

„Das alte Lied."

„Corinna?"

„Ja."

10 „Ja, Marcell, nimm mir's nicht übel, aber das ist ein schlechter Liebhaber, der immer väterlichen Vorspann braucht, um von der Stelle zu kommen. Du weißt, ich bin dafür. Ihr seid wie geschaffen füreinander. Sie übersieht dich und uns alle; das Schmidt'sche strebt in ihr nicht bloß

15 der Vollendung zu, sondern, ich muss das sagen, trotzdem ich ihr Vater bin, kommt auch ganz nah ans Ziel. Nicht jede Familie kann das ertragen. Aber das Schmidt'sche setzt sich aus solchen Ingredienzien[1] zusammen, dass die Vollendung, von der ich spreche, nie bedrücklich wird.

20 Und warum nicht? Weil die Selbstironie, in der wir, glaube ich, groß sind, immer wieder ein Fragezeichen hinter der Vollendung macht. Das ist recht eigentlich das, was ich das Schmidt'sche nenne. Folgst du?"

„Gewiss, Onkel. Sprich nur weiter."

25 „Nun sieh, Marcell, ihr passt ganz vorzüglich zusammen. Sie hat die genialere Natur, hat so den letzten Knips von der Sache weg, aber das gibt keineswegs das Übergewicht im Leben. Fast im Gegenteil. Die Genialen bleiben immer halbe Kinder, in Eitelkeit befangen, und verlassen sich

30 immer auf Intuition und bon sens[2] und Sentiment[3] und wie all die französischen Worte heißen mögen. Oder wir können auch auf gut Deutsch sagen, sie verlassen sich auf ihre guten Einfälle. Damit ist es nun aber so so; manchmal wetterleuchtet es freilich eine halbe Stunde lang oder auch

35 noch länger, gewiss, das kommt vor; aber mit einem Mal ist das Elektrische wie verblitzt, und nun bleibt nicht bloß

---

[1] Zutaten, Bestandteile
[2] gesunder Menschenverstand
[3] Empfindung, Gefühl

der Esprit[1] aus wie Röhrwasser[2], sondern auch der gesunde Menschenverstand. Ja, der erst recht. Und so ist es auch mit Corinna. Sie bedarf einer verständigen Leitung, d. h., sie bedarf eines Mannes von Bildung und Charakter. Das bist du, das hast du. Du hast also meinen Segen; alles andere musst du dir selber besorgen."

„Ja, Onkel, das sagst du immer. Aber wie soll ich das anfangen? Eine lichterlohe Leidenschaft kann ich in ihr nicht entzünden. Vielleicht ist sie solcher Leidenschaft nicht einmal fähig; aber wenn auch, wie soll ein Vetter seine Cousine zur Leidenschaft anstacheln? Das kommt gar nicht vor. Die Leidenschaft ist etwas Plötzliches, und wenn man von seinem fünften Jahr an immer zusammen gespielt und sich, sagen wir, hinter den Sauerkrauttonnen eines Budikers[3] oder in einem Torf- und Holzkeller unzählige Male stundenlang versteckt hat, immer gemeinschaftlich und immer glückselig, dass Richard oder Arthur, trotzdem sie dicht um einen herum waren, einen doch nicht finden konnten, ja, Onkel, da ist von Plötzlichkeit, dieser Vorbedingung der Leidenschaft, keine Rede mehr."

Schmidt lachte. „Das hast du gut gesagt, Marcell, eigentlich über deine Mittel. Aber es steigert nur meine Liebe zu dir. Das Schmidt'sche steckt doch auch in dir und ist nur unter dem steifen Wedderkopp'schen etwas vergraben. Und *das* kann ich dir sagen, wenn du diesen Ton Corinna gegenüber festhältst, dann bist du durch, dann hast du sie sicher."

„Ach, Onkel, glaube doch das nicht. Du verkennst Corinna. Nach der einen Seite hin kennst du sie ganz genau, aber nach der anderen Seite hin kennst du sie gar nicht. Alles, was klug und tüchtig und, vor allem, was espritvoll an ihr ist, das siehst du mit beiden Augen, aber was äußerlich und modern an ihr ist, das siehst du nicht. Ich kann nicht sagen, dass sie jene niedrig stehende Gefallsucht hat, die jeden erobern will, er sei wer er sei; von dieser Koket-

---

[1] geistreiche Art, Witz
[2] durch Rohre geleitetes Wasser
[3] Budiker (hier): Inhaber eines kleinen Ladens

terie hat sie nichts. Aber sie nimmt sich erbarmungslos *einen* aufs Korn, einen, an dessen Spezialeroberung ihr gelegen ist, und du glaubst gar nicht, mit welcher grausamen Konsequenz, mit welcher infernalen[1] Virtuosität
5 sie dies von ihr erwählte Opfer in ihre Fäden einzuspinnen weiß."

„Meinst du?"

„Ja, Onkel. Heute bei Treibels hatten wir wieder ein Musterbeispiel davon. Sie saß zwischen Leopold Treibel und
10 einem Engländer, dessen Namen sie dir ja schon genannt hat, einen Mr. Nelson, der, wie die meisten Engländer aus guten Häusern, einen gewissen Naivitäts-Charme hatte, sonst aber herzlich wenig bedeutete. Nun hättest du Corinna sehen sollen. Sie beschäftigte sich anscheinend mit
15 niemand anderem als diesem Sohn Albions, und es gelang ihr auch, ihn in Staunen zu setzen. Aber glaube nur ja nicht, dass ihr an dem flachsblonden Mr. Nelson im Geringsten gelegen gewesen wäre; gelegen war ihr bloß an Leopold Treibel, an den sie kein einziges Wort, oder we-
20 nigstens nicht viele, direkt richtete und dem zu Ehren sie doch eine Art von französischem Proverbe[2] aufführte, kleine Komödie, dramatische Szene. Und wie ich dir versichern kann, Onkel, mit vollständigstem Erfolg. Dieser unglückliche Leopold hängt schon lange an ihren Lippen
25 und saugt das süße Gift ein, aber so wie heute habe ich ihn doch noch nicht gesehen. Er war von Kopf bis zu Fuß die helle Bewunderung, und jede Miene schien ausdrücken zu wollen: ‚Ach, wie langweilig ist Helene' (das ist, wie du dich vielleicht erinnerst, die Frau seines Bruders), ‚und
30 wie wundervoll ist diese Corinna.'"

„Nun gut, Marcell, aber das alles kann ich so schlimm nicht finden. Warum soll sie nicht ihren Nachbar zur Rechten unterhalten, um auf ihren Nachbar zur Linken einen Eindruck zu machen? Das kommt alle Tage vor, das sind
35 so kleine Capricen[3], an denen die Frauennatur reich ist."

„Du nennst es Capricen, Onkel. Ja, wenn die Dinge so

---

[1] infernal: höllisch, schrecklich
[2] auf einer Sprichwortweisheit basierendes Lustspiel
[3] (franz.) Launen

lägen! Es liegt aber anders. Alles ist Berechnung: Sie will den Leopold heiraten."

„Unsinn, Leopold ist ein Junge."

„Nein, er ist fünfundzwanzig, gerade so alt wie Corinna selbst. Aber wenn er auch noch ein bloßer Junge wäre, Corinna hat sich's in den Kopf gesetzt und wird es durchführen."

„Nicht möglich."

„Doch, doch. Und nicht bloß möglich, sondern ganz gewiss. Sie hat es mir, als ich sie zur Rede stellte, selber gesagt. Sie will Leopold Treibels Frau werden, und wenn der Alte das Zeitliche segnet, was doch, wie sie mir versicherte, höchstens noch zehn Jahre dauern könne, und wenn er in seinem Zossener Wahlkreise gewählt würde, keine fünfe mehr, so will sie die Villa beziehen, und wenn ich sie recht taxiere[1], so wird sie zu dem grauen Kakadu noch einen Pfauhahn anschaffen."

„Ach, Marcell, das sind Visionen."

„Vielleicht von ihr, wer will's sagen? Aber sicherlich nicht von mir. Denn all das waren ihre eigensten Worte. Du hättest sie hören sollen, Onkel, mit welcher Suffisance[2] sie von ‚kleinen Verhältnissen' sprach und wie sie das dürftige Kleinleben ausmalte, für das sie nun mal nicht geschaffen sei; sie sei nicht für Speck und Wruken und all dergleichen … und du hättest nur hören sollen, *wie* sie das sagte, nicht bloß so drüber hin, nein, es klang geradezu was von Bitterkeit mit durch, und ich sah zu meinem Schmerz, wie veräußerlicht sie ist und wie die verdammte neue Zeit sie ganz in Banden hält."

„Hm", sagte Schmidt, „das gefällt mir nicht, namentlich das mit den Wruken. Das ist bloß ein dummes Vornehmtun und ist auch kulinarisch eine Torheit; denn alle Gerichte, die Friedrich Wilhelm I.[3] liebte, so zum Beispiel Weißkohl mit Hammelfleisch oder Schlei[4] mit Dill – ja, lieber Marcell, was will dagegen aufkommen? Und dagegen Front zu machen

---

[1] taxieren (hier): einschätzen
[2] (franz.) Süffisanz, Selbstgefälligkeit, spöttische Überheblichkeit
[3] (1688–1740), ab 1713 König von Preußen, Vater Friedrichs des Großen
[4] Schleie: karpfenartiger Fisch

ist einfach Unverstand. Aber glaube mir, Corinna macht auch nicht Front dagegen, dazu ist sie viel zu sehr ihres Vaters Tochter, und wenn sie sich darin gefallen hat, dir von Modernität zu sprechen und dir vielleicht eine Pariser Hut-
5 nadel oder eine Sommerjacke, dran alles chic und wieder chic ist, zu beschreiben und so zu tun, als ob es in der ganzen Welt nichts gäbe, was an Wert und Schönheit damit verglichen werden könnte, so ist das alles bloß Feuerwerk, Phantasietätigkeit, jeu d'esprit[1], und wenn es ihr morgen passt,
10 dir einen Pfarramtskandidaten in der Jasminlaube zu beschreiben, der selig in Lottchens Armen ruht, so leistet sie das mit demselben Aplomb[2] und mit derselben Virtuosität. Das ist, was ich das Schmidt'sche nenne. Nein, Marcell, darüber darfst du dir keine grauen Haare wachsen lassen; das
15 ist alles nicht ernstlich gemeint ..."

„Es ist ernstlich gemeint ..."

„Und *wenn* es ernstlich gemeint ist – was ich vorläufig noch nicht glaube, denn Corinna ist eine sonderbare Person –, so nutzt ihr dieser Ernst nichts, gar nichts, und es
20 wird *doch* nichts draus. Darauf verlass dich, Marcell. Denn zum Heiraten gehören zwei."

„Gewiss, Onkel. Aber Leopold will womöglich noch mehr als Corinna ..."

„Was gar keine Bedeutung hat. Denn lass dir sagen, und
25 damit sprech ich ein großes Wort gelassen aus[3]: Die Kommerzienrätin will *nicht*."

„Bist du dessen so sicher?"

„Ganz sicher."

„Und hast auch Zeichen dafür?"

30 „Zeichen und Beweise, Marcell. Und zwar Zeichen und Beweise, die du in deinem alten Onkel Wilibald Schmidt hier leibhaftig vor dir siehst ..."

„Das wäre."

„Ja, Freund, leibhaftig vor dir siehst. Denn ich habe das
35 Glück gehabt, an mir selbst, und zwar als Objekt und Opfer,

---

[1] (franz.) geistvolles Spiel
[2] (franz.) Nachdruck, Dreistigkeit
[3] Anspielung auf Goethes Drama „Iphigenie auf Tauris" (1787), in dem Thoas zu Iphigenie sagt: „Du sprichst ein großes Wort gelassen aus." (I,3)

das Wesen meiner Freundin Jenny studieren zu können. Jenny Bürstenbinder, das ist ihr Vatersname, wie du vielleicht schon weißt, ist der Typus einer Bourgeoise. Sie war talentiert dafür, von Kindesbeinen an, und in jenen Zeiten, wo sie noch drüben in ihres Vaters Laden, wenn der Alte gerade nicht hinsah, von den Traubenrosinen naschte, da war sie schon geradeso wie heut und deklamierte den ‚Taucher' und den ‚Gang nach dem Eisenhammer'[1] und auch allerlei kleine Lieder, und wenn es recht was Rührendes war, so war ihr Auge schon damals immer in Tränen, und als ich eines Tages mein berühmtes Gedicht gedichtet hatte, du weißt schon, das Unglücksding, das sie seitdem immer singt und vielleicht auch heute wieder gesungen hat, da warf sie sich mir an die Brust und sagte: ‚Wilibald, Einziger, das kommt von Gott.' Ich sagte halb verlegen etwas von meinem Gefühl und meiner Liebe, sie blieb aber dabei, es sei von Gott, und dabei schluchzte sie dermaßen, dass ich, so glücklich ich einerseits in meiner Eitelkeit war, doch auch wieder einen Schreck kriegte vor der Macht dieser Gefühle. Ja, Marcell, das war so unsere stille Verlobung, ganz still, aber doch immerhin eine Verlobung; wenigstens nahm ich's dafür und strengte mich riesig an, um so rasch wie möglich mit meinem Studium am Ende zu sein und mein Examen zu machen. Und ging auch alles vortrefflich. Als ich nun aber kam, um die Verlobung perfekt zu machen, da hielt sie mich hin, war abwechselnd vertraulich und dann wieder fremd, und während sie nach wie vor das Lied sang, *mein* Lied, liebäugelte sie mit jedem, der ins Haus kam, bis endlich Treibel erschien und dem Zauber ihrer kastanienbraunen Locken und mehr noch ihrer Sentimentalitäten erlag. Denn der Treibel von damals war noch nicht der Treibel von heut, und am andern Tag kriegte ich die Verlobungskarten. Alles in allem eine sonderbare Geschichte, daran, das glaub ich sagen zu dürfen, andere Freundschaften gescheitert wären; aber ich bin kein Übelnehmer und Spielverderber, und in dem Liede, drin sich, wie du weißt, ‚die Herzen finden' – beiläufig eine himmlische Trivialität und ganz wie geschaffen für Jenny Treibel –,

---

[1] Balladen (1797) von Friedrich Schiller

in dem Liede lebt unsre Freundschaft fort bis diesen Tag,
ganz so, als sei nichts vorgefallen. Und am Ende, warum
auch nicht? Ich persönlich bin drüber weg, und Jenny Treibel hat ein Talent, alles zu vergessen, was sie vergessen will.
5 Es ist eine gefährliche Person, und umso gefährlicher, als
sie's selbst nicht recht weiß und sich aufrichtig einbildet,
ein gefühlvolles Herz und vor allem ein Herz ,für das Höhere' zu haben. Aber sie hat nur ein Herz für das Ponde-
rable[1], für alles, was ins Gewicht fällt und Zins trägt, und
10 für viel weniger als eine halbe Million gibt sie den Leopold
nicht fort, die halbe Million mag herkommen, woher sie
will. Und dieser arme Leopold selbst. Soviel weißt du doch,
der ist nicht der Mensch des Aufbäumens oder der Eskapade[2] nach Gretna Green[3]. Ich sage dir, Marcell, unter
15 Brückner[4] tun es Treibels nicht, und Kögel[5] ist ihnen noch
lieber. Denn je mehr es nach Hof schmeckt, desto besser. Sie
liberalisieren und sentimentalisieren beständig, aber das
alles ist Farce[6]; wenn es gilt, Farbe zu bekennen, dann heißt
es: ,Gold ist Trumpf', und weiter nichts."
20 „Ich glaube, dass du Leopold unterschätzest."
„Ich fürchte, dass ich ihn noch überschätze. Ich kenn ihn
noch aus der Untersekunda[7] her. Weiter kam er nicht; wozu auch? Guter Mensch, mittelgut, und als Charakter noch
unter mittel."
25 „Wenn du mit Corinna sprechen könntest."
„Nicht nötig, Marcell. Durch Dreinreden stört man nur den
natürlichen Gang der Dinge. Mag übrigens alles schwanken und unsicher sein, eines steht fest: der Charakter meiner Freundin Jenny. Da ruhen die Wurzeln deiner Kraft[8].

---

[1] ponderabel: wägbar
[2] Abenteuer, Seitensprung, unüberlegte Handlung
[3] an der englischen Grenze gelegenes schottisches Dorf, in dem
   Schnelltrauungen vollzogen wurden
[4] Benno Brückner (1824–1905): Theologieprofessor, ab 1870 Gene-
   ralsuperintendent in Berlin
[5] Rudolf Kögel (1829–96): Hofprediger und Seelsorger Wilhelms I.
[6] billiger Scherz, derb-komisches Lustspiel; hier: aufgesetzte Komödie,
   falsches Spiel
[7] sechste Klasse des Gymnasiums (10. Klasse)
[8] Zitat aus Schillers „Wilhelm Tell" (II,1)

Und wenn Corinna sich in Tollheiten überschlägt, lass sie;
den Ausgang der Sache kenn ich. Du sollst sie haben, und
du wirst sie haben, und vielleicht eher, als du denkst."

Achtes Kapitel

Treibel war ein Frühauf, wenigstens für einen Kommerzienrat, und trat nie später als acht Uhr in sein Arbeitszimmer, immer gestiefelt und gespornt, immer in sauberster
Toilette. Er sah dann die Privatbriefe durch, tat einen Blick
in die Zeitungen und wartete, bis seine Frau kam, um mit ₅
dieser gemeinschaftlich das erste Frühstück zu nehmen. In
der Regel erschien die Rätin sehr bald nach ihm, heut aber
verspätete sie sich, und weil der eingegangenen Briefe nur
ein paar waren, die Zeitungen aber, in denen schon der
Sommer vorspukte, wenig Inhalt hatten, so geriet Treibel ₁₀
in einen leisen Zustand von Ungeduld und durchmaß,
nachdem er sich rasch von seinem kleinen Ledersofa erhoben hatte, die beiden großen nebenan gelegenen Räume,
darin sich die Gesellschaft vom Tage vorher abgespielt
hatte. Das obere Schiebefenster des Garten- und Ess-Saales ₁₅
war ganz heruntergelassen, sodass er, mit den Armen sich
auflehnend, in bequemer Stellung in den unter ihm gelegenen Garten hinabsehen konnte. Die Szenerie war wie
gestern, nur statt des Kakadu, der noch fehlte, sah man
draußen die Honig, die, den Bologneser der Kommerzien- ₂₀
rätin an einer Strippe[1] führend, um das Bassin herum-
schritt. Dies geschah jeden Morgen und dauerte Mal für
Mal, bis der Kakadu seinen Stangenplatz einnahm oder in
seinem blanken Käfig ins Freie gestellt wurde, worauf sich
dann die Honig mit dem Bologneser zurückzog, um einen ₂₅
Ausbruch von Feindseligkeiten zwischen den beiden
gleichmäßig verwöhnten Lieblingen des Hauses zu vermeiden. Das alles indessen stand heute noch aus. Treibel,
immer artig, erkundigte sich, von seiner Fensterstellung
aus, erst nach dem Befinden des Fräuleins – was die Kom- ₃₀
merzienrätin, wenn sie's hörte, jedes Mal sehr überflüssig

---

[1] (mundartlich) Leine, Band

fand – und fragte dann, als er beruhigende Versicherungen darüber entgegengenommen hatte, wie sie Mr. Nelsons englische Aussprache gefunden habe, dabei von der mehr oder weniger überzeugten Ansicht ausgehend, dass es jeder von einem Berliner Schulrat examinierten Erzieherin ein Kleines sein müsse, dergleichen festzustellen. Die Honig, die diesen Glauben nicht gern zerstören wollte, beschränkte sich darauf, die Korrektheit von Mr. Nelsons *A* anzuzweifeln und diesem seinem *A* eine nicht ganz statthafte Mittelstellung zwischen der englischen und schottischen Aussprache dieses Vokals zuzuerkennen, eine Bemerkung, die Treibel ganz ernsthaft hinnahm und weiter ausgesponnen haben würde, wenn er nicht im selben Moment ein leises Ins-Schloss-Fallen einer der Vordertüren, also mutmaßlich das Eintreten der Kommerzienrätin, erlauscht hätte. Treibel hielt es auf diese Wahrnehmung hin für angezeigt, sich von der Honig zu verabschieden, und schritt wieder auf sein Arbeitszimmer zu, in das in der Tat die Rätin eben eingetreten war. Das auf einem Tablett wohlarrangierte Frühstück stand schon da.

„Guten Morgen, Jenny … Wie geruht?"

„Doch nur passabel. Dieser furchtbare Vogelsang hat wie ein Alp[1] auf mir gelegen."

„Ich würde gerade diese bildersprachliche Wendung doch zu vermeiden suchen. Aber wie du darüber denkst … Im Übrigen, wollen wir das Frühstück nicht lieber draußen nehmen?"

Und der Diener, nachdem Jenny zugestimmt und ihrerseits auf den Knopf der Klingel gedrückt hatte, erschien wieder, um das Tablett auf einen der kleinen, in der Veranda stehenden Tische hinauszutragen. „Es ist gut, Friedrich", sagte Treibel und schob jetzt höchst eigenhändig eine Fußbank heran, um es dadurch zunächst seiner Frau, zugleich aber auch sich selber nach Möglichkeit bequem zu machen. Denn Jenny bedurfte solcher Huldigungen, um bei guter Laune zu bleiben.

---

[1] Dem Volksglauben nach wurden Albträume durch einen „Alp" verursacht, einen Schadensdämon, der sich seinem Opfer im Schlaf auf die Brust setzt.

Diese Wirkung blieb denn auch heute nicht aus. Sie lächelte, rückte die Zuckerschale näher zu sich heran und sagte,
während sie die gepflegte weiße Hand über den großen
Blockstücken hielt: „Eins oder zwei?"

„Zwei, Jenny, wenn ich bitten darf. Ich sehe nicht ein, 5
warum ich, der ich zur Runkelrübe[1], Gott sei Dank, keine
Beziehungen unterhalte, die billigen Zuckerzeiten nicht
fröhlich mitmachen soll."

Jenny war einverstanden, tat den Zucker ein und schob
gleich danach die kleine, genau bis an den Goldstreifen 10
gefüllte Tasse dem Gemahl mit dem Bemerken zu: „Du
hast die Zeitungen schon durchgesehen? Wie steht es mit
Gladstone[2]?"

Treibel lachte mit ganz ungewöhnlicher Herzlichkeit.
„Wenn es dir recht ist, Jenny, bleiben wir vorläufig noch 15
diesseits des Kanals, sagen wir in Hamburg oder doch in
der Welt des Hamburgischen, und transponieren[3] uns die
Frage nach Gladstones Befinden in eine Frage nach unserer Schwiegertochter Helene. Sie war offenbar verstimmt, und ich schwanke nur noch, was in ihren Augen 20
die Schuld trug. War es, dass sie selber nicht gut genug
platziert war, oder war es, dass wir Mr. Nelson, ihren uns
gütigst überlassenen oder, um es berlinisch zu sagen, ihren uns aufgepuckelten Ehrengast, so ganz einfach zwischen die Honig und Corinna gesetzt hatten?" 25

„Du hast eben gelacht, Treibel, weil ich nach Gladstone
fragte, was du nicht hättest tun sollen, denn wir Frauen
dürfen so was fragen, wenn wir auch was ganz anderes
meinen; aber ihr Männer dürft uns das nicht nachmachen
wollen. Schon deshalb nicht, weil es euch nicht glückt 30
oder doch jedenfalls noch weniger als uns. Denn so viel
ist doch gewiss und kann dir nicht entgangen sein, ich
habe niemals einen entzückteren Menschen gesehen als
den guten Nelson; also wird Helene wohl nichts dagegen

---

[1] Futterrübe; die Zuckerrübe entstand gegen Ende des 18. Jhdts.
     durch Züchtung aus der Runkelrübe.
[2] William Ewart Gladstone (1809–98): englischer Politiker und
     Staatsmann
[3] (lat.) hier: umwandeln; eigentlich: ein Musikstück in eine andere
     Tonart übertragen

gehabt haben, dass wir ihren Protegé grade so platzierten, wie geschehen. Und wenn das auch eine ewige Eifersucht ist zwischen ihr und Corinna, die sich, ihrer Meinung nach, zu viel herausnimmt und ..."

5 „... und unweiblich ist und unhamburgisch, was nach ihrer Meinung so ziemlich zusammenfällt ..."

„... so wird sie's ihr gestern", fuhr Jenny, der Unterbrechung nicht achtend, fort, „wohl zum ersten Male verziehen haben, weil es ihr selber zugutekam oder ihrer Gast-
10 lichkeit, von der sie persönlich freilich so mangelhafte Proben gegeben hat. Nein, Treibel, nichts von Verstimmung über Mr. Nelsons Platz. Helene schmollt mit uns beiden, weil wir alle Anspielungen nicht verstehen wollen und ihre Schwester Hildegard noch immer nicht eingela-
15 den haben. Übrigens ist Hildegard ein lächerlicher Name für eine Hamburgerin. Hildegard heißt man in einem Schlosse mit Ahnenbildern oder wo eine weiße Frau[1] spukt. Helene schmollt mit uns, weil wir hinsichtlich Hildegards so sehr schwerhörig sind."

20 „Worin sie recht hat."

„Und ich finde, dass sie darin unrecht hat. Es ist eine Anmaßung, die an Insolenz[2] grenzt. Was soll das heißen? Sind wir in einem fort dazu da, dem Holzhof und seinen Angehörigen Honneurs[3] zu machen? Sind wir dazu da,
25 Helenens und ihrer Eltern Pläne zu begünstigen? Wenn unsre Frau Schwiegertochter durchaus die gastliche Schwester spielen will, so kann sie Hildegard ja jeden Tag von Hamburg her verschreiben und das verwöhnte Püppchen entscheiden lassen, ob die Alster bei der Uhlenhorst
30 oder die Spree bei Treptow schöner ist. Aber was geht *uns* das alles an. Otto hat seinen Holzhof so gut wie du deinen Fabrikhof, und seine Villa finden viele Leute hübscher als die unsre, was auch zutrifft. Unsre ist beinah altmodisch und jedenfalls viel zu klein, sodass ich oft nicht aus noch
35 ein weiß. Es bleibt dabei, mir fehlen wenigstens zwei Zim-

---

[1]   sagenumwobene Spukerscheinung
[2]   Anmaßung, Unverschämtheit
[3]   Ehrenbezeigung; Honneurs (des Hauses) machen: sich (als Herr oder Dame des Hauses) um seine Gäste kümmern

mer. Ich mag davon nicht viel Worte machen, aber wie
kommen wir dazu, Hildegard einzuladen, als ob uns daran
läge, die Beziehungen der beiden Häuser aufs Eifrigste
zu pflegen, und wie wenn wir nichts sehnlicher
wünschten, als noch mehr Hamburger Blut in die Familie
zu bringen …"

„Aber Jenny …"

„Nichts von ‚aber', Treibel. Von solchen Sachen versteht
ihr nichts, weil ihr kein Auge dafür habt. Ich sage dir, auf
solche Pläne läuft es hinaus, und deshalb sollen wir die
Einladenden sein. Wenn Helene Hildegarden einlädt, so
bedeutet das so wenig, dass es nicht einmal die Trinkgelder
wert ist, und die neuen Toiletten nun schon gewiss
nicht. Was hat es für eine Bedeutung, wenn sich zwei
Schwestern wiedersehen? Gar keine, sie passen nicht mal
zusammen und schrauben sich[1] beständig; aber wenn *wir*
Hildegard einladen, so heißt das, die Treibels sind unendlich
entzückt über ihre erste Hamburger Schwiegertochter
und würden es für ein Glück und eine Ehre ansehen, wenn
sich das Glück erneuern und verdoppeln und Fräulein
Hildegard Munk Frau Leopold Treibel werden wollte. Ja,
Freund, darauf läuft es hinaus. Es ist eine abgekartete Sache.
Leopold soll Hildegard oder eigentlich Hildegard soll
Leopold heiraten; denn Leopold ist bloß passiv und hat
zu gehorchen. Das ist das, was die Munks wollen, was
Helene will und was unser armer Otto, der, Gott weiß es,
nicht viel sagen darf, schließlich auch wird wollen müssen.
Und weil wir zögern und mit der Einladung nicht
recht herauswollen, deshalb schmollt und grollt Helene
mit uns und spielt die Zurückhaltende und Gekränkte
und gibt die Rolle nicht einmal auf an einem Tage, wo ich
ihr einen großen Gefallen getan und ihr den Mr. Nelson
hierher eingeladen habe, bloß damit ihr die Plättbolzen
nicht kalt werden."

Treibel lehnte sich weiter zurück in den Stuhl und blies
kunstvoll einen kleinen Ring in die Luft. „Ich glaube nicht,
dass du recht hast. Aber wenn du recht hättest, was täte
es? Otto lebt seit acht Jahren in einer glücklichen Ehe mit

---

[1] sich schrauben: sich aneinander reiben, zanken

Helenen, was auch nur natürlich ist; ich kann mich nicht
entsinnen, dass irgendwer aus meiner Bekanntschaft mit
einer Hamburgerin in einer unglücklichen Ehe gelebt hätte. Sie sind alle so zweifelsohne, haben innerlich und äußerlich so was ungewöhnlich Gewaschenes und bezeugen
in allem, was sie tun und nicht tun, die Richtigkeit der
Lehre vom Einfluss der guten Kinderstube. Man hat sich
ihrer nie zu schämen, und ihrem zwar bestrittenen, aber
im Stillen immer gehegten Herzenswunsche, ‚für eine
Engländerin gehalten zu werden', diesem Ideale kommen
sie meistens sehr nah. Indessen das mag auf sich beruhen.
Soviel steht jedenfalls fest, und ich muss es wiederholen,
Helene Munk hat unsern Otto glücklich gemacht, und es
ist mir höchst wahrscheinlich, dass Hildegard Munk unsren Leopold auch glücklich machen würde, ja noch glücklicher. Und wär' auch keine Hexerei, denn einen besseren
Menschen als unsren Leopold gibt es eigentlich überhaupt
nicht; er ist schon beinah eine Suse[1] …"
   „Beinah?", sagte Jenny. „Du kannst ihn dreist für voll nehmen. Ich weiß nicht, wo beide Jungen diese Milchsuppen-
schaft herhaben. Zwei geborene Berliner, und sind eigentlich, wie wenn sie von Herrnhut oder Gnadenfrei[2] kämen.
Sie haben doch beide was Schläfriges, und ich weiß wirklich nicht, Treibel, auf wen ich es schieben soll …"
   „Auf mich, Jenny, natürlich auf mich …"
   „Und wenn ich auch sehr wohl weiß", fuhr Jenny fort, „wie
nutzlos es ist, sich über diese Dinge den Kopf zu zerbrechen, und leider auch weiß, dass sich solche Charaktere
nicht ändern lassen, so weiß ich doch auch, dass man die
Pflicht hat, da zu helfen, wo noch geholfen werden kann.
Bei Otto haben wir's versäumt und haben zu seiner eignen
Temperamentlosigkeit diese temperamentlose Helene hin-
zugetan, und was dabei herauskommt, das siehst du nun
an Lizzi, die doch die größte Puppe ist, die man nur sehen
kann. Ich glaube, Helene wird sie noch, auf Vorderzähne-
zeigen hin, englisch abrichten. Nun, meinetwegen. Aber

---

[1] hier: Weichling
[2] Stiftungen (in Sachsen und Schlesien) der freikirchlichen, evange-
    lisch-pietistischen Herrnhuter Brüdergemeinde

ich bekenne dir, Treibel, dass ich an *einer* solchen Schwiegertochter und *einer* solchen Enkelin gerade genug habe, und dass ich den armen Jungen, den Leopold, etwas passender als in der Familie Munk unterbringen möchte."
„Du möchtest einen forschen Menschen aus ihm machen, einen Kavalier, einen Sportsman …"
„Nein, einen forschen Menschen nicht, aber einen Menschen überhaupt. Zum Menschen gehört Leidenschaft, und wenn er eine Leidenschaft fassen könnte, sieh, das wäre was, das würd' ihn rausreißen, und so sehr ich allen Skandal hasse, ich könnte mich beinah freuen, wenn's irgend so was gäbe, natürlich nichts Schlimmes, aber doch wenigstens was Apartes[1]."
„Male den Teufel nicht an die Wand, Jenny. Dass er sich aufs Entführen einlässt, ist mir, ich weiß nicht, soll ich sagen leider oder glücklicherweise, nicht sehr wahrscheinlich; aber man hat Exempel von Beispielen, dass Personen, die zum Entführen durchaus nicht das Zeug hatten, gleichsam, wie zur Strafe dafür, entführt *wurden*. Es gibt ganz verflixte Weiber, und Leopold ist gerade schwach genug, um vielleicht einmal in den Sattel einer armen und etwas emanzipierten Edeldame, die natürlich auch Schmidt heißen kann, hineingehoben und über die Grenze geführt zu werden …"
„Ich glaub es nicht", sagte die Kommerzienrätin, „er ist leider auch dafür zu stumpf." Und sie war von der Ungefährlichkeit der Gesamtlage so fest überzeugt, dass sie nicht einmal der vielleicht bloß zufällig, aber vielleicht auch absichtlich gesprochene Name „Schmidt" stutzig gemacht hatte. „Schmidt", das war nur so herkömmlich hingeworfen, weiter nichts, und in einem halb übermütigen Jugendanfluge gefiel sich die Rätin sogar in stiller Ausmalung einer Eskapade: Leopold, mit aufgesetztem Schnurrbart, auf dem Wege nach Italien und mit ihm eine Freiin aus einer pommerschen oder schlesischen Verwogenheitsfamilie[2], die Reiherfeder am Hut und den schot-

---

[1] apart: auf außergewöhnliche Weise anziehend
[2] Verwogenheit (altertümlich): Verwegenheit; Verwogenheitsfamilie: verwegene, abenteuerlustige Familie

tisch karierten Mantel über den etwas fröstelnden Liebhaber ausgebreitet. All das stand vor ihr, und beinah traurig
sagte sie zu sich selbst: „Der arme Junge. Ja, wenn er *dazu*
das Zeug hätte!"

5 Es war um die neunte Stunde, dass die alten Treibels dies
Gespräch führten, ohne jede Vorstellung davon, dass um
eben diese Zeit auch die auf ihrer Veranda das Frühstück
nehmenden jungen Treibels der Gesellschaft vom Tage
vorher gedachten. Helene sah sehr hübsch aus, wozu nicht
nur die kleidsame Morgentoilette, sondern auch eine ge-
10 wisse Belebtheit in ihren sonst matten und beinah vergiss-
meinnichtblauen Augen ein Erhebliches beitrug. Es war
ganz ersichtlich, dass sie bis diese Minute mit ganz besonderem Eifer auf den halb verlegen vor sich hin sehenden
Otto eingepredigt haben musste; ja, wenn nicht alles
15 täuschte, wollte sie mit diesem Ansturm eben fortfahren,
als das Erscheinen Lizzis und ihrer Erzieherin, Fräulein
Wulsten, dies Vorhaben unterbrach.
Lizzi, trotz früher Stunde, war schon in vollem Staate[1]. Das
etwas gewellte blonde Haar des Kindes hing bis auf die
20 Hüften herab; im Übrigen aber war alles weiß, das Kleid,
die hohen Strümpfe, der Überfallkragen[2], und nur um die
Taille herum, wenn sich von einer solchen sprechen ließ, zog
sich eine breite rote Schärpe, die von Helenen selbstverständlich nie „rote Schärpe", sondern immer nur „pinkco-
25 loured scarf"[3] genannt wurde. Die Kleine, wie sie sich da
präsentierte, hätte sofort als symbolische Figur auf den Wä-
scheschrank ihrer Mutter gestellt werden können, so sehr
war sie der Ausdruck von Weißzeug[4] mit einem roten Bänd-
chen drum. Lizzi galt im ganzen Kreise der Bekannten als
30 Musterkind, was das Herz Helenens einerseits mit Dank
gegen Gott, andrerseits aber auch mit Dank gegen Hamburg
erfüllte, denn zu den Gaben der Natur, die der Himmel hier
so sichtlich verliehen, war auch noch eine Mustererziehung

---

[1] fertig angekleidet
[2] Überwurfkragen, überhängender Kragen
[3] (engl.) rosafarbene Schärpe
[4] weiße Textilien, weiße Wäsche

hinzugekommen, wie sie eben nur die Hamburger Tradition geben konnte. Diese Mustererziehung hatte gleich mit dem ersten Lebenstage des Kindes begonnen. Helene, „weil es unschön sei" – was übrigens vonseiten des damals noch um sieben Jahre jüngeren Krola bestritten wurde –, war nicht 5 zum Selbstnähren zu bewegen gewesen, und da bei den nun folgenden Verhandlungen eine seitens des alten Kommerzienrats in Vorschlag gebrachte Spreewälderamme mit dem Bemerken, „es gehe bekanntlich so viel davon auf das unschuldige Kind über", abgelehnt worden war, war man zu 10 dem einzig verbleibenden Auskunftsmittel übergegangen. Eine verheiratete, von dem Geistlichen der Thomasgemeinde warm empfohlene Frau hatte das Aufpäppeln mit großer Gewissenhaftigkeit und mit der Uhr in der Hand übernommen, wobei Lizzi so gut gediehen war, dass sich eine 15 Zeit lang sogar kleine Grübchen auf der Schulter gezeigt hatten. Alles normal und beinah über das Normale hinaus. Unser alter Kommerzienrat hatte denn auch der Sache nie so recht getraut, und erst um ein Erhebliches später, als sich Lizzi mit einem Trennmesser in den Finger geschnitten hat- 20 te (das Kindermädchen war dafür entlassen worden), hatte Treibel beruhigt ausgerufen: „Gott sei Dank, soviel ich sehen kann, es ist wirkliches Blut."
Ordnungsmäßig hatte Lizzis Leben begonnen, und ordnungsmäßig war es fortgesetzt worden. Die Wäsche, die 25 sie trug, führte durch den Monat hin die genau korrespondierende Tageszahl, sodass man ihr, wie der Großvater sagte, das jedesmalige Datum vom Strumpf lesen konnte. „Heut ist der Siebzehnte." Der Puppenkleiderschrank war an den Riegeln nummeriert, und als es geschah (und die- 30 ser schreckliche Tag lag noch nicht lange zurück), dass Lizzi, die sonst die Sorglichkeit selbst war, in ihrer mit allerlei Kästen ausstaffierten Puppenküche Grieß in den Kasten getan hatte, der doch ganz deutlich die Aufschrift „Linsen" trug, hatte Helene Veranlassung genommen, ih- 35 rem Liebling die Tragweite solchen Fehlgriffs auseinanderzusetzen. „Das ist nichts Gleichgültiges, liebe Lizzi. Wer Großes hüten will, muss auch das Kleine zu hüten verstehen. Bedenke, wenn du ein Brüderchen hättest, und das Brüderchen wäre vielleicht schwach, und du willst es 40

mit Eau de Cologne bespritzen, und du bespritztest es mit Eau de Javelle[1], ja, meine liebe Lizzi, so kann dein Brüderchen blind werden, oder wenn es ins Blut geht, kann es sterben. Und doch wäre es noch eher zu entschuldigen, denn beides ist weiß und sieht aus wie Wasser; aber Grieß und Linsen, meine liebe Lizzi, das ist doch ein starkes Stück von Unaufmerksamkeit oder, was noch schlimmer wäre, von Gleichgültigkeit."

So war Lizzi, die übrigens zu weiterer Genugtuung der Mutter einen Herzmund hatte. Freilich, die zwei blanken Vorderzähne waren immer noch nicht sichtbar genug, um Helenen eine recht volle Herzensfreude gewähren zu können, und so wandten sich ihre mütterlichen Sorgen auch in diesem Augenblicke wieder der ihr so wichtigen Zahnfrage zu, weil sie davon ausging, dass es hier dem von der Natur so glücklich gegebenen Material bis dahin nur an der rechten erziehlichen Aufmerksamkeit gefehlt habe.

„Du kneifst wieder die Lippen so zusammen, Lizzi; das darf nicht sein. Es sieht besser aus, wenn der Mund sich halb öffnet, fast so wie zum Sprechen. Fräulein Wulsten, ich möchte Sie doch bitten, auf diese Kleinigkeit, die keine Kleinigkeit ist, mehr achten zu wollen … Wie steht es denn mit dem Geburtstagsgedicht?"

„Lizzi gibt sich die größte Mühe."

„Nun, dann will ich dir deinen Wunsch auch erfüllen, Lizzi. Lade dir die kleine Felgentreu zu heute Nachmittag ein. Aber natürlich erst die Schularbeiten … Und jetzt kannst du, wenn Fräulein Wulsten es erlaubt (diese verbeugte sich), im Garten spazieren gehen, überall wo du willst, nur nicht nach dem Hof zu, wo die Bretter über der Kalkgrube liegen. Otto, du solltest das ändern; die Bretter sind ohnehin so morsch."

Lizzi war glücklich, eine Stunde frei zu haben, und nachdem sie der Mama die Hand geküsst und noch die Warnung, sich vor der Wassertonne zu hüten, mit auf den Weg gekriegt hatte, brachen das Fräulein und Lizzi auf, und das Elternpaar blickte dem Kinde nach, das sich noch ein paarmal umsah und dankbar der Mutter zunickte.

---

[1] (franz.) Javelwasser; Bleich- und Desinfektionsmittel

„Eigentlich", sagte diese, „hätte ich Lizzi gern hier behalten und eine Seite Englisch mit ihr gelesen; die Wulsten versteht es nicht und hat eine erbärmliche Aussprache, so low, so vulgar[1]. Aber ich bin gezwungen, es bis morgen zu lassen, denn wir müssen das Gespräch durchaus zu Ende bringen. Ich sage nicht gern etwas gegen deine Eltern, denn ich weiß, dass es sich nicht schickt, und weiß auch, dass es dich bei deinem eigentümlich starren Charakter (Otto lächelte) nur noch in dieser deiner Starrheit bestärken wird; aber man darf die Schicklichkeitsfragen, ebenso wie die Klugheitsfragen, nicht über alles stellen. Und das täte ich, wenn ich länger schwiege. Die Haltung deiner Eltern ist in dieser Frage geradezu kränkend für mich und fast mehr noch für meine Familie. Denn sei mir nicht böse, Otto, aber wer sind am Ende die Treibels? Es ist misslich, solche Dinge zu berühren, und ich würde mich hüten, es zu tun, wenn du mich nicht geradezu zwängest, zwischen unsren Familien abzuwägen."
Otto schwieg und ließ den Teelöffel auf seinem Zeigefinger balancieren, Helene aber fuhr fort: „Die Munks sind ursprünglich dänisch, und ein Zweig, wie du recht gut weißt, ist unter König Christian gegraft[2] worden. Als Hamburgerin und Tochter einer Freien Stadt will ich nicht viel davon machen, aber es ist doch immerhin was. Und nun gar von meiner Mutter Seite! Die Thompsons sind eine Syndikatsfamilie[3]. Du tust, als ob das nichts sei. Gut, es mag auf sich beruhen, und nur so viel möcht ich dir noch sagen dürfen, unsre Schiffe gingen schon nach Messina, als deine Mutter noch in dem Apfelsinenladen spielte, draus dein Vater sie hervorgeholt hat. Material- und Kolonialwaren. Ihr nennt das hier auch Kaufmann … ich sage nicht du …, aber Kaufmann und Kaufmann ist ein Unterschied."
Otto ließ alles über sich ergehen und sah den Garten hinunter, wo Lizzi Fangball spielte.

---

[1] (engl.) so schlecht, so unfein
[2] Anspielung auf die bürgerliche Kirsten Munk (1598–1658), die 1615 Christian IV. von Dänemark (1577–1648) heiratete und von ihm zur Gräfin ernannt wurde
[3] vornehme Kaufmanns-, Patrizierfamilie

„Hast du noch überhaupt vor, Otto, auf das, was ich sagte, mir zu antworten?"

„Am liebsten nein, liebe Helene. Wozu auch? Du kannst doch nicht von mir verlangen, dass ich in dieser Sache ₅ deiner Meinung bin, und wenn ich es *nicht* bin und das ausspreche, so reize ich dich nur noch mehr. Ich finde, dass du doch mehr forderst, als du fordern solltest. Meine Mutter ist von großer Aufmerksamkeit gegen dich und hat dir noch gestern einen Beweis davon gegeben; denn ich be- ₁₀ zweifle sehr, dass ihr das *unsrem* Gast zu Ehren gegebene Diner besonders zupasskam. Du weißt außerdem, dass sie sparsam ist, wenn es nicht ihrer Person gilt."

„Sparsam", lachte Helene.

„Nenn es Geiz; mir gleich. Sie lässt es aber trotzdem nie ₁₅ an Aufmerksamkeiten fehlen, und wenn die Geburtstage da sind, so sind auch ihre Geschenke da. Das stimmt dich aber alles nicht um, im Gegenteil, du wächst in deiner beständigen Auflehnung gegen die Mama und das alles nur, weil sie dir durch ihre Haltung zu verstehen gibt, dass ₂₀ das, was Papa die ‚Hamburgerei' nennt, nicht das Höchste in der Welt ist und dass der liebe Gott seine Welt nicht um der Munks willen geschaffen hat …"

„Sprichst du das deiner Mutter nach, oder tust du von deinem Eignen noch was hinzu? Fast klingt es so; deine ₂₅ Stimme zittert ja beinah."

„Helene, wenn du willst, dass wir die Sache ruhig durchsprechen und alles in Billigkeit und mit Rücksicht für hüben und drüben abwägen, so darfst du nicht beständig Öl ins Feuer gießen. Du bist so gereizt gegen die Mama, weil ₃₀ sie deine Anspielungen nicht verstehen will und keine Miene macht, Hildegard einzuladen. Darin hast du aber unrecht. Soll das Ganze bloß etwas Geschwisterliches sein, so muss die Schwester die Schwester einladen; das ist dann eine Sache, mit der meine Mama herzlich wenig ₃₅ zu tun hat …"

„Sehr schmeichelhaft für Hildegard und auch für mich …"

„… Soll aber ein andrer Plan damit verfolgt werden, und du hast mir zugestanden, dass dies der Fall ist, so muss ₄₀ das, so wünschenswert solche zweite Familienverbindung

ganz unzweifelhaft auch für die Treibels sein würde, so
muss das unter Verhältnissen geschehen, die den Charakter des Natürlichen und Ungezwungenen haben. Lädst *du*
Hildegard ein und führt das, sagen wir einen Monat später oder zwei, zur Verlobung mit Leopold, so haben wir
genau das, was ich den natürlichen und ungezwungenen
Weg nenne; schreibt aber meine *Mama* den Einladungs-
brief an Hildegard und spricht sie darin aus, wie glücklich
sie sein würde, die Schwester ihrer lieben Helene recht,
recht lange bei sich zu sehen und sich des Glücks der
Geschwister mitfreuen zu können, so drückt sich darin
ziemlich unverblümt eine Huldigung und ein aufrichtiges
Sichbemühen um deine Schwester Hildegard aus, und das
will die Firma Treibel vermeiden."
„Und das billigst du?"
„Ja."
„Nun, das ist wenigstens deutlich. Aber weil es deutlich
ist, darum ist es noch nicht richtig. Alles, wenn ich dich
recht verstehe, dreht sich also um die Frage, wer den ersten Schritt zu tun habe."
Otto nickte.
„Nun, wenn dem so ist, warum wollen die Treibels sich
sträuben, diesen ersten Schritt zu tun? Warum, frage ich.
Solange die Welt steht, ist der Bräutigam oder der Liebhaber der, der wirbt …"
„Gewiss, liebe Helene. Aber bis zum Werben sind wir
noch nicht. Vorläufig handelt es sich noch um Einlei-
tungen, um ein Brückenbauen, und dies Brückenbauen ist
an denen, die das größere Interesse daran haben."
„Ah", lachte Helene. „Wir, die Munks … und das größere
Interesse! Otto, das hättest du nicht sagen sollen, nicht
weil es mich und meine Familie herabsetzt, sondern weil
es die ganze Treibelei und dich an der Spitze mit einem
Ridikül[1] ausstattet, das dem Respekt, den die Männer
doch beständig beanspruchen, nicht allzu vorteilhaft ist.
Ja, Freund, du forderst mich heraus, und so will ich dir
denn offen sagen, auf eurer Seite liegt Interesse, Gewinn,
Ehre. Und dass ihr das empfindet, das müsst ihr eben

---

[1] hier: Lächerlichkeit

bezeugen, dem müsst ihr einen nicht misszuverstehenden Ausdruck geben. Das ist der erste Schritt, von dem ich gesprochen. Und da ich mal bei Bekenntnissen bin, so lass mich dir sagen, Otto, dass diese Dinge, neben ihrer ernsten und geschäftlichen Seite, doch auch noch eine persönliche Seite haben, und dass es dir, so nehm ich vorläufig an, nicht in den Sinn kommen kann, unsre Geschwister in ihrer äußeren Erscheinung miteinander vergleichen zu wollen. Hildegard ist eine Schönheit und gleicht ganz ihrer Großmutter Elisabeth Thompson (nach der wir ja auch unsere Lizzi getauft haben) und hat den Chic einer Lady; du hast mir das selber früher zugestanden. Und nun sieh deinen Bruder Leopold! Er ist ein guter Mensch, der sich ein Reitpferd angeschafft hat, weil er's durchaus zwingen will, und schnallt sich nun jeden Morgen die Steigbügel so hoch wie ein Engländer. Aber es nutzt ihm nichts. Er ist und bleibt doch unter Durchschnitt, jedenfalls weitab vom Kavalier, und wenn Hildegard ihn nähme (ich fürchte, sie nimmt ihn nicht), so wäre das wohl der einzige Weg, noch etwas wie einen perfekten Gentleman aus ihm zu machen. Und das kannst du deiner Mama sagen."

„Ich würde vorziehen, *du* tätest es."

„Wenn man aus einem guten Hause stammt, vermeidet man Aussprachen und Szenen …"

„Und macht sie dafür dem Manne."

„Das ist etwas anderes."

„Ja", lachte Otto. Aber in seinem Lachen war etwas Melancholisches.

Leopold Treibel, der im Geschäft seines älteren Bruders tätig war, während er im elterlichen Hause wohnte, hatte sein Jahr bei den Gardedragonern[1] abdienen wollen, war aber, wegen zu flacher Brust, nicht angenommen worden, was die ganze Familie schwer gekränkt hatte. Treibel selbst kam schließlich drüber weg, weniger die Kommerzienrätin, am wenigsten Leopold selbst, der – wie Helene bei jeder Gelegenheit und auch an diesem Morgen wieder zu betonen liebte – zur Auswetzung der Scharte wenigs-

---

[1] Elite-Dragonerregiment; Dragoner: berittene Infanteristen

tens Reitstunde genommen hatte. Jeden Tag war er zwei Stunden im Sattel und machte dabei, weil er sich wirklich Mühe gab, eine ganz leidliche Figur.

Auch heute wieder, an demselben Morgen, an dem die alten und jungen Treibels ihren Streit über dasselbe gefährliche Thema führten, hatte Leopold, ohne die geringste Ahnung davon, sowohl Veranlassung wie Mittelpunkt derartiger heikler Gespräche zu sein, seinen wie gewöhnlich auf Treptow[1] zu gerichteten Morgenausflug angetreten und ritt, von der elterlichen Wohnung aus, die zu so früher Stunde noch wenig belebte Köpnicker Straße hinunter, erst an seines Bruders Villa, dann an der alten Pionierkaserne vorüber. Die Kasernenuhr schlug eben sieben, als er das Schlesische Tor passierte. Wenn ihn dies Im-Sattel-Sein ohnehin schon an jedem Morgen erfreute, so besonders heut, wo die Vorgänge des voraufgegangenen Abends, am meisten aber die zwischen Mr. Nelson und Corinna geführten Gespräche noch stark in ihm nachwirkten, so stark, dass er mit dem ihm sonst wenig verwandten Ritter Karl von Eichenhorst[2] wohl den gemeinschaftlichen Wunsch des „Sich-Ruhe-Reitens" in seinem Busen hegen durfte. Was ihm equestrisch[3] dabei zur Verfügung stand, war freilich nichts weniger als ein Dänenross voll Kraft und Feuer, sondern nur ein schon lange Zeit in der Manege gehender Graditzer[4], dem etwas Extravagantes nicht mehr zugemutet werden konnte. Leopold ritt denn auch Schritt, sosehr er sich wünschte, davonstürmen zu können. Erst ganz allmählich fiel er in einen leichten Trab und blieb darin, bis er den Schafgraben[5] und gleich danach den in geringer Entfernung gelegenen „Schle-

---

[1] im 19. Jh. Landgemeinde in der Nähe Berlins; heute Ortsteil von Berlin

[2] Titelheld einer Ballade (1778) von Gottfried August Bürger (1747–94), die beginnt: „Knapp', sattle mir mein Dänenross,/Dass ich mir Ruh' erreite!"

[3] reiterlich

[4] Pferderasse aus dem königlich preußischen Hauptgestüt Graditz bei Torgau

[5] zur Spree führender Teil des Landwehrkanals

sischen Busch"[1] erreicht hatte, drin am Abend vorher, wie
ihm Johann noch im Momente des Abreitens erzählt hatte,
wieder zwei Frauenzimmer und ein Uhrmacher beraubt
worden waren. „Dass dieser Unfug auch gar kein Ende
5 nehmen will! Schwäche, Polizeiversäumnis." Indessen bei
hellem Tageslichte bedeutete das alles nicht allzu viel,
weshalb Leopold in der angenehmen Lage war, sich der
ringsumher schlagenden Amseln und Finken unbehindert
freuen zu können. Und kaum minder genoss er, als er aus
10 dem „Schlesischen Busche" wieder heraus war, der freien
Straße, zu deren Rechten sich Saat- und Kornfelder dehnten,
während zur Linken die Spree mit ihren nebenher lau-
fenden Parkanlagen den Weg begrenzte. Das alles war so
schön, so morgenfrisch, dass er das Pferd wieder in Schritt
15 fallen ließ. Aber freilich, so langsam er ritt, bald war er
trotzdem an der Stelle, wo, vom andern Ufer her, das kleine
Fährboot herüberkam, und als er anhielt, um dem Schau-
spiele besser zusehen zu können, trabten von der Stadt her
auch schon einige Reiter auf der Chaussee heran, und ein
20 Pferdebahnwagen[2] glitt vorüber, drin, soviel er sehen konnte, keine Morgengäste für Treptow saßen. Das war so recht,
was ihm passte, denn sein Frühstück im Freien, was ihn dort
regelmäßig erquickte, war nur noch die halbe Freude, wenn
ein halb Dutzend echte Berliner um ihn herumsaßen und
25 ihren mitgebrachten Affenpinscher[3] über die Stühle springen oder vom Steg aus apportieren ließen. Das alles, wenn
dieser leere Wagen nicht schon einen voll besetzten Vorläu-
fer gehabt hatte, war für heute nicht zu befürchten.
Gegen halb acht war er draußen, und einen halbwach-
30 senen Jungen mit nur einem Arm und dem entsprechenden
losen Ärmel (den er beständig in der Luft schwenkte) heranwinkend, stieg er jetzt ab und sagte, während er dem
Einarmigen die Zügel gab: „Führ es unter die Linde, Fritz.
Die Morgensonne sticht hier so." Der Junge tat auch, wie
35 ihm geheißen, und Leopold seinerseits ging nun an einem

---

1 Schlesischer Busch: Restbestand des Forsts „Köllnische Heide" vor
  dem Schlesischen Tor
2 Pferdebahn: von Pferden gezogene Straßenbahn
3 kleiner Pinscher, Hunderasse

von Liguster überwachsenen Staketenzaun[1] auf den Eingang des Treptower Etablissements[2] zu. Gott sei Dank, hier war alles wie gewünscht, sämtliche Tische leer, die Stühle umgekippt und auch von Kellnern niemand da als sein Freund Mützell, ein auf sich haltender Mann von Mitte der vierzig, der schon in den Vormittagsstunden einen beinahe fleckenlosen Frack trug und die Trinkgelderfrage mit einer erstaunlichen, übrigens von Leopold (der immer sehr splendid[3] war) nie herausgeforderten Gentilezza[4] behandelte. „Sehen Sie, Herr Treibel", so waren, als das Gespräch einmal in dieser Richtung lief, seine Worte gewesen, „die meisten wollen nicht recht und streiten einem auch noch was ab, besonders die Damens, aber viele sind auch wieder gut und manche sogar sehr gut und wissen, dass man von einer Zigarre nicht leben kann und die Frau zu Hause mit ihren drei Kindern erst recht nicht. Und sehen Sie, Herr Treibel, die geben und besonders die kleinen Leute. Da war erst gestern wieder einer hier, der schob mir aus Versehen ein Fünfzig-Pfennig-Stück zu, weil er's für einen Zehner hielt, und als ich's ihm sagte, nahm er's nicht wieder und sagte bloß: ‚Das hat so sein sollen, Freund und Kupferstecher; mitunter fällt Ostern und Pfingsten auf einen Dag.'"

Das war vor Wochen gewesen, dass Mützell so zu Leopold Treibel gesprochen hatte. Beide standen überhaupt auf einem Plauderfuß, was aber für Leopold noch angenehmer als diese Plauderei war, war, dass er über Dinge, die sich von selbst verstanden, gar nicht erst zu sprechen brauchte. Mützell, wenn er den jungen Treibel in das Lokal eintreten und über den frisch geharkten Kies hin auf seinen Platz in unmittelbarer Nähe des Wassers zuschreiten sah, salutierte bloß von fern und zog sich dann ohne Weiteres in die Küche zurück, von der aus er nach drei Minuten mit einem Tablett, auf dem eine Tasse Kaffee mit ein paar englischen Biskuits und ein großes Glas Milch stand, wieder unter

---

[1] Lattenzaun
[2] kleines Restaurant, Gartenlokal
[3] hier: freigebig
[4] (ital.) Höflichkeit, Freundlichkeit, Liebenswürdigkeit

den Frontbäumen erschien. Das große Glas Milch war Hauptsache, denn Sanitätsrat Lohmeyer hatte noch nach der letzten Auskultation[1] zur Kommerzienrätin gesagt: „Meine gnädigste Frau, noch hat es nichts zu bedeuten,
5 aber man muss vorbeugen, dazu sind wir da; im Übrigen ist unser Wissen Stückwerk[2]. Also wenn ich bitten darf, so wenig Kaffee wie möglich und jeden Morgen ein Liter Milch."

Auch heute hatte bei Leopolds Erscheinen die sich täglich
10 wiederholende Begegnungsszene gespielt: Mützell war auf die Küche zu verschwunden und tauchte jetzt in Front des Hauses wieder auf, das Tablett auf den fünf Fingerspitzen seiner linken Hand mit beinahe zirkushafter Virtuosität balancierend.
15 „Guten Morgen, Herr Treibel. Schöner Morgen heute Morgen."

„Ja, lieber Mützell. Sehr schön. Aber ein bisschen frisch. Besonders hier am Wasser. Mich schuddert[3] ordentlich, und ich bin schon auf und ab gegangen. Lassen Sie sehen,
20 Mützell, ob der Kaffee warm ist."

Und ehe der so freundlich Angesprochene das Tablett auf den Tisch setzen konnte, hatte Leopold die kleine Tasse schon herabgenommen und sie mit einem Zuge geleert.

„Ah, brillant. Das tut einem alten Menschen wohl. Und
25 nun will ich die Milch trinken, Mützell; aber mit Andacht. Und wenn ich damit fertig bin – die Milch ist immer ein bisschen labbrig, was aber kein Tadel sein soll, gute Milch muss eigentlich immer ein bisschen labbrig sein –, wenn ich damit fertig bin, bitt ich noch um eine …"
30 „Kaffee?"

„Freilich, Mützell."

„Ja, Herr Treibel …"

„Nun, was ist? Sie machen ja ein ganz verlegenes Gesicht, Mützell, als ob ich was ganz Besonderes gesagt hätte."
35 „Ja, Herr Treibel …"

---

[1] Abhören von Geräuschen im Körperinnern, hier: in der Lunge
[2] Zitat aus dem Neuen Testament: „Unser Wissen ist Stückwerk" (1. Kor. 13,9)
[3] schuddern (mundartlich): schauern, frösteln

„Nun, zum Donnerwetter, was ist denn los?"

„Ja, Herr Treibel, als die Frau Mama vorgestern hier waren und der Herr Kommerzienrat auch und auch das Gesellschaftsfräulein, und Sie, Herr Leopold, eben nach dem Sperl[1] und dem Karussell gegangen waren, da hat mir die Frau Mama gesagt: ‚Hören Sie, Mützell, ich weiß, er kommt beinahe jeden Morgen, und ich mache Sie verantwortlich … *eine* Tasse; nie mehr … Sanitätsrat Lohmeyer, der ja auch mal Ihre Frau behandelt hat, hat es mir im Vertrauen, aber doch mit allem Ernste gesagt: *Zwei* sind Gift …'"

„So … Und hat meine Mama vielleicht noch mehr gesagt?"

„Die Frau Kommerzienrätin sagten auch noch: ‚Ihr Schade soll es nicht sein, Mützell … Ich kann nicht sagen, dass mein Sohn ein passionierter Mensch ist, er ist ein guter Mensch, ein lieber Mensch …', Sie verzeihen, Herr Treibel, dass ich Ihnen das alles, was Ihre Frau Mama gesagt hat, hier so ganz simplement[2] wiederhole, … ‚aber er hat die Kaffeepassion. Und das ist immer das Schlimme, dass die Menschen grade *die* Passion[3] haben, die sie nicht haben sollen. Also, Mützell, eine Tasse mag gehen, aber nicht zwei.'"

Leopold hatte mit sehr geteilten Empfindungen zugehört und nicht gewusst, ob er lachen oder verdrießlich werden solle. „Nun, Mützell, dann also lassen wir's; keine zweite." Und damit nahm er seinen Platz wieder ein, während sich Mützell in seine Wartestellung an der Hausecke zurückzog.

„Da hab ich nun mein Leben auf einen Schlag", sagte Leopold, als er wieder allein war. „Ich habe mal von einem gehört, der bei Josty[4], weil er so gewettet hatte, zwölf Tassen Kaffee hintereinander trank und dann tot umfiel. Aber was beweist das? Wenn ich zwölf Käsestullen esse, fall ich auch tot um; alles Verzwölffachte tötet einen Menschen.

---

[1] zeitgenössisches Gastlokal in Treptow
[2] (franz.) einfach, ohne Weiteres
[3] hier: Leidenschaft
[4] bekanntes Berliner Café

Aber welcher vernünftige Mensch verzwölffacht auch sein Speis und Trank. Von jedem vernünftigen Menschen muss man annehmen, dass er Unsinnigkeiten unterlassen und seine Gesundheit befragen und seinen Körper nicht
5 zerstören wird. Wenigstens für mich kann ich einstehen. Und die gute Mama sollte wissen, dass ich dieser Kontrolle nicht bedarf, und sollte mir diesen meinen Freund Mützell nicht so naiv zum Hüter bestellen. Aber sie muss immer die Fäden in der Hand haben, sie muss alles
10 bestimmen, alles anordnen, und wenn ich eine baumwollene Jacke will, so muss es eine wollene sein."
Er machte sich nun an die Milch und musste lächeln, als er die lange Stange mit dem schon niedergesunkenen Milchschaum in die Hand nahm. „Mein eigentliches Ge-
15 tränk. ‚Milch der frommen Denkungsart‘[1] würde Papa sagen. Ach, es ist zum Ärgern, alles zum Ärgern. Bevormundung, wohin ich sehe, schlimmer als ob ich gestern meinen Einsegnungstag gehabt hätte. Helene weiß alles besser, Otto weiß alles besser und nun gar erst die Mama.
20 Sie möchte mir am liebsten vorschreiben, ob ich einen blauen oder grünen Schlips und einen graden oder schrägen Scheitel tragen soll. Aber ich will mich nicht ärgern. Die Holländer haben ein Sprichwort: ‚Ärgere dich nicht, wundere dich bloß.‘ Und auch *das* werd ich mir schließlich
25 noch abgewöhnen."
Er sprach noch so weiter in sich hinein, abwechselnd die Menschen und die Verhältnisse verklagend, bis er mit einem Mal all seinen Unmut gegen sich selber richtete: „Torheit. Die Menschen, die Verhältnisse, das alles ist es
30 nicht; nein, nein. Andere haben auch eine auf ihr Hausregiment eifersüchtige Mama und tun doch, was sie wollen; es liegt an mir. ‚Pluck, dear Leopold, that's it‘[2], das hat mir der gute Nelson noch gestern Abend zum Abschied gesagt, und er hat ganz recht. Da liegt es; nirgend anders.
35 Mir fehlt es an Energie und Mut, und das Aufbäumen hab ich nun schon gewiss nicht gelernt."

---

[1] Zitat aus Schillers „Wilhelm Tell" (IV,3): „[…]in gärend Drachengift hast du/Die Milch der frommen Denkart mir verwandelt."
[2] (engl.) „Mut, lieber Leopold, darauf kommt es an."

Er blickte, während er so sprach, vor sich hin, knipste mit seiner Reitgerte kleine Kiesstücke fort und malte Buchstaben in den frisch gestreuten Sand. Und als er nach einer Weile wieder aufblickte, sah er zahlreiche Boote, die vom Stralauer Ufer her herüberkamen, und dazwischen einen mit großem Segel flussabwärts fahrenden Spreekahn. Wie sehnsüchtig richtete sich sein Blick darauf.

„Ach, ich muss aus diesem elenden Zustande heraus, und wenn es wahr ist, dass einem die Liebe Mut und Entschlossenheit gibt, so muss noch alles gut werden. Und nicht bloß gut, es muss mir auch leicht werden und mich gradezu zwingen und drängen, den Kampf aufzunehmen und ihnen allen zu zeigen, und der Mama voran, dass sie mich denn doch verkannt und unterschätzt haben. Und wenn ich in Unentschlossenheit zurückfalle, was Gott verhüte, so wird *sie* mir die nötige Kraft geben. Denn sie hat all das, was mir fehlt, und weiß alles und kann alles. Aber bin ich ihrer sicher? Da steh ich wieder vor der Hauptfrage. Mitunter ist es mir freilich, als kümmere sie sich um mich und als spräche sie eigentlich nur zu mir, wenn sie zu anderen spricht. So war es noch gestern Abend wieder, und ich sah auch, wie Marcell sich verfärbte, weil er eifersüchtig war. Etwas anderes konnte es nicht sein. Und das alles …"

Er unterbrach sich, weil eben jetzt die sich um ihn her sammelnden Sperlinge mit jedem Augenblicke zudringlicher wurden. Einige kamen bis auf den Tisch und mahnten ihn durch Picken und dreistes Ansehen, dass er ihnen noch immer ihr Frühstück schulde. Lächelnd zerbrach er ein Biskuit und warf ihnen die Stücke hin, mit denen zunächst die Sieger und, alsbald auch ihnen folgend, die anderen in die Lindenbäume zurückflogen. Aber kaum dass die Störenfriede fort waren, so waren für ihn auch die alten Betrachtungen wieder da. „Ja, das mit Marcell, das darf ich mir zum Guten deuten und manches andere noch. Aber es kann auch alles bloß Spiel und Laune gewesen sein. Corinna nimmt nichts ernsthaft und will eigentlich immer nur glänzen und die Bewunderung oder das Verwundertsein ihrer Zuhörer auf sich ziehen. Und wenn ich mir diesen ihren Charakter überlege, so muss

ich an die Möglichkeit denken, dass ich schließlich auch noch heimgeschickt und ausgelacht werde. Das ist hart. Und doch muss ich es wagen … Wenn ich nur wen hätte, dem ich mich anvertrauen könnte, der mir riete. Leider
5 hab ich niemanden, keinen Freund; dafür hat Mama auch gesorgt, und so muss ich mir, ohne Rat und Beistand, allerpersönlichst ein doppeltes ‚Ja‘ holen. Erst bei Corinna. Und wenn ich dies erste ‚Ja‘ habe, so hab ich noch lange nicht das zweite. Das seh ich nur zu klar. Aber das zweite
10 kann ich mir wenigstens erkämpfen und will es auch … Es gibt ihrer genug, für die das alles eine Kleinigkeit wäre, für mich aber ist es schwer; ich weiß, ich bin kein Held, und das Heldische lässt sich nicht lernen. ‚Jeder nach seinen Kräften‘, sagte Direktor Hilgenhahn immer. Ach, ich
15 finde doch beinahe, dass mir mehr aufgelegt wird, als meine Schultern tragen können.“
Ein mit Personen besetzter Dampfer kam in diesem Augenblicke den Fluss herauf und fuhr, ohne an dem Wassersteg anzulegen, auf den „Neuen Krug“ und „Sadowa“[1]
20 zu; Musik war an Bord, und dazwischen wurden allerlei Lieder gesungen. Als das Schiff erst den Steg und bald auch die „Liebesinsel“[2] passiert hatte, fuhr auch Leopold aus seinen Träumereien auf und sah, nach der Uhr blickend, dass es höchste Zeit sei, wenn er noch pünktlich
25 auf dem Kontor[3] eintreffen und sich eine Reprimande[4] oder, was schlimmer, eine spöttische Bemerkung vonseiten seines Bruders Otto ersparen wollte. So schritt er denn unter freundlichem Gruß an dem immer noch an seiner Ecke stehenden Mützell vorüber und auf die Stelle zu, wo
30 der Einarmige sein Pferd hielt. „Da, Fritz!“ Und nun hob er sich in den Sattel, machte den Rückweg in einem guten Trab und bog, als er das Tor und gleich danach die Pionierkaserne wieder passiert hatte, nach rechts hin in einen neben dem Otto-Treibel'schen Holzhofe sich hinzie-
35 henden, schmalen Gang ein, über dessen Heckenzaun fort

---

[1] Berliner Restaurants
[2] Insel in der Spree, auf der eine Pappel stand, in die Verliebte ihre Namen ritzten
[3] hier: Geschäftsraum eines Kaufmanns
[4] Tadel

man auf den Vorgarten und die zwischen den Bäumen gelegene Villa sah. Bruder und Schwägerin saßen noch beim Frühstück. Leopold grüßte hinüber: „Guten Morgen, Otto; guten Morgen, Helene!" Beide erwiderten den Gruß, lächelten aber, weil sie diese tägliche Reiterei ziemlich lächerlich fanden. Und gerade Leopold! Was er sich eigentlich dabei denken mochte!

Leopold selbst war inzwischen abgestiegen und gab das Pferd einem an der Hintertreppe der Villa schon wartenden Diener, der es, die Köpnicker Straße hinauf, nach dem elterlichen Fabrikhof und dem dazugehörigen Stallgebäude führte – Stable-yard, sagte Helene.

Neuntes Kapitel

Eine Woche war vergangen, und über dem Schmidt'schen Hause lag eine starke Verstimmung; Corinna grollte mit Marcell, weil er mit ihr grollte (so wenigstens musste sie sein Ausbleiben deuten), und die gute Schmolke wiederum grollte mit Corinna wegen ihres Grollens auf Marcell. „Das tut nicht gut, Corinna, so sein Glück von sich zu stoßen. Glaube mir, das Glück wird ärgerlich, wenn man es wegjagt, und kommt dann nicht wieder. Marcell ist, was man einen Schatz nennt oder auch ein Juwel, Marcell ist ganz so, wie Schmolke war." So hieß es jeden Abend. Nur Schmidt selbst merkte nichts von der über seinem Hause lagernden Wolke, studierte sich vielmehr immer tiefer in die Goldmasken hinein und entschied sich, in einem mit Distelkamp immer heftiger geführten Streite, auf das Bestimmteste hinsichtlich der einen für Ägisth. Ägisth sei doch immerhin sieben Jahre lang Klytämnestras[1] Gemahl gewesen, außerdem naher Anverwandter des Hauses, und wenn er, Schmidt, auch seinerseits zugeben müsse, dass der Mord Agamemnons einigermaßen gegen seine Ägisth-Hypothese spreche, so sei doch andererseits nicht zu vergessen, dass die ganze Mordaffäre mehr oder weniger etwas Internes, sozusagen eine reine Familienangele-

---

[1] Klytämnestra: der griechischen Sage nach Agamemnons Frau

genheit gewesen sei, wodurch die nach außen hin auf Volk und Staat berechnete Beisetzungs- und Zeremonialfrage nicht eigentlich berührt werden könne. Distelkamp schwieg und zog sich unter Lächeln aus der Debatte zu-
5 rück.

Auch bei den alten und jungen Treibels herrschte eine gewisse schlechte Laune vor: Helene war unzufrieden mit Otto, Otto mit Helenen, und die Mama wiederum mit beiden. Am unzufriedensten, wenn auch nur mit sich sel-
10 ber, war Leopold, und nur der alte Treibel merkte von der ihn umgebenden Verstimmung herzlich wenig oder wollte nichts davon merken, erfreute sich vielmehr einer ungewöhnlich guten Laune. Dass dem so war, hatte, wie bei Wilibald Schmidt, darin seinen Grund, dass er all die
15 Zeit über sein Steckenpferd tummeln und sich einiger schon erzielter Triumphe rühmen durfte. Vogelsang war nämlich, unmittelbar nach dem zu seinen und Mr. Nelsons Ehren stattgehabten Diner, in den für Treibel zu erobernden Wahlkreis abgegangen, und zwar um hier in ei-
20 ner Art Vorkampagne die Herzen und Nieren der Teupitz-Zossener und ihre mutmaßliche Haltung in der entscheidenden Stunde zu prüfen. Es muss gesagt werden, dass er, bei Durchführung dieser seiner Aufgabe, nicht bloß eine bemerkenswerte Tätigkeit entfaltet, son-
25 dern auch beinahe täglich etliche Telegramme geschickt hatte, darin er über die Resultate seines Wahlfeldzuges, je nach der Bedeutung der Aktion, länger oder kürzer berichtete. Dass diese Telegramme mit denen des ehemaligen Bernauer Kriegskorrespondenten[1] eine verzweifelte
30 Ähnlichkeit hatten, war Treibel nicht entgangen, aber von diesem, weil er schließlich nur auf das achtete, was ihm persönlich gefiel, ohne sonderliche Beanstandung hingenommen worden. In einem dieser Telegramme hieß es: „Alles geht gut. Bitte, Geldanweisung nach Teupitz hin.
35 Ihr V." Und dann: „Die Dörfer am Schermützelsee sind unser. Gott sei Dank. Überall dieselbe Gesinnung wie am Teupitzsee. Anweisung noch nicht eingetroffen. Bitte drin-

---

[1] Die Figur des „Kriegsberichterstatters Wippchen von Bernau" stammt aus dem Berliner Satireblatt „Die Wespen".

gend. Ihr V." … „Morgen nach Storkow! Dort muss es sich entscheiden. Anweisung inzwischen empfangen. Aber deckt nur gerade das schon Verausgabte. Montecuculis Wort[1] über Kriegführung gilt auch für Wahlfeldzüge. Bitte Weiteres nach Groß-Rietz hin. Ihr V." Treibel, in geschmeichelter Eitelkeit, betrachtete hiernach den Wahlkreis als für ihn gesichert, und in den Becher seiner Freude fiel eigentlich nur ein Wermutstropfen: Er wusste, wie kritisch ablehnend Jenny zu dieser Sache stand, und sah sich dadurch gezwungen, sein Glück allein zu genießen. Friedrich, überhaupt sein Vertrauter, war ihm auch jetzt wieder „unter Larven die einzig fühlende Brust"[2], ein Zitat, das er nicht müde wurde sich zu wiederholen. Aber eine gewisse Leere blieb doch. Auffallend war ihm außerdem, dass die Berliner Zeitungen gar nichts brachten, und zwar war ihm dies umso auffallender, als von scharfer Gegnerschaft, allen Vogelsang'schen Berichten nach, eigentlich keine Rede sein konnte. Die Konservativen und Nationalliberalen, und vielleicht auch ein paar Parlamentarier von Fach, mochten gegen ihn sein, aber was bedeutete das? Nach einer ohngefähren Schätzung, die Vogelsang angestellt und in einem eingeschriebenen Briefe nach Villa Treibel hin adressiert hatte, besaß der ganze Kreis nur sieben Nationalliberale: drei Oberlehrer, einen Kreisrichter, einen rationalistischen Superintendenten[3] und zwei studierte Bauergutsbesitzer, während die Zahl der Orthodox[4]-Konservativen noch hinter diesem bescheidenen Häuflein zurückblieb. „Ernst zu nehmende Gegnerschaft, vacat[5]." So schloss Vogelsangs Brief, und „vacat" war unterstrichen. Das klang hoffnungsreich genug, ließ aber, inmitten aufrichtiger Freude, doch einen Rest von Unruhe

---

[1] Ausspruch des Feldmarschalls Graf Raimondo Montecuccoli (1609–80), wonach man im Krieg drei Dinge benötige: „Geld, Geld und nochmals Geld."

[2] Zitat aus Schillers Ballade „Der Taucher" (1797)

[3] Rationalismus: aufgeklärte Geisteshaltung, die alleine Verstand und Vernunft als Erkenntnisquellen gelten lässt; Superintendent: höherer evangelischer Geistlicher

[4] orthodox (hier): streng

[5] (lat.) fehlt, Fehlanzeige, nicht vorhanden

fortbestehen, und als eine runde Woche seit Vogelsangs
Abreise vergangen war, brach denn auch wirklich der
große Tag an, der die Berechtigung der instinktiv immer
wieder sich einstellenden Ängstlichkeit und Sorge dartun
5 sollte. Nicht unmittelbar, nicht gleich im ersten Moment,
aber die Frist war nur eine nach Minuten ganz kurz be-
messene.

Treibel saß in seinem Zimmer und frühstückte. Jenny hatte sich mit Kopfweh und einem schweren Traum entschul-
10 digen lassen. „Sollte sie wieder von Vogelsang geträumt
haben?" Er ahnte nicht, dass dieser Spott sich in derselben
Stunde noch an ihm rächen würde. Friedrich brachte die
Postsachen, unter denen diesmal wenig Karten und Briefe,
dafür aber desto mehr Zeitungen unter Kreuzband[1] wa-
15 ren, einige, soviel sich äußerlich erkennen ließ, mit merkwürdigen Emblemen[2] und Stadtwappen ausgerüstet.

All dies (zunächst nur Vermutung) sollte sich, bei schär-
ferem Zusehen, rasch bestätigen, und als Treibel die
Kreuzbänder entfernt und das weiche Löschpapier[3] über
20 den Tisch hin ausgebreitet hatte, las er mit einer gewissen
heiteren Andacht: „Der Wächter an der Wendischen
Spree", „Wehrlos, ehrlos", „Alltied vorupp"[4] und „Der
Storkower Bote" – zwei davon waren cis-, zwei trans-
spreeanischen[5] Ursprunges. Treibel, sonst ein Feind alles
25 überstürzten Lesens, weil er von jedem blinden Eifer nur
Unheil erwartete, machte sich diesmal mit bemerkens-
werter Raschheit über die Blätter und überflog die blau
angestrichenen Stellen. Leutnant Vogelsang (so hieß es in
jedem in wörtlicher Wiederholung), ein Mann, der schon
30 Anno 48 gegen die Revolution gestanden und der Hydra
das Haupt zertreten, hätte sich an drei hintereinander folgenden Tagen dem Kreise vorgestellt, nicht um seiner
selbst, sondern um seines politischen Freundes, des Kom-

---

[1] Bei Sendungen unter Kreuzband handelte es sich um Drucksachen
mit ermäßigten Postgebühren.
[2] hier: Kennzeichen, Hoheitszeichen
[3] hier: Zeitungspapier
[4] Alltied Vorrupp (plattdt.): Allzeit vorauf; bei den hier genannten Zei-
tungstiteln handelt es sich vermutlich um Erfindungen Fontanes.
[5] diesseits (cis-) und jenseits der Spree (transspreeanisch)

merzienrats Treibel willen, der später den Kreis besuchen und bei der Gelegenheit die von Leutnant Vogelsang ausgesprochenen Grundsätze wiederholen werde, was, so viel lasse sich schon heute sagen, als die wärmste Empfehlung des eigentlichen Kandidaten anzusehen sei. Denn das Vogelsang'sche Programm laufe darauf hinaus, dass zu viel und namentlich unter zu starker Wahrnehmung persönlicher Interessen regiert werde, dass also demgemäß alle kostspieligen „Zwischenstufen" fallen müssten (was wiederum gleichbedeutend sei mit Herabsetzung der Steuern) und dass von den gegenwärtigen, zum Teil unverständlichen Kompliziertheiten nichts übrig bleiben dürfe als ein freier Fürst und ein freies Volk. Damit seien freilich *zwei* Dreh- oder Mittelpunkte gegeben, aber nicht zum Schaden der Sache. Denn wer die Tiefe des Lebens ergründet oder ihr auch nur nachgespürt habe, der wisse, dass die Sache mit dem einfachen Mittelpunkt – er vermeide mit Vorbedacht das Wort Zentrum[1] – falsch sei und dass sich das Leben nicht im Kreise, wohl aber in der Ellipse bewege. Weshalb zwei Drehpunkte das natürlich Gegebene seien.

„Nicht übel", sagte Treibel, als er gelesen, „nicht übel. Es hat so was Logisches; ein bisschen verrückt, aber doch logisch. Das Einzige, was mich stutzig macht, ist, dass es alles klingt, als ob es Vogelsang selber geschrieben hätte. Die zertretene Hydra, die herabgesetzten Steuern, das grässliche Wortspiel mit dem Zentrum und zuletzt der Unsinn mit dem Kreis und der Ellipse, das alles ist Vogelsang. Und der Einsender an die vier Spreeblätter ist natürlich wiederum Vogelsang. Ich kenne meinen Pappenheimer." Und dabei schob Treibel den „Wächter an der Wendischen Spree" samt dem ganzen Rest vom Tisch auf das Sofa hinunter und nahm eine halbe „Nationalzeitung"[2] zur Hand, die gleichfalls mit den anderen Blättern unter Kreuzband eingegangen war, aber der Handschrift und ganzen Adresse nach von jemand anderem als Vogelsang aufgegeben sein musste. Früher war der Kommerzi-

---

[1] Anspielung auf die 1871 gegründete katholische Zentrumspartei
[2] 1848 gegründete nationalliberale Berliner Zeitung

enrat Abonnent und eifriger Leser der „Nationalzeitung"
gewesen, und es kamen ihm auch jetzt noch tagtäglich
Viertelstunden, in denen er den Wechsel in seiner Lektüre
bedauerte.

5 „Nun lass sehn", sagte er schließlich und ging, das Blatt
aufschlagend, mit lesegewandtem Auge die drei Spalten
hinunter und richtig, da war es: „Parlamentarische Nach-
richten. Aus dem Kreise Teupitz-Zossen." Als er den Kopf-
titel gelesen, unterbrach er sich. „Ich weiß nicht, es klingt
10 so sonderbar. Und doch auch wieder, wie soll es am Ende
anders klingen? Es ist der natürlichste Anfang von der
Welt; also nur vorwärts."

Und so las er denn weiter: „Seit drei Tagen haben in unserem stillen und durch politische Kämpfe sonst wenig
15 gestörten Kreise die Wahlvorbereitungen begonnen, und
zwar seitens einer Partei, die sich augenscheinlich vorgesetzt hat, das, was ihr an historischer Kenntnis und poli-
tischer Erfahrung, ja, man darf füglich sagen an gesundem
Menschenverstande fehlt, durch ‚Fixigkeit' zu ersetzen.
20 Ebendiese Partei, die sonst nichts weiß und kennt, kennt
augenscheinlich das Märchen vom ‚Swinegel und siner
Fru'[1] und scheint gewillt, an dem Tage, wo der Wettbewerb
mit den wirklichen Parteien zu beginnen hat, eine jede
derselben mit dem aus jenem Märchen wohlbekannten
25 Swinegelzurufe: ‚Ick bin all hier'[2], empfangen zu wollen.
Nur so vermögen wir uns dies überfrühe Zur-Stelle-Sein zu
erklären. Alle Plätze scheinen, wie bei Theaterpremieren,
von Leutnant Vogelsang und den Seinen im Voraus belegt
werden zu sollen. Aber man wird sich täuschen. Es fehlt
30 dieser Partei nicht an Stirn, wohl aber an dem, was noch mit
dazu gehört; der Kasten ist da, nicht der Inhalt ..."

„Alle Wetter", sagte Treibel, „der setzt scharf ein ... Was
davon auf mein Teil kommt, ist mir nicht eben angenehm,
aber dem Vogelsang gönn ich es. Etwas ist in seinem Pro-

---

[1] (plattdt.) Märchen vom „Schweineigel und seiner Frau"; gemeint ist
die Geschichte vom Wettrennen zwischen Hase und Igel, das der
Igel gewinnt, weil seine Frau im Ziel auf den Hasen wartet und sich
als ihr Mann ausgibt.

[2] „Ich bin schon hier", rufen Igelfrau oder Igelmann dem Hasen im
Ziel jeweils zu.

gramm, das blendet, und damit hat er mich eingefangen. Indessen, je mehr ich mir's ansehe, desto fraglicher erscheint es mir. Unter diesen Knickstiebeln[1], die sich einbilden, schon vor vierzig Jahren die Hydra zertreten zu haben, sind immer etliche Zirkelquadratur- und Perpetuum-mobile-Sucher[2], immer solche, die das Unmögliche, das sich in sich Widersprechende zustande bringen wollen. Vogelsang gehört dazu. Vielleicht ist es auch bloß Geschäft; wenn ich mir zusammenrechne, was ich in diesen acht Tagen … Aber ich bin erst bis an den ersten Absatz der Korrespondenz gekommen; die zweite Hälfte wird ihm wohl noch schärfer zu Leibe gehen oder vielleicht auch mir." Und Treibel las weiter:

„Es ist kaum möglich, den Herrn, der uns gestern und vorgestern – seiner in unserem Kreise voraufgegangenen Taten zu geschweigen – zunächst in Markgraf-Pieske, dann aber in Storkow und Groß-Rietz beglückt hat, ernsthaft zu nehmen, und zwar umso weniger, je ernsthafter das Gesicht ist, das er macht. Er gehört in die Klasse der Malvoglios[3], der feierlichen Narren, deren Zahl leider größer ist, als man gewöhnlich annimmt. Wenn sein Galimathias[4] noch keinen Namen hat, so könnte man ihn das Lied vom dreigestrichenen C nennen, denn Cabinet, Churbrandenburg und Cantonale-Freiheit[5], das sind die drei großen C, womit dieser Kurpfuscher die Welt oder doch wenigstens den preußischen Staat retten will. Eine gewisse Me-

---

[1] Knickstiebel (umgangssprachlich): Geizkragen, Nimmersatt; hier auch: Stiefelträger

[2] Die Quadratur des Kreises (Umwandlung eines Kreises in ein flächengleiches Quadrat) und die Herstellung eines Perpetuum mobile (einer Maschine, die ohne Energieverbrauch endlos arbeitet) gelten hier als Paradebeispiele für wissenschaftlich unlösbare Aufgaben.

[3] Malvolio: Haushofmeister in Shakespeares Lustspiel „Was ihr wollt" (1600/02)

[4] sinnloses, verworrenes Gerede; Kauderwelsch

[5] Kabinett: abgeschlossenes Beratungszimmer, Kreis der Berater eines Fürsten, Kreis der Minister einer Regierung; Kurbrandenburg: Kurfürstentum Brandenburg; Kanton (hier): Wehrverwaltungsbezirk in Preußen

thode lässt sich darin nicht verkennen, indessen Methode
hat auch der Wahnsinn. Leutnant Vogelsangs Sang hat uns
aufs Äußerste missfallen. Alles in seinem Programm ist
gemeingefährlich. Aber was wir am meisten beklagen, ist
das, dass er nicht für sich und in seinem Namen sprach,
sondern im Namen eines unserer geachtetsten Berliner
Industriellen, des Kommerzienrats Treibel (Berliner-Blau-
Fabrik, Köpnicker Straße), von dem wir uns eines Besseren versehen hätten. Ein neuer Beweis dafür, dass man ein
guter Mensch und doch ein schlechter Musikant sein
kann, und desgleichen ein Beweis, wohin der politische
Dilettantismus führt."
Treibel klappte das Blatt wieder zusammen, schlug mit
der Hand darauf und sagte: „Nun, so viel ist gewiss, in
Teupitz-Zossen ist das nicht geschrieben. Das ist Tells Ge-
schoss[1]. Das kommt aus nächster Nähe. Das ist von dem
nationalliberalen Oberlehrer, der uns neulich bei Buggenhagen nicht bloß Opposition machte, sondern uns zu ver-
höhnen suchte. Drang aber nicht durch. Alles in allem, ich
mag ihm nicht unrecht geben, und jedenfalls gefällt er mir
besser als Vogelsang. Außerdem sind sie jetzt bei der ‚Nationalzeitung' halbe Hofpartei, gehen mit den Freikonser-
vativen[2] zusammen. Es war eine Dummheit von mir, mindestens eine Übereilung, dass ich abschwenkte. Wenn ich
gewartet hätte, könnt' ich jetzt, in viel besserer Gesellschaft, aufseiten der Regierung stehen. Stattdessen bin ich
auf den dummen Kerl und Prinzipienreiter eingeschwo-
ren. Ich werde mich aber aus der ganzen Geschichte he-
rausziehen, und zwar für immer; der Gebrannte scheut
das Feuer … Eigentlich könnt' ich mich noch beglückwünschen, so mit tausend Mark, oder doch nicht viel mehr,
davongekommen zu sein, wenn nur nicht mein Name
genannt wäre. Mein Name. Das ist fatal …" Und dabei
schlug er das Blatt wieder auf. „Ich will die Stelle noch
einmal lesen: ‚einer unserer geachtetsten Berliner Indus-

---

[1] Zitat aus Schillers „Wilhelm Tell" (IV,3)
[2] Die 1866 in Preußen gegründete, Bismarck freundlich gesinnte
    „Freikonservative Partei" nannte sich im Reichstag „Deutsche
    Reichspartei".

triellen, der Kommerzienrat Treibel' – ja, das lass ich mir gefallen, das klingt gut. Und nun lächerliche Figur von Vogelsangs Gnaden."

Und unter diesen Worten stand er auf, um sich draußen im Garten zu ergehen und in der frischen Luft seinen Ärger nach Möglichkeit loszuwerden.

Es schien aber nicht recht glücken zu sollen, denn im selben Augenblick, wo er, um den Giebel des Hauses herum, in den Hintergarten einbog, sah er die Honig, die, wie jeden Morgen, so auch heute wieder das Bologneser Hündchen um das Bassin führte. Treibel prallte zurück, denn nach einer Unterhaltung mit dem aufgesteiften Fräulein stand ihm durchaus nicht der Sinn. Er war aber schon gesehen und begrüßt worden, und da große Höflichkeit und mehr noch große Herzensgüte zu seinen Tugenden zählte, so gab er sich einen Ruck und ging guten Muts auf die Honig zu, zu deren Kenntnissen und Urteilen er übrigens ein aufrichtiges Vertrauen hegte.

„Sehr erfreut, mein liebes Fräulein, Sie mal allein und zu so guter Stunde zu treffen … Ich habe seit lange so dies und das auf dem Herzen, mit dem ich gern herunter möchte …"

Die Honig errötete, weil sie, trotz des guten Rufes, dessen sich Treibel erfreute, doch von einem ängstlich-süßen Gefühl überrieselt wurde, dessen äußerste Nichtberechtigung ihr freilich im nächsten Momente schon in beinah grausamer Weise klar werden sollte.

„… Mich beschäftigt nämlich meiner lieben kleinen Enkelin Erziehung, an der ich denn doch das Hamburgische sich in einem Grade vollstrecken sehe – ich wähle diesen Schafottausdruck absichtlich –, der mich von meinem einfacheren Berliner Standpunkt aus mit einiger Sorge erfüllt."

Das Bologneser Hündchen, das Czicka hieß, zog in diesem Augenblick an der Schnur und schien einem Perlhuhn nachlaufen zu wollen, das sich, vom Hof her, in den Garten verirrt hatte; die Honig verstand aber keinen Spaß und gab dem Hündchen einen Klaps. Czicka seinerseits tat einen Blaff und warf den Kopf hin und her, sodass die seinem Röckchen (eigentlich bloß eine Leibbinde) dicht aufgenähten Glöckchen in ein Klingen kamen. Dann aber beruhigte sich das Tierchen wieder, und die Promenade um das Bassin herum begann aufs Neue.

„Sehen Sie, Fräulein Honig, so wird auch das Lizzichen
5 erzogen. Immer an einer Strippe, die die Mutter in Händen hält, und wenn mal ein Perlhuhn kommt und das Lizzichen fort will, dann gibt es auch einen Klaps, aber einen ganz, ganz kleinen, und der Unterschied ist bloß, dass Lizzi keinen Blaff tut und nicht den Kopf wirft und
10 natürlich auch kein Schellengeläut hat, das ins Klingen kommen kann."

„Lizzichen ist ein Engel", sagte die Honig, die während einer sechzehnjährigen Erzieherinnenlaufbahn Vorsicht im Ausdruck gelernt hatte.
15 „Glauben Sie das wirklich?"

„Ich glaub es wirklich, Herr Kommerzienrat, vorausgesetzt, dass wir uns über ‚Engel' einigen."

„Sehr gut, Fräulein Honig, das kommt mir zupass. Ich wollte nur über Lizzi mit Ihnen sprechen und höre nun
20 auch noch was über Engel. Im Ganzen genommen ist die Gelegenheit, sich über Engel ein festes Urteil zu bilden, nicht groß. Nun sagen Sie, was verstehen Sie unter Engel? Aber kommen Sie mir nicht mit Flügel."

Die Honig lächelte. „Nein, Herr Kommerzienrat, nichts
25 von Flügel, aber ich möchte doch sagen dürfen ‚Unberührtheit vom Irdischen', das ist ein Engel."

„Das lässt sich hören. Unberührtheit vom Irdischen – nicht übel. Ja, noch mehr, ich will es ohne Weiteres gelten lassen und will es schön finden, und wenn Otto und meine
30 Schwiegertochter Helene sich klar und zielbewusst vorsetzen würden, eine richtige kleine Genoveva[1] auszubilden oder eine kleine keusche Susanna[2], Pardon, ich kann im Augenblicke kein besseres Beispiel finden, oder wenn

---

[1] Genoveva von Brabant: der Legende nach (730–750) zu Unrecht der Untreue beschuldigte Gattin des Pfalzgrafen Siegfried, die mit der Hilfe der Gottesmutter Maria in einer Höhle überlebte, bis ihr Ehemann sie nach Jahren dort fand und rettete

[2] Gestalt der apokryphen biblischen Erzählung von „Susanna im Bade", bei der es sich ebenfalls um eine zu Unrecht der Untreue bezichtigte Ehefrau handelt

alles ganz ernsthaft darauf hinausliefe, sagen wir für irgendeinen Thüringer Landgrafen oder meinetwegen auch für ein geringeres Geschöpf Gottes einen Abklatsch der heiligen Elisabeth[1] herzustellen, so hätte ich nichts dagegen. Ich halte die Lösung solcher Aufgabe für sehr schwierig, aber nicht für unmöglich, und wie so schön gesagt worden ist und immer noch gesagt wird, solche Dinge auch bloß gewollt zu haben ist schon etwas Großes."
Die Honig nickte, weil sie der eigenen, nach dieser Seite hin liegenden Anstrengungen gedenken mochte.
„Sie stimmen mir zu", fuhr Treibel fort. „Nun, das freut mich. Und ich denke, wir sollen auch in dem Zweiten einig bleiben. Sehen Sie, liebes Fräulein, ich begreife vollkommen, trotzdem es meinem persönlichen Geschmack widerspricht, dass eine Mutter ihr Kind auf einen richtigen Engel hin erzieht; man kann nie ganz genau wissen, wie diese Dinge liegen, und wenn es zum Letzten kommt, so ganz zweifelsohne vor seinem Richter zu stehen, wer sollte sich das nicht wünschen? Ich möchte beinah sagen, ich wünsch es mir selber. Aber, mein liebes Fräulein, Engel und Engel ist ein Unterschied, und wenn der Engel weiter nichts ist als ein Wasch-Engel und die Fleckenlosigkeit der Seele nach dem Seifenkonsum berechnet und die ganze Reinheit des werdenden Menschen auf die Weißheit seiner Strümpfe gestellt wird, so erfüllt mich dies mit einem leisen Grauen. Und wenn es nun gar das eigene Enkelkind ist, dessen flachsene Haare, Sie werden es auch bemerkt haben, vor lauter Pflege schon halb ins Kakerlakige[2] fallen, so wird einem alten Großvater himmelangst dabei. Könnten Sie sich nicht hinter die Wulsten stecken? Die Wulsten ist eine verständige Person und bäumt, glaub ich, innerlich gegen diese Hamburgereien auf. Ich würde mich freuen, wenn Sie Gelegenheit nähmen …"
In diesem Augenblicke wurde Czicka wieder unruhig und blaffte lauter als zuvor. Treibel, der sich in Auseinander-

---

[1] Die 1235 heiliggesprochene Ehefrau (1207−31) des Landgrafen Ludwig von Thüringen führte nach dessen Tod ein keusches Leben in freiwilliger Armut und Barmherzigkeit.
[2] kakerlakig (hier): weißlich, albinohaft

setzungen der Art nicht gern unterbrochen sah, wollte verdrießlich werden, aber ehe er noch recht dazu kommen konnte, wurden drei junge Damen von der Villa her sichtbar, zwei von ihnen ganz gleichartig in bastfarbene Sommerstoffe gekleidet. Es waren die beiden Felgentreus, denen Helene folgte.

„Gott sei Dank, Helene", sagte Treibel, der sich – vielleicht weil er ein schlechtes Gewissen hatte – zunächst an die Schwiegertochter wandte, „Gott sei Dank, dass ich dich einmal wiedersehe. Du warst eben der Gegenstand unseres Gesprächs, oder mehr noch dein liebes Lizzichen, und Fräulein Honig stellte fest, dass Lizzichen ein Engel sei. Du kannst dir denken, dass ich nicht widersprochen habe. Wer ist nicht gern der Großvater eines Engels? Aber, meine Damen, was verschafft mir so früh diese Ehre? Oder gilt es meiner Frau? Sie hat ihre Migräne. Soll ich sie rufen lassen …?"

„O nein, Papa", sagte Helene mit einer Freundlichkeit, die nicht immer ihre Sache war. „Wir kommen zu dir. Felgentreus haben nämlich vor, heute Nachmittag eine Partie nach Halensee zu machen, aber nur wenn alle Treibels, von Otto und mir ganz abgesehen, daran teilnehmen." Die Felgentreu'schen Schwestern bestätigten dies alles durch Schwenken ihrer Sonnenschirme, während Helene fortfuhr: „Und nicht später als drei. Wir müssen also versuchen, unserem Lunch einen kleinen Dinnercharakter zu geben oder aber unser Dinner bis auf acht Uhr abends hinausschieben. Elfriede und Blanca wollen noch in die Adlerstraße, um auch Schmidts aufzufordern, zum Mindesten Corinna; der Professor kommt dann vielleicht nach. Krola hat schon zugesagt und will ein Quartett[1] mitbringen, darunter zwei Referendare von der Potsdamer Regierung …"

„Und Reserveoffiziere", ergänzte Blanca, die jüngere Felgentreu …

„Reserveoffiziere", wiederholte Treibel ernsthaft. „Ja, meine Damen, das gibt den Ausschlag. Ich glaube nicht, dass ein hierlandes lebender Familienvater, auch wenn ihm ein

---

[1] hier: Gesangsquartett

grausames Schicksal eigene Töchter versagte, den Mut
haben wird, eine Landpartie mit zwei Reserveleutnants
auszuschlagen. Also bestens akzeptiert. Und drei Uhr.
Meine Frau wird zwar verstimmt sein, dass, über ihr
Haupt hinweg, endgültige Beschlüsse gefasst worden
sind, und ich fürchte beinah ein momentanes Wachsen des
tic douloureux[1]. Trotzdem bin ich ihrer sicher. Landpartie
mit Quartett und von solcher gesellschaftlichen Zusammensetzung – die Freude darüber bleibt prädominie-
rendes[2] Gefühl. Dem ist keine Migräne gewachsen. Darf
ich Ihnen übrigens meine Melonenbeete zeigen? Oder
nehmen wir lieber einen leichten Imbiss, ganz leicht, ohne
jede ernste Gefährdung des Lunch?"
Alle drei dankten, die Felgentreus, weil sie sich direkt zu
Corinna begeben wollten, Helene, weil sie Lizzis halber
wieder nach Hause müsse. Die Wulsten sei nicht achtsam
genug und lasse Dinge durchgehen, von denen sie nur
sagen könne, dass sie „shocking" seien. Zum Glück sei
Lizzichen ein so gutes Kind, sonst würde sie sich ernst-
licher Sorge darüber hingeben müssen.
„Lizzichen ist ein Engel, die ganze Mutter", sagte Treibel
und wechselte, während er das sagte, Blicke mit der Honig, welche die ganze Zeit über in einer gewissen reser-
vierten Haltung seitab gestanden hatte.

Zehntes Kapitel

Auch Schmidts hatten zugesagt, Corinna mit besonderer
Freudigkeit, weil sie sich seit dem Dinertage bei Treibels
in ihrer häuslichen Einsamkeit herzlich gelangweilt hatte;
die großen Sätze des Alten kannte sie längst auswendig,
und von den Erzählungen der guten Schmolke galt dasselbe. So klang denn „ein Nachmittag in Halensee" fast so
poetisch wie „vier Wochen auf Capri", und Corinna be-
schloss daraufhin, ihr Bestes zu tun, um sich bei dieser
Gelegenheit auch äußerlich neben den Felgentreus be-

---

[1]   neuralgischer Gesichtsschmerz
[2]   prädominieren: vorherrschen, überwiegen

haupten zu können. Denn in ihrer Seele dämmerte eine unklare Vorstellung davon, dass diese Landpartie nicht gewöhnlich verlaufen, sondern etwas Großes bringen werde. Marcell war zur Teilnahme nicht aufgefordert wor-
5 den, womit seine Cousine, nach der eine ganze Woche lang von ihm beobachteten Haltung, durchaus einverstanden war. Alles versprach einen frohen Tag, besonders auch mit Rücksicht auf die Zusammensetzung der Gesellschaft. Unter dem, was man im Voraus vereinbart hatte, war, nach
10 Verwerfung eines von Treibel in Vorschlag gebrachten Kremsers[1], „der immer das Eigentliche sei", *das* die Hauptsache gewesen, dass man auf gemeinschaftliche Fahrt verzichten, dafür aber männiglich[2] sich verpflichten wolle, Punkt vier Uhr und jedenfalls nicht mit Überschreitung
15 des akademischen Viertels[3] in Halensee zu sein.
Und wirklich um vier Uhr war alles versammelt oder doch fast alles. Alte und junge Treibels, desgleichen die Felgentreus, hatten sich in eigenen Equipagen[4] eingefunden, während Krola, von seinem Quartett begleitet, aus nicht
20 aufgeklärten Gründen die neue Dampfbahn[5], Corinna aber mutterwindallein[6] – der Alte wollte nachkommen – die Stadtbahn benutzt hatte. Von den Treibels fehlte nur Leopold, der sich, weil er durchaus an Mr. Nelson zu schreiben habe, wegen einer halben Stunde Verspätung
25 im Voraus entschuldigen ließ. Corinna war momentan verstimmt darüber, bis ihr der Gedanke kam, es sei wohl eigentlich besser so; kurze Begegnungen seien inhaltreicher als lange.
„Nun, lieben Freunde", nahm Treibel das Wort, „alles nach
30 der Ordnung. Erste Frage, wo bringen wir uns unter?

---

[1] Kremser: offener Pferdemietwagen für 10 bis 20 Personen; meist mit Verdeck
[2] jeder
[3] die Viertelstunde nach der angegebenen Zeit, mit der eine akademische Veranstaltung beginnt
[4] eleganten Kutschen
[5] 1888 eröffnete Dampfstraßenbahn vom Zoologischen Garten nach Halensee
[6] Fontane'sche Variante von: mutterseelenallein

Wir haben Verschiedenes zur Wahl. Bleiben wir hier Par-
terre[1], zwischen diesen formidablen Tischreihen, oder rücken wir auf die benachbarte Veranda hinauf, die Sie,
wenn Sie Gewicht darauf legen, auch als Altan oder als
Söller[2] bezeichnen können? Oder bevorzugen Sie vielleicht die Verschwiegenheit der inneren Gemächer, irgendeiner Kemenate[3] von Halensee? Oder endlich, vier-
tens und letztens, sind Sie für Turmbesteigung und treibt
es Sie, diese Wunderwelt, in der keines Menschen Auge
bisher einen frischen Grashalm entdecken konnte, treibt
es Sie, sag ich, dieses von Spargelbeeten und Eisenbahn-
dämmen durchsetzte Wüstenpanorama zu Ihren Füßen
ausgebreitet zu sehen?"

„Ich denke", sagte Frau Felgentreu, die, trotzdem sie
kaum ausgangs vierzig war, schon das Embonpoint und
das Asthma einer Sechzigerin hatte, „ich denke, lieber
Treibel, wir bleiben, wo wir sind. Ich bin nicht für Steigen,
und dann mein ich auch immer, man muss mit dem zufrieden sein, was man gerade hat."

„Eine merkwürdig bescheidene Frau", sagte Corinna zu
Krola, der seinerseits mit einfacher Zahlennennung antwortete, leise hinzusetzend, „aber Taler".

„Gut denn", fuhr Treibel fort, „wir bleiben also in der
Tiefe. Wozu dem Höheren zustreben? Man muss zufrieden sein mit dem durch Schicksalsbeschluss Gegebenen,
wie meine Freundin Felgentreu soeben versichert hat. Mit
anderen Worten: ‚Genieße fröhlich, was du hast.'[4] Aber,
liebe Festgenossen, was tun wir, um unsere Fröhlichkeit
zu beleben oder, richtiger und artiger, um ihr Dauer zu
geben? Denn von Belebung unserer Fröhlichkeit sprechen
hieße das augenblickliche Vorhandensein derselben in
Zweifel ziehen – eine Blasphemie[5], deren ich mich nicht

---

[1] ebenerdig
[2] Altan, Söller: vom Erdboden aus gestützter balkonartiger Anbau
[3] ursprünglich: durch ein Kamin beheiztes Frauengemach in einer
     Burg
[4] frei nach Christian Fürchtegott Gellerts (1715–69) Gedicht „Zu-
     friedenheit mit seinem Zustande": „Genieße, was dir Gott beschie-
     den/Entbehre gern, was du nicht hast [...]"
[5] verletzende Bemerkung über etwas Heiliges; Gotteslästerung

schuldig machen werde. Landpartien sind immer fröhlich. Nicht wahr, Krola?"

Krola bestätigte mit einem verschmitzten Lächeln, das für den Eingeweihten eine stille Sehnsucht nach Siechen[1] oder dem schweren Wagner[2] ausdrücken sollte.

Treibel verstand es auch so. „Landpartien also sind immer fröhlich, und dann haben wir das Quartett in Bereitschaft und haben Professor Schmidt in Sicht, und Leopold auch. Ich finde, dass dies allein schon ein Programm ausdrückt."

Und nach diesen Einleitungsworten einen in der Nähe stehenden mittelalterlichen Kellner heranwinkend, fuhr er in einer anscheinend an diesen, in Wahrheit aber an seine Freunde gerichteten Rede fort: „Ich denke, Kellner, wir rücken zunächst einige Tische zusammen, hier zwischen Brunnen und Fliederbosquet[3]; da haben wir frische Luft und etwas Schatten. Und dann, Freund, sobald die Lokalfrage geregelt und das Aktionsfeld abgesteckt ist, dann etwelche Portionen Kaffee, sagen wir vorläufig fünf, Zucker doppelt, und etwas Kuchiges, gleichviel was, mit Ausnahme von altdeutschem Napfkuchen, der mir immer eine Mahnung ist, es mit dem neuen Deutschland ernst und ehrlich zu versuchen. Die Bierfrage können wir später regeln, wenn unser Zuzug eingetroffen ist."

Dieser Zuzug war nun in der Tat näher, als die ganze Gesellschaft zu hoffen gewagt hatte. Schmidt, in einer ihn begleitenden Wolke herankommend, war müllergrau von Chausseestaub und musste es sich gefallen lassen, von den jungen, dabei nicht wenig kokettierenden Damen abgeklopft zu werden, und kaum dass er instand gesetzt und in den Kreis der Übrigen eingereiht war, so ward auch schon Leopold in einer langsam herantrottenden Droschke sichtbar, und beide Felgentreus (Corinna hielt sich zurück) liefen auch ihm bis auf die Chaussee hinaus entgegen und schwenkten dieselben kleinen Batisttücher[4] zu seiner Begrüßung, mit denen sie eben den alten Schmidt

---

[1] nach dem Inhaber Franz Siechen benanntes Brauereilokal, Brauerei, Biermarke
[2] Bierrestaurant, das bayrisches Bier ausschenkte
[3] Bosquet: mit Sträuchern und Büschen bepflanzte Gartenanlage
[4] Batist: feinfädiges, leichtes Stoffgewebe

restituiert[1] und wieder leidlich gesellschaftsfähig gemacht hatten.

Auch Treibel hatte sich erhoben und sah der Anfahrt seines Jüngsten zu. „Sonderbar", sagte er zu Schmidt und Felgentreu, zwischen denen er saß, „sonderbar; es heißt immer, der Apfel fällt nicht weit vom Stamm. Aber mitunter tut er's doch. Alle Naturgesetze schwanken heutzutage. Die Wissenschaft setzt ihnen zu arg zu. Sehen Sie, Schmidt, wenn *ich* Leopold Treibel wäre (mit *meinem* Vater war das etwas anderes, der war noch aus der alten Zeit), so hätte mich doch kein Deubel davon abgehalten, hier heute hoch zu Ross vorzureiten, und hätte mich graziös – denn, Schmidt, wir haben doch auch unsere Zeit gehabt –, hätte mich graziös, sag ich, aus dem Sattel geschwungen und mir mit der Badine[2] die Stiefel und die Unaussprechlichen[3] abgeklopft und wäre hier, schlecht gerechnet, wie ein junger Gott erschienen, mit einer roten Nelke im Knopfloch, ganz wie Ehrenlegion[4] oder ein ähnlicher Unsinn. Und nun sehen Sie sich den Jungen an. Kommt er nicht an, als ob er hingerichtet werden sollte? Denn das ist ja gar keine Droschke, das ist ein Karren, eine Schleife[5]. Weiß der Himmel, wo's nicht drinsteckt, da kommt es auch nicht."

Unter diesen Worten war Leopold herangekommen, untergefasst von den beiden Felgentreus, die sich vorgesetzt zu haben schienen, à tout prix[6] für das „Landpartieliche" zu sorgen. Corinna, wie sich denken lässt, gefiel sich in Missbilligung dieser Vertraulichkeit und sagte vor sich hin: „Dumme Dinger!" Dann aber erhob auch sie sich, um Leopold gemeinschaftlich mit den andern zu begrüßen. Die Droschke draußen hielt noch immer, was dem alten Treibel schließlich auffiel. „Sage, Leopold, warum hält er noch? Rechnet er auf Rückfahrt?"

„Ich glaube, Papa, dass er futtern will."

---

[1] restituieren (hier): wiederherstellen
[2] Reitgerte
[3] Gemeint sind die Hosen.
[4] stern- bzw. blütenförmiger höchster französischer Orden
[5] landwirtschaftliches Fahrzeug mit schlittenartigem Gestell
[6] (franz.) um jeden Preis

„Wohl und weise. Freilich mit seinem Häckselsack wird
er nicht weit kommen. Hier müssen energischere Bele-
bungsmittel angewandt werden, sonst passiert was. Bitte,
Kellner, geben Sie dem Schimmel ein Seidel[1]. Aber Löwen-
⁵ bräu. Dessen ist er am bedürftigsten."
„Ich wette", sagte Krola, „der Kranke wird von Ihrer Arz-
nei nichts wissen wollen."
„Ich verbürge mich für das Gegenteil. In dem Schimmel
steckt was; bloß heruntergekommen."
¹⁰ Und während das Gespräch noch andauerte, folgte man
dem Vorgange draußen und sah, wie das arme ver-
schmachtete Tier mit Gier das Seidel austrank und in ein
schwaches Freudengewieher ausbrach.
„Da haben wir's", triumphierte Treibel. „Ich bin ein Men-
¹⁵ schenkenner; *der* hat bessere Tage gesehen, und mit diesem Seidel zogen alte Zeiten in ihm herauf. Und Erinnerungen sind immer das Beste. Nicht wahr, Jenny?"
Die Kommerzienrätin antwortete mit einem lang ge-
dehnten „Ja, Treibel" und deutete durch den Ton an, dass
²⁰ er besser täte, sie mit solchen Betrachtungen zu verscho-
nen.
Eine Stunde verging unter allerhand Plaudereien, und
wer gerade schwieg, der versäumte nicht, das Bild auf sich
wirken zu lassen, das sich um ihn her ausbreitete. Da stieg
²⁵ zunächst eine Terrasse nach dem See hinunter, von dessen
anderm Ufer her man den schwachen Knall einiger Te-
schings[2] hörte, mit denen in einer dort etablierten Schieß-
bude nach der Scheibe geschossen wurde, während man
aus verhältnismäßiger Nähe das Kugelrollen einer am
³⁰ diesseitigen Ufer sich hinziehenden Doppelkegelbahn
und dazwischen die Rufe des Kegeljungen vernahm. Den
See selbst aber sah man nicht recht, was die Felgentreu'-
schen Mädchen zuletzt ungeduldig machte. „Wir müssen
doch den See sehen. Wir können doch nicht in Halensee
³⁵ gewesen sein, ohne den Halensee gesehen zu haben!" Und
dabei schoben sie zwei Stühle mit den Lehnen zusammen

---

[1] Bierglas zwischen 0,3 und 0,4 Liter, Flüssigkeitsmaß zwischen
     0,3 und 0,6 Liter
[2] Tesching: kleinkalibrige Handfeuerwaffe

und kletterten hinauf, um so den Wasserspiegel vielleicht entdecken zu können. „Ach, da ist er. Etwas klein."

„Das ‚Auge der Landschaft' muss klein sein", sagte Treibel. „Ein Ozean ist kein Auge mehr."

„Und wo nur die Schwäne sind?", fragte die ältere Felgentreu neugierig. „Ich sehe doch zwei Schwanenhäuser." 5

„Ja, liebe Elfriede", sagte Treibel. „Sie verlangen zu viel. Das ist immer so; wo Schwäne sind, sind keine Schwanenhäuser, und wo Schwanenhäuser sind, sind keine Schwä- 10 ne. Der eine hat den Beutel, der andre hat das Geld. Diese Wahrnehmung, meine junge Freundin, werden Sie noch verschiedentlich im Leben machen. Lassen Sie mich annehmen, nicht zu sehr zu Ihrem Schaden."

Elfriede sah ihn groß an. Worauf bezog sich das und auf 15 wen? Auf Leopold? Oder auf den früheren Hauslehrer, mit dem sie sich noch schrieb, aber doch nur so, dass es nicht völlig einschlief. Oder auf den Pionierleutnant? Es konnte sich auf alle drei beziehen. Leopold hatte das Geld … Hm. 20

„Im Übrigen", fuhr Treibel an die Gesamtheit gewendet fort, „ich habe mal wo gelesen, dass es immer das Geratenste sei, das Schönste nicht auszukosten, sondern mitten im Genusse dem Genuss Valet[1] zu sagen. Und dieser Gedanke kommt mir auch jetzt wieder. Es ist kein Zweifel, 25 dass dieser Fleck Erde mit zu dem Schönsten zählt, was die norddeutsche Tiefebene besitzt, durchaus angetan, durch Sang und Bild verherrlicht zu werden, wenn es nicht schon geschehen ist – denn wir haben jetzt eine märkische Schule[2], vor der nichts sicher ist, Beleuchtungs- 30 künstler ersten Ranges[3], wobei Wort oder Farbe keinen Unterschied macht. Aber eben *weil* es so schön ist, gedenken wir jenes vorzitierten Satzes, der von einem letzten Auskosten nichts wissen will, mit andern Worten beschäftigen wir uns mit dem Gedanken an Aufbruch. Ich sage 35

---

[1] Vale! (lat.): Lebe wohl!
[2] Schule (hier): mehrere Künstler (häufig aus einer Region), die einen ähnlichen Stil pflegen
[3] Anspielung auf zeitgenössische Berliner Maler; u.a. wohl Walter Leistikow (1865–1908)

wohlüberlegt ‚Aufbruch', nicht Rückfahrt, nicht vorzeitige Rückkehr in die alten Geleise, das sei ferne von mir; dieser Tag hat sein letztes Wort noch nicht gesprochen. Nur ein Scheiden speziell aus diesem Idyll, eh' es uns ganz
5 umstrickt! Ich proponiere[1] Waldpromenade bis Paulsborn[2] oder, wenn dies zu kühn erscheinen sollte, bis Hundekehle[3]. Die Prosa des Namens wird ausgeglichen durch die Poesie der größeren Nähe. Vielleicht, dass ich mir den besonderen Dank meiner Freundin Felgentreu durch die-
10 se Modifikation[4] verdiene."

Frau Felgentreu, der nichts ärgerlicher war als Anspielungen auf ihre Wohlbeleibtheit und Kurzatmigkeit, begnügte sich, ihrem Freunde Treibel den Rücken zu kehren.

15 „Dank vom Hause Österreich[5]. Aber es ist immer so, der Gerechte muss viel leiden[6]. Ich werde mich auf einem verschwiegenen Waldwege bemühen, Ihrem schönen Unmut die Spitze abzubrechen. Darf ich um Ihren Arm bitten, liebe Freundin?"

20 Und alles erhob sich, um in Gruppen zu zweien und dreien die Terrasse hinabzusteigen und zu beiden Seiten des Sees auf den schon im halben Dämmer liegenden Grunewald zuzuschreiten.

Die Hauptkolonne hielt sich links. Sie bestand, unter Vo-
25 rantritt des Felgentreu'schen Ehepaares (Treibel hatte sich von seiner Freundin wieder frei gemacht), aus dem Krola'schen Quartett, in das sich Elfriede und Blanca Felgentreu derart eingereiht hatten, dass sie zwischen den beiden Referendarien und zwei jungen Kaufleuten gin-
30 gen. Einer der jungen Kaufleute war ein berühmter Jodler und trug auch den entsprechenden Hut. Dann kamen Otto und Helene, während Treibel und Krola abschlossen.

---

[1] proponieren: vorschlagen, beantragen
[2] Gartenrestaurant am Grunewald
[3] weiteres Restaurant am Grunewaldsee
[4] Abwandlung, Veränderung
[5] Zitat aus Schillers „Wallensteins Tod" (II,6)
[6] Zitat aus dem Alten Testament (Psalm 34,20)

„Es geht doch nichts über eine richtige Ehe", sagte Krola
zu Treibel und wies auf das junge Paar vor ihnen. „Sie
müssen sich doch aufrichtig freuen, Kommerzienrat,
wenn Sie Ihren Ältesten so glücklich und so zärtlich neben
dieser hübschen und immer blink und blanken Frau ein- 5
herschreiten sehen. Schon oben saßen sie dicht beisam-
men, und nun gehen sie Arm in Arm. Ich glaube beinah,
sie drücken sich leise."
„Mir ein sichrer Beweis, dass sie sich vormittags gezankt
haben. Otto, der arme Kerl, muss nun Reugeld zahlen." 10
„Ach, Treibel, Sie sind ewig ein Spötter. Ihnen kann es
keiner recht machen und am wenigsten die Kinder. Glücklicherweise sagen Sie das so hin, ohne recht dran zu glauben. Mit einer Dame, die so gut erzogen wurde, kann man
sich überhaupt nicht zanken." 15
In diesem Augenblicke hörte man den Jodler einige Juch-
zer ausstoßen, so tirolerhaft echt, dass sich das Echo der
Pichelsberge nicht veranlasst sah, darauf zu antworten.
Krola lachte. „Das ist der junge Metzner. Er hat eine merkwürdig gute Stimme, wenigstens für einen Dilettanten, 20
und hält eigentlich das Quartett zusammen. Aber sowie
er eine Prise frische Luft wittert, ist es mit ihm vorbei.
Dann fasst ihn das Schicksal mit rasender Gewalt, und er
muss jodeln … Aber wir wollen von den Kindern nicht
abkommen. Sie werden mir doch nicht weismachen wol- 25
len" – Krola war neugierig und hörte gern Intimitäten –
„Sie werden mir doch nicht weismachen wollen, dass die
beiden da vor uns in einer unglücklichen Ehe leben. Und
was das Zanken angeht, so kann ich nur wiederholen,
Hamburgerinnen stehen auf einer Bildungsstufe, die den 30
Zank ausschließt."
Treibel wiegte den Kopf. „Ja, sehen Sie, Krola, Sie sind nun
ein so gescheiter Kerl und kennen die Weiber, ja, wie soll
ich sagen, Sie kennen sie, wie sie nur ein Tenor kennen
kann. Denn ein Tenor geht noch weit übern Leutnant. Und 35
doch offenbaren Sie hier in dem speziell Ehelichen, was
noch wieder ein Gebiet für sich ist, ein furchtbares Man-
quement[1]. Und warum? Weil Sie's in Ihrer eigenen Ehe,

---

[1] Mangel, Unkenntnis, Versäumnis

gleichviel nun, ob durch Ihr oder Ihrer Frau Verdienst, ausnahmsweise gut getroffen haben. Natürlich, wie Ihr Fall beweist, kommt auch *das* vor. Aber die Folge davon ist einfach die, dass Sie – auch das Beste hat seine Kehr-
5 seite –, dass Sie, sag ich, kein richtiger Ehemann sind, dass Sie keine volle Kenntnis von der Sache haben; Sie kennen den Ausnahmefall, aber nicht die Regel. Über Ehe kann nur sprechen, wer sie durchgefochten hat, nur der Vete-ran, der auf Wundenmale zeigt … Wie heißt es doch?
10 ‚Nach Frankreich zogen zwei Grenadier'[1], die ließen die Köpfe hangen …' Da haben Sie's."

„Ach, das sind Redensarten, Treibel …"

„… Und die schlimmsten Ehen sind die, lieber Krola, wo furchtbar ‚gebildet' gestritten wird, wo, wenn Sie mir den
15 Ausdruck gestatten wollen, eine Kriegsführung mit Sam-methandschuhen stattfindet oder, richtiger noch, wo man sich, wie beim römischen Karneval, Konfetti ins Gesicht wirft. Es sieht hübsch aus, aber verwundet doch. Und in dieser Kunst anscheinend gefälligen Konfettiwerfens ist
20 meine Schwiegertochter eine Meisterin. Ich wette, dass mein armer Otto schon oft bei sich gedacht hat, wenn sie dich doch kratzte, wenn sie doch mal außer sich wäre, wenn sie doch mal sagte: Scheusal oder Lügner oder elender Verführer …"

25 „Aber, Treibel, das kann sie doch nicht sagen. Das wäre ja Unsinn. Otto ist ja doch kein Verführer, also auch kein Scheusal …"

„Ach, Krola, darauf kommt es ja gar nicht an. Worauf es ankommt, ist, sie muss sich dergleichen wenigstens den-
30 ken können, sie muss eine eifersüchtige Regung haben und in solchem Momente muss es afrikanisch aus ihr los-brechen. Aber alles, was Helene hat, hat höchstens die Temperatur der Uhlenhorst[2]. Sie hat nichts als einen un-erschütterlichen Glauben an Tugend und Windsor-
35 soap[3]."

---

[1] zitiert nach der ersten Strophe von Heinrich Heines (1797–1856) Gedicht „Die Grenadiere" (1827)

[2] die Uhlenhorst: Hamburger Stadtteil

[3] Windsorseife, Toilettenseife

„Nun meinetwegen. Aber wenn es so ist, wo kommt dann
der Zank her?"

„Der kommt doch. Er tritt nur anders auf, anders, aber
nicht besser. Kein Donnerwetter, nur kleine Worte mit
dem Giftgehalt eines halben Mückenstichs, oder aber 5
Schweigen, Stummheit, Muffeln, das innere Düppel[1] der
Ehe, während nach außen hin das Gesicht keine Falte
schlägt. Das sind so die Formen. Und ich fürchte, die ganze Zärtlichkeit, die wir da vor uns wandeln sehen und die
sich augenscheinlich sehr einseitig gibt, ist nichts als ein 10
Bußetun – Otto Treibel im Schlosshof zu Canossa[2] und mit
Schnee unter den Füßen. Sehen Sie nun den armen Kerl;
er biegt den Kopf in einem fort nach rechts, und Helene
rührt sich nicht und kommt aus der graden Hamburger
Linie nicht heraus … Aber jetzt müssen wir schweigen. Ihr 15
Quartett hebt eben an. Was ist es denn?"

„Es ist das bekannte ‚Ich weiß nicht, was soll es bedeuten?'[3]"

„Ah, das ist recht. Eine jederzeit wohl aufzuwerfende Frage, besonders auf Landpartien." 20

Rechts um den See hin gingen nur zwei Paare, vorauf der
alte Schmidt und seine Jugendfreundin Jenny und in einiger Entfernung hinter ihnen Leopold und Corinna.
Schmidt hatte seiner Dame den Arm gereicht und zugleich
gebeten, ihr die Mantille[4] tragen zu dürfen, denn es war 25
etwas schwül unter den Bäumen. Jenny hatte das Aner-
bieten auch dankbar angenommen; als sie aber wahrnahm, dass der gute Professor den Spitzenbesatz immer
nachschleppen und sich abwechselnd in Wacholder und

---

[1] Anspielung auf die wiederholten Schlachten in der Nähe des dänischen Dorfes Düppel
[2] König Heinrich IV. (1050–1106) trat im Januar 1077 in der mittel-
italienischen Burg Canossa barfuß und im Büßergewand vor Papst
Gregor VII. (ca. 1020–85) und harrte drei Tage im verschneiten
Innenhof aus, ehe der Papst den Kirchenbann von ihm löste und
ihn als Kaiser anerkannte.
[3] Zitat aus Heinrich Heines von Friedrich Silcher vertontem Gedicht
„Die Loreley" (1824)
[4] halblanger Damenmantel

Heidekraut verfangen ließ, bat sie sich die Mantille wieder aus. „Sie sind noch geradeso wie vor vierzig Jahren, lieber Schmidt. Galant, aber mit keinem rechten Erfolge."

„Ja, gnädigste Frau, diese Schuld kann ich nicht von mir ⁵ abwälzen, und sie war zugleich mein Schicksal. Wenn ich mit meinen Huldigungen erfolgreicher gewesen wäre, denken Sie, wie ganz anders sich mein Leben und auch das Ihrige gestaltet hätte …"

Jenny seufzte leise.

¹⁰ „Ja, gnädigste Frau, dann hätten Sie das Märchen Ihres Lebens nie begonnen. Denn alles große Glück ist ein Märchen."

„Alles große Glück ist ein Märchen", wiederholte Jenny langsam und gefühlvoll. „Wie wahr, wie schön! Und sehen ¹⁵ Sie, Wilibald, dass das beneidete Leben, das ich jetzt führe, meinem Ohr und meinem Herzen solche Worte versagt, dass lange Zeiten vergehen, ehe Aussprüche von solcher poetischen Tiefe zu mir sprechen, das ist für eine Natur, wie sie mir nun mal geworden, ein ewig zehrender Schmerz. ²⁰ Und Sie sprechen dabei von Glück, Wilibald, sogar von großem Glück! Glauben Sie mir, mir, die ich dies alles durchlebt habe, diese so viel begehrten Dinge sind wertlos für den, der sie hat. Oft, wenn ich nicht schlafen kann und mein Leben überdenke, wird es mir klar, dass das Glück, ²⁵ das anscheinend so viel für mich tat, mich nicht *die* Wege geführt hat, die für mich passten, und dass ich in einfacheren Verhältnissen und als Gattin eines in der Welt der Ideen und vor allem auch des Idealen stehenden Mannes wahrscheinlich glücklicher geworden wäre. Sie wissen, wie gut ³⁰ Treibel ist und dass ich ein dankbares Gefühl für seine Güte habe. Trotzdem muss ich es leider aussprechen, es fehlt mir, meinem Manne gegenüber, jene hohe Freude der Unterordnung, die doch unser schönstes Glück ausmacht und so recht gleichbedeutend ist mit echter Liebe. Niemandem ³⁵ darf ich dergleichen sagen; aber vor Ihnen, Wilibald, mein Herz auszuschütten, ist, glaub ich, mein schön menschliches Recht und vielleicht sogar meine Pflicht …"

Schmidt nickte zustimmend und sprach dann ein einfaches „Ach, Jenny …" mit einem Tone, drin er den ganzen ⁴⁰ Schmerz eines verfehlten Lebens zum Ausdruck zu brin-

gen trachtete. Was ihm auch gelang. Er lauschte selber
dem Klang und beglückwünschte sich im Stillen, dass er
sein Spiel so gut gespielt habe. Jenny, trotz aller Klugheit,
war doch eitel genug, an das „Ach" ihres ehemaligen An-
beters zu glauben.   5
So gingen sie, schweigend und anscheinend ihren Gefüh-
len hingegeben, nebeneinander her, bis Schmidt die Notwendigkeit fühlte, mit irgendeiner Frage das Schweigen
zu brechen. Er entschied sich dabei für das alte Rettungs-
mittel und lenkte das Gespräch auf die Kinder. „Ja, Jenny",   10
hob er mit immer noch verschleierter Stimme an, „was
versäumt ist, ist versäumt. Und wer fühlte das tiefer als
ich selbst. Aber eine Frau wie Sie, die das Leben begreift,
findet auch im Leben selbst ihren Trost, vor allem in der
Freude täglicher Pflichterfüllung. Da sind in erster Reihe   15
die Kinder, ja, schon ein Enkelkind ist da, wie Milch und
Blut, das liebe Lizzichen, und das sind dann, mein ich, die
Hülfen, daran Frauenherzen sich aufrichten müssen. Und
wenn ich auch Ihnen gegenüber, teure Freundin, von
einem eigentlichen Eheglücke nicht sprechen will, denn   20
wir sind wohl einig in dem, was Treibel ist und nicht ist,
so darf ich doch sagen, Sie sind eine glückliche Mutter.
Zwei Söhne sind Ihnen herangewachsen, gesund oder
doch was man so gesund zu nennen pflegt, von guter
Bildung und guten Sitten. Und bedenken Sie, was allein   25
dies Letzte heutzutage bedeuten will. Otto hat sich nach
Neigung verheiratet und sein Herz einer schönen und
reichen Dame geschenkt, die, soviel ich weiß, der Gegenstand allgemeiner Verehrung ist, und wenn ich recht berichtet bin, so bereitet sich im Hause Treibel ein zweites   30
Verlöbnis vor, und Helenens Schwester steht auf dem
Punkte, Leopolds Braut zu werden …"
„Wer sagt das?", fuhr jetzt Jenny heraus, plötzlich aus dem
sentimental Schwärmerischen in den Ton ausgespro-
chenster Wirklichkeit verfallend. „Wer sagt das?"   35
Schmidt geriet, diesem erregten Tone gegenüber, in eine
kleine Verlegenheit. Er hatte sich das so gedacht oder vielleicht auch mal etwas Ähnliches gehört und stand nun
ziemlich ratlos vor der Frage „Wer sagt das?" Zum Glück
war es damit nicht sonderlich ernsthaft gemeint, so wenig,   40

dass Jenny, ohne eine Antwort abgewartet zu haben, mit großer Lebhaftigkeit fortfuhr: „Sie können gar nicht ahnen, Freund, wie mich das alles reizt. Das ist so die seitens des Holzhofs beliebte Art, mir die Dinge über den Kopf wegzunehmen. Sie, lieber Schmidt, sprechen nach, was Sie hören, aber die, die solche Dinge wie von ungefähr unter die Leute bringen, mit denen hab ich ernstlich ein Hühnchen zu pflücken. Es ist eine Insolenz. Und Helene mag sich vorsehen."

„Aber, Jenny, liebe Freundin, Sie dürfen sich nicht so erregen. Ich habe das so hingesagt, weil ich es als selbstverständlich annahm."

„Als selbstverständlich", wiederholte Jenny spöttisch, die, während sie das sagte, die Mantille wieder abriss und dem Professor über den Arm warf. „Als selbstverständlich. So weit also hat es der Holzhof schon gebracht, dass die nächsten Freunde solche Verlobung als eine Selbstverständlichkeit ansehen. Es ist aber keine Selbstverständlichkeit, ganz im Gegenteil, und wenn ich mir vergegenwärtige, dass Ottos alles besser wissende Frau neben ihrer Schwester Hildegard ein bloßer Schatten sein soll – und ich glaub es gern, denn sie war schon als Backfisch von einer geradezu ridikülen Überheblichkeit –, so muss ich sagen, ich habe an einer Hamburger Schwiegertochter aus dem Hause Munk gerade genug."

„Aber, teuerste Freundin, ich begreife Sie nicht. Sie setzen mich in das aufrichtigste Erstaunen. Es ist doch kein Zweifel, dass Helene eine schöne Frau ist und von einer, wenn ich mich so ausdrücken darf, ganz aparten Appetitlichkeit …"

Jenny lachte.

„… Zum Anbeißen, wenn Sie mir das Wort gestatten", fuhr Schmidt fort, „und von jenem eigentümlichen Charme, den schon, von alters her, alles besitzt, was mit dem flüssigen Element in eine konstante Berührung kommt. Vor allem aber ist mir kein Zweifel darüber, dass Otto seine Frau liebt, um nicht zu sagen, in sie verliebt ist. Und *Sie*, Freundin, Ottos leibliche Mutter, fechten gegen dies Glück an und sind empört, dies Glück in Ihrem Hause vielleicht verdoppelt zu sehen. Alle Männer sind abhängig von weiblicher Schönheit; ich war es auch, und ich möchte beinah sagen dürfen, ich bin es noch, und wenn nun diese Hildegard, wie mir durchaus wahrscheinlich – denn die Nestkücken sehen immer am besten aus –, wenn diese Hildegard noch über Helenen hinauswächst, so weiß ich nicht, was Sie gegen sie haben können. Leopold ist ein guter Junge, von vielleicht nicht allzu feurigem Temperament; aber ich denke mir, dass er doch nichts dagegen haben kann, eine sehr hübsche Frau zu heiraten. Sehr hübsch und reich dazu."

„Leopold ist ein Kind und darf sich überhaupt nicht nach eigenem Willen verheiraten, am wenigsten aber nach dem Willen seiner Schwägerin Helene. Das fehlte noch, das hieße denn doch abdanken und mich ins Altenteil setzen. Und wenn es sich noch um eine junge Dame handelte, der gegenüber einen allenfalls die Lust anwandeln könnte, sich unterzuordnen, also eine Freiin oder eine wirkliche, ich meine eine richtige Geheimeratstochter oder die Tochter eines Oberhofpredigers … Aber ein unbedeutendes Ding, das nichts kennt als mit Ponys nach Blankenese[1] fahren und sich einbildet, mit einem Goldfaden in der Plattstichnadel[2] eine Wirtschaft führen oder wohl gar Kinder erziehen zu können, und ganz ernsthaft glaubt, dass wir hierzulande nicht einmal eine Seezunge von einem Steinbutt unterscheiden können, und immer von Lobster spricht, wo wir Hummer sagen, und Curry-Powder und Soja wie höhere Geheimnisse behandelt – ein solcher eingebildeter Quack[3], lieber Wilibald, das ist nichts für meinen Leopold. Leopold, trotz allem, was ihm fehlt, soll höher hinaus. Er ist nur einfach, aber er ist gut, was doch auch einen Anspruch gibt. Und deshalb soll er eine kluge Frau haben, eine wirklich kluge; Wissen und Klugheit und überhaupt das Höhere – darauf kommt es an. Alles andere wiegt keinen Pfifferling. Es ist ein Elend mit den Äußerlichkeiten. Glück, Glück! Ach Wilibald, dass ich es in sol-

---

[1] vornehmer Vorort Hamburgs
[2] für den „Plattstich" (eine der Grundtechniken der Handstickerei) verwendete Sticknadel
[3] Quacksalber; hier: Gans

cher Stunde gerade vor Ihnen bekennen muss, das Glück,
es ruht *hier* allein.“
Und dabei legte sie die Hand aufs Herz.

Leopold und Corinna waren in einer Entfernung von etwa
fünfzig Schritt gefolgt und hatten ihr Gespräch in her-
kömmlicher Art geführt, d. h., Corinna hatte gesprochen.
Leopold war aber fest entschlossen, auch zu Worte zu
kommen, wohl oder übel. Der quälende Druck der letzten
Tage machte, dass er vor dem, was er vorhatte, nicht mehr
so geängstigt stand wie früher; – er musste sich eben Ruhe
schaffen. Ein paarmal schon war er nahe daran gewesen,
eine wenigstens auf sein Ziel überleitende Frage zu tun;
wenn er dann aber der Gestalt seiner stattlich vor ihm
dahinschreitenden Mutter ansichtig wurde, gab er's wieder auf, sodass er schließlich den Vorschlag machte, eine
gerade vor ihnen liegende Waldlichtung in schräger Linie
zu passieren, damit sie, statt immer zu folgen, auch mal
an die Tete[1] kämen. Er wusste zwar, dass er infolge dieses
Manövers den Blick der Mama vom Rücken oder von der
Seite her haben würde, aber etwas auf den Vogel Strauß
hin angelegt, fand er doch eine Beruhigung in dem Gefühl,
die seinen Mut beständig lähmende Mama nicht immer
gerade vor Augen haben zu müssen. Er konnte sich über
diesen eigentümlichen Nervenzustand keine rechte Re-
chenschaft geben und entschied sich einfach für das, was
ihm von zwei Übeln als das kleinere erschien.
Die Benutzung der Schräglinie war geglückt, sie waren jetzt
um ebenso viel voraus, als sie vorher zurück gewesen waren, und ein Gleichgültigkeitsgespräch fallen lassend, das
sich, ziemlich gezwungen, um die Spargelbeete von Halensee samt ihrer Kultur und ihrer sanitären Bedeutung[2] ge-
dreht hatte, nahm Leopold einen plötzlichen Anlauf und
sagte: „Wissen Sie, Corinna, dass ich Grüße für Sie habe?“
„Von wem?“

---

[1] Spitze, Anfang
[2] Der Halensee ist wichtiger Bestandteil der Berliner Abwasserent-
     sorgung; die dort gelegenen Spargelbeete wurden mit dem Abwas-
     ser gedüngt.

„Raten Sie."

„Nun, sagen wir von Mr. Nelson."

„Aber das geht doch nicht mit rechten Dingen zu, das ist
ja wie Hellseherei; nun können Sie auch noch Briefe lesen,
von denen Sie nicht einmal wissen, dass sie geschrieben 5
wurden."

„Ja, Leopold, dabei könnt' ich Sie nun belassen und mich
vor Ihnen als Seherin etablieren. Aber ich werde mich
hüten. Denn vor allem, was so mystisch[1] und hypnotisch[2]
und geisterseherig ist, haben gesunde Menschen bloß ein 10
Grauen. Und ein Grauen einzuflößen ist nicht das, was ich
liebe. Mir ist es lieber, dass mir die Herzen guter Menschen zufallen."

„Ach, Corinna, das brauchen Sie sich doch nicht erst zu
wünschen. Ich kann mir keinen Menschen denken, dessen 15
Herz Ihnen nicht zufiele. Sie sollten nur lesen, was Mr.
Nelson über Sie geschrieben hat; mit amusing fängt er an,
und dann kommt charming und high-spirited, und mit
fascinating[3] schließt er ab. Und dann erst kommen die
Grüße, die sich, nach allem, was voraufgegangen, beinahe 20
nüchtern und alltäglich ausnehmen. Aber wie wussten
Sie, dass die Grüße von Mr. Nelson kämen?"

„Ein leichteres Rätsel ist mir nicht bald vorgekommen. Ihr
Papa teilte mit, Sie kämen erst später, weil Sie nach Liverpool zu schreiben hätten. Nun, Liverpool heißt Mr. Nel- 25
son. Und hat man erst Mr. Nelson, so gibt sich das andere
von selbst. Ich glaube, dass es mit aller Hellseherei ganz
ähnlich liegt. Und sehen Sie, Leopold, mit derselben Leich-
tigkeit, mit der ich in Mr. Nelsons Brief gelesen habe, mit
derselben Sicherheit lese ich zum Beispiel Ihre Zukunft." 30
Ein tiefes Aufatmen Leopolds war die Antwort, und sein
Herz hätte jubeln mögen in einem Gefühl von Glück und
Erlösung. Denn wenn Corinna richtig las, und sie musste
richtig lesen, so war er allem Anfragen und allen damit
verknüpften Ängsten überhoben, und *sie* sprach dann aus, 35

---

[1] geheimnisvoll, dunkel
[2] hier: das Bewusstsein ausschaltend, tranceartig
[3] charming (engl.): entzückend, reizend; high-spirited: geistreich;
     fascinating: bezaubernd, faszinierend

was er zu sagen noch immer nicht den Mut finden konnte. Wie beseligt nahm er ihre Hand und sagte: „Das können Sie nicht."

„Ist es so schwer?"

5 „Nein. Es ist eigentlich leicht. Aber leicht oder schwer, Corinna, lassen Sie mich's hören. Und ich will auch ehrlich sagen, ob Sie's getroffen haben oder nicht. Nur keine ferne Zukunft, bloß die nächste, allernächste."

„Nun denn", hob Corinna schelmisch und hier und da mit 10 besonderer Betonung an, „was ich sehe, ist das: Zunächst ein schöner Septembertag, und vor einem schönen Hause halten viele schöne Kutschen, und die vorderste, mit einem Perückenkutscher auf dem Bock und zwei Bedienten hinten, das ist eine Brautkutsche. Der Straßendamm 15 aber steht voller Menschen, die die Braut sehen wollen, und nun kommt die Braut, und neben ihr schreitet ihr Bräutigam, und dieser Bräutigam ist mein Freund Leopold Treibel. Und nun fährt die Brautkutsche, während die anderen Wagen folgen, an einem breiten, breiten Was-20 ser hin …"

„Aber Corinna, Sie werden doch unsere Spree zwischen Schleuse und Jungfernbrücke nicht ein breites Wasser nennen wollen …"

„… An einem breiten Wasser hin und hält endlich vor ei-25 ner gotischen Kirche."

„Zwölf Apostel …"[1]

„Und der Bräutigam steigt aus und bietet der Braut seinen Arm, und so schreitet das junge Paar der Kirche zu, drin schon die Orgel spielt und die Lichter brennen."

30 „Und nun …"

„Und nun stehen sie vor dem Altar, und nach dem Ringewechsel wird der Segen gesprochen und ein Lied gesungen oder doch der letzte Vers. Und nun geht es wieder zurück, an demselben breiten Wasser entlang, aber nicht 35 dem Stadthause zu, von dem sie ausgefahren waren, sondern immer weiter ins Freie, bis sie vor einer Cottage-Villa[2] halten …"

---

[1] die 1871–74 erbaute Zwölf-Apostel-Kirche
[2] Cottage: Landhaus

„Ja, Corinna, so soll es sein …"

„Bis sie vor einer Cottage-Villa halten und vor einem Tri-
umphbogen, an dessen oberster Wölbung ein Riesenkranz
hängt, und in dem Kranze leuchten die beiden Anfangs-
buchstaben: L und H."

„L und H?"

„Ja, Leopold, L und H. Und wie könnte es auch anders
sein? Denn die Brautkutsche kam ja von der Uhlenhorst
her und fuhr die Alster entlang und nachher die Elbe hinunter, und nun halten sie vor der Munk'schen Villa draußen in Blankenese, und L heißt Leopold und H heißt Hildegard."

Einen Augenblick überkam es Leopold wie wirkliche Verstimmung. Aber sich rasch besinnend, gab er der vorgeb-
lichen Seherin einen kleinen Liebesklaps und sagte: „Sie
sind immer dieselbe, Corinna. Und wenn der gute Nelson,
der der beste Mensch und mein einziger Vertrauter ist,
wenn er dies alles gehört hätte, so würd' er begeistert sein
und von ‚capital fun' sprechen, weil Sie mir so gnädig die
Schwester meiner Schwägerin zuwenden wollen."

„Ich bin eben eine Prophetin", sagte Corinna.

„Prophetin", wiederholte Leopold. „Aber diesmal eine
falsche. Hildegard ist ein schönes Mädchen, und Hun-
derte würden sich glücklich schätzen. Aber Sie wissen,
wie meine Mama zu dieser Frage steht; sie leidet unter
dem beständigen Sich-besser-Dünken der dortigen Anverwandten und hat es wohl hundertmal geschworen,
dass ihr *eine* Hamburger Schwiegertochter, *eine* Repräsen-
tantin aus dem großen Hause Thompson-Munk, gerade
genug sei. Sie hat ganz ehrlich einen halben Hass gegen
die Munks, und wenn ich mit Hildegard so vor sie hinträ-
te, so weiß ich nicht, was geschähe; sie würde ‚Nein' sagen, und wir hätten eine furchtbare Szene."

„Wer weiß", sagte Corinna, die jetzt das entscheidende
Wort ganz nahe wusste.

„… Sie würde ‚Nein' sagen und immer wieder ‚Nein', das
ist so sicher wie Amen in der Kirche", fuhr Leopold mit
gehobener Stimme fort. „Aber dieser Fall kann sich gar
nicht ereignen. Ich werde nicht mit Hildegard vor sie hin-
treten und werde stattdessen näher und besser wählen …"

Ich weiß, und Sie wissen es auch, das Bild, das Sie da ge-
malt haben, es war nur Scherz und Übermut, und vor
allem wissen Sie, wenn mir Armen überhaupt noch eine
Triumphpforte gebaut werden soll, dass der Kranz, der
dann zu Häupten hängt, einen ganz anderen Buchstaben
als das Hildegard-H in hundert und tausend Blumen tragen müsste. Brauch ich zu sagen, welchen? Ach, Corinna,
ich kann ohne Sie nicht leben, und diese Stunde muss über
mich entscheiden. Und nun sagen Sie Ja oder Nein." Und
unter diesen Worten nahm er ihre Hand und bedeckte sie
mit Küssen. Denn sie gingen im Schutz einer Haselnuss-
hecke.

Corinna – nach Confessions[1] wie diese die Verlobung mit
gutem Recht als ein Fait accompli[2] betrachtend – nahm
klugerweise von jeder weiteren Auseinandersetzung Ab-
stand und sagte nur kurzerhand: „Aber eines, Leopold,
dürfen wir uns nicht verhehlen, uns stehen noch schwere
Kämpfe bevor. Deine Mama hat an einer Munk genug, das
leuchtet mir ein; aber ob ihr eine Schmidt recht ist, ist noch
sehr die Frage. Sie hat zwar mitunter Andeutungen gemacht, als ob ich ein Ideal in ihren Augen wäre, vielleicht
weil ich das habe, was dir fehlt, und vielleicht auch was
Hildegard fehlt. Ich sage ‚vielleicht' und kann dies ein-
schränkende Wort nicht genug betonen. Denn die Liebe,
das seh ich klar, ist demütig, und ich fühle, wie meine
Fehler von mir abfallen. Es soll dies ja ein Kennzeichen
sein. Ja, Leopold, ein Leben voll Glück und Liebe liegt vor
uns, aber es hat deinen Mut und deine Festigkeit zur Voraussetzung, und hier unter diesem Waldesdom, drin es
geheimnisvoll rauscht und dämmert, hier, Leopold, musst
du mir schwören, ausharren zu wollen in deiner Liebe."
Leopold beteuerte, dass er nicht bloß wolle, dass er es auch
werde. Denn wenn die Liebe demütig und bescheiden
mache, was gewiss richtig sei, so mache sie sicherlich auch
stark. Wenn Corinna sich geändert habe, *er* fühle sich auch
ein anderer. „Und", so schloss er, „das eine darf ich sagen,
ich habe nie große Worte gemacht, und Prahlereien wer-

---

[1] Geständnissen, Bekenntnissen
[2] Tatsache, vollendeter Tatbestand

den mir auch meine Feinde nicht nachsagen; aber glaube mir, mir schlägt das Herz so hoch, so glücklich, dass ich mir Schwierigkeiten und Kämpfe beinah herbeiwünsche. Mich drängt es, dir zu zeigen, dass ich deiner wert bin …"

In diesem Augenblicke wurde die Mondsichel zwischen den Baumkronen sichtbar, und von Schloss Grunewald[1] her, vor dem das Quartett eben angekommen war, klang es über den See herüber:

Wenn nach *dir* ich oft vergebens
In die Nacht gesehn,
Scheint der dunkle Strom des Lebens
Trauernd stillzustehn …[2]

Und nun schwieg es, oder der Abendwind, der sich aufmachte, trug die Töne nach der anderen Seite hin.

Eine Viertelstunde später hielt alles vor Paulsborn, und nachdem man sich daselbst wieder begrüßt und bei herumgereichtem Crême de Cacao[3] (Treibel selbst machte die Honneurs) eine kurze Rast genommen hatte, brach man – die Wagen waren von Halensee her gefolgt – nach einigen Minuten endgültig auf, um die Rückfahrt anzutreten. Die Felgentreus nahmen bewegten Abschied von dem Quartett, jetzt lebhaft beklagend, den von Treibel vorgeschlagenen Kremser abgelehnt zu haben.

Auch Leopold und Corinna trennten sich, aber doch nicht eher, als bis sie sich, im Schatten des hochstehenden Schilfes, noch einmal fest und verschwiegen die Hände gedrückt hatten.

Elftes Kapitel

Leopold, als man zur Abfahrt sich anschickte, musste sich mit einem Platz vorn auf dem Bock des elterlichen Lan-

---

[1] 1542 von Kurfürst Joachim II. (1535–71) am Grunewaldsee erbautes Jagdschloss
[2] Strophe aus dem Gedicht „Das Mondlicht" (1831) von Nikolaus Lenau (1802–50)
[3] Kakaolikör

dauers begnügen, was ihm, alles in allem, immer noch
lieber war, als innerhalb des Wagens selbst, en vue[1] seiner
Mutter zu sitzen, die doch vielleicht, sei's im Wald, sei's
bei der kurzen Rast in Paulsborn, etwas bemerkt haben
mochte; Schmidt benutzte wieder den Vorortszug, während Corinna bei den Felgentreus mit einstieg. Man plat-
zierte sie, so gut es ging, zwischen das den Fond des Wagens redlich ausfüllende Ehepaar, und weil sie nach all
dem Voraufgegangenen eine geringere Neigung zum
Plaudern als sonst wohl hatte, so kam es ihr außerordentlich zupass, sowohl Elfriede wie Blanca doppelt redelustig
und noch ganz voll und beglückt von dem Quartett zu
finden. Der Jodler, eine sehr gute Partie, schien über die
freilich nur in Zivil erschienenen Sommerleutnants[2] einen
entschiedenen Sieg davongetragen zu haben. Im Übrigen
ließen es sich die Felgentreus nicht nehmen, in der Adlerstraße vorzufahren und ihren Gast daselbst abzusetzen.
Corinna bedankte sich herzlich und stieg, noch einmal
grüßend, erst die drei Steinstufen und gleich danach vom
Flur aus die alte Holztreppe hinauf.
Sie hatte den Drücker[3] zum Entree nicht mitgenommen,
und so blieb ihr nichts anderes übrig als zu klingeln, was
sie nicht gerne tat. Alsbald erschien denn auch die Schmolke, die die Abwesenheit der „Herrschaft", wie sie mitunter
mit Betonung sagte, dazu benutzt hatte, sich ein bisschen
sonntäglich herauszuputzen. Das Auffallendste war wieder die Haube, deren Rüschen eben aus dem Tolleisen[4] zu
kommen schienen.
„Aber liebe Schmolke", sagte Corinna, während sie die
Tür wieder ins Schloss zog, „was ist denn los? Ist Geburtstag? Aber nein, den kenn ich ja. Oder seiner?"
„Nein", sagte die Schmolke, „seiner is auch nich. Und da
werd ich auch nicht solchen Schlips umbinden und solch
Band."

---

[1] (franz.) in Sicht, im Blickfeld
[2] spöttische Bezeichnung für Reserveoffiziere
[3] bei dem im 19. Jahrhundert gebräuchlichen Kastenschloss zusätz-
lich zum Schlüssel benötigter Stab zum Entriegeln der Tür
[4] zigarrenförmiges Brenneisen

„Aber wenn kein Geburtstag ist, was ist dann?"
„Nichts, Corinna. Muss denn immer was sein, wenn man
sich mal ordentlich macht? Sieh, du hast gut reden; du
sitzt jeden Tag, den Gott werden lässt, eine halbe Stunde
vorm Spiegel, und mitunter auch noch länger, und brennst 5
dir dein Wuschelhaar[1] ..."
„Aber, liebe Schmolke ..."
„Ja, Corinna, du denkst, ich seh es nicht. Aber ich sehe
alles und seh noch viel mehr ... Und ich kann dir auch
sagen, Schmolke sagte mal, er fänd' es eigentlich hübsch, 10
solch Wuschelhaar ..."
„Aber war denn Schmolke so?"
„Nein, Corinna, Schmolke war *nich* so. Schmolke war ein
sehr anständiger Mann, und wenn man so was Sonder-
bares und eigentlich Unrechtes sagen darf, er war beinah 15
zu anständig. Aber nun gib erst deinen Hut und deine
Mantille. Gott, Kind, wie sieht denn das alles aus? Is denn
solch furchtbarer Staub? Un noch ein Glück, dass es nich
gedrippelt[2] hat, denn is der Samt hin. Un so viel hat ein
Professor auch nich, un wenn er auch nich geradezu klagt, 20
Seide spinnen kann er nich."
„Nein, nein", lachte Corinna.
„Nu höre, Corinna, da lachst du nu wieder. Das ist aber
gar nicht zum Lachen. Der Alte quält sich genug, und
wenn er so die Bündel[3] ins Haus kriegt und die Strippe[4] 25
mitunter nich ausreicht, so viele sind es, denn tut es mir
mitunter ordentlich weh hier. Denn Papa is ein sehr guter
Mann, und seine Sechzig drücken ihn nu doch auch schon
ein bisschen. Er will es freilich nich wahrhaben und tut
immer noch so, wie wenn er zwanzig wäre. Ja, hat sich 30
was. Un neulich ist er von der Pferdebahn runtergesprun-
gen, un ich muss auch gerade dazukommen; na, ich dachte doch gleich, der Schlag soll mich rühren ... Aber nu
sage, Corinna, was soll ich dir bringen? Oder hast du
schon gegessen und bist froh, wenn du nichts siehst ..." 35

---

[1] Mithilfe einer Brennschere ließen sich Locken und Wellen ins Haar
brennen.
[2] drippeln: tröpfeln, nieseln, regnen
[3] Gemeint sind die zu korrigierenden Schulhefte.
[4] (mundartlich) Bindfaden, Band, Schnur

„Nein, ich habe nichts gegessen. Oder doch so gut wie nichts; die Zwiebacke, die man kriegt, sind immer so alt. Und dann in Paulsborn einen kleinen süßen Likör. Das kann man doch nicht rechnen. Aber ich habe auch keinen rechten Appetit, und der Kopf ist mir so benommen; ich werde am Ende krank …"

„Ach, dummes Zeug, Corinna. Das ist auch eine von deinen Nücken[1]; wenn du mal Ohrensausen hast oder ein bisschen heiße Stirn, dann redest du immer gleich von Nervenfieber. Un das is eigentlich gottlos, denn man muss den Teufel nich an die Wand malen. Es wird wohl ein bisschen feucht gewesen sein, ein bisschen neblig und Abenddunst."

„Ja, neblig war es gerade, wie wir neben dem Schilf standen, und der See war eigentlich gar nicht mehr zu sehen. Davon wird es wohl sein. Aber der Kopf ist mir wirklich benommen, und ich möchte zu Bett gehen und mich einmummeln. Und dann mag ich auch nicht mehr sprechen, wenn Papa nach Hause kommt. Und wer weiß, wann, und ob es nicht zu spät wird."

„Warum ist er denn nich gleich mitgekommen?"

„Er wollte nicht und hat ja auch seinen ,Abend' heut. Ich glaube bei Kuhs. Und da sitzen sie meist lange, weil sich die Kälber mit einmischen. Aber mit Ihnen, liebe, gute Schmolke, möchte ich wohl noch eine halbe Stunde plaudern. Sie haben ja immer so was Herzliches …"

„Ach, rede doch nich, Corinna. Wovon soll ich denn was Herzliches haben? Oder eigentlich, wovon soll ich denn was Herzliches *nich* haben. Du warst ja noch so, als ich ins Haus kam."

„Nun, also was Herzliches oder auch nicht was Herzliches", sagte Corinna, „gefallen wird es mir schon. Und wenn ich liege, liebe Schmolke, dann bringen Sie mir meinen Tee ans Bett, die kleine Meißner Kanne, und die andere kleine Kanne, die nehmen Sie sich; und bloß ein paar Teebrötchen, recht dünn geschnitten und nicht zu viel Butter. Denn ich muss mich mit meinem Magen in Acht neh-

---

[1] Nucke, Nücke (mundartlich): Laune, Schrulle

men, sonst wird es gastrisch[1], und man liegt sechs Wochen."

„Is schon gut", lachte die Schmolke und ging in die Küche, um den Kessel noch wieder in die Glut zu setzen. Denn heißes Wasser war immer da, und es bullerte nur noch nicht.

Eine Viertelstunde später trat die Schmolke wieder ein und fand ihren Liebling schon im Bette. Corinna saß mehr auf, als sie lag, und empfing die Schmolke mit der trostreichen Versicherung, „es sei ihr schon viel besser"; was man so immer zum Lobe der Bettwärme sage, das sei doch wahr, und sie glaube jetzt beinahe, dass sie noch mal durchkommen und alles glücklich überstehen werde.

„Glaub ich auch", sagte die Schmolke, während sie das Tablett auf den kleinen, am Kopfende stehenden Tisch setzte. „Nun, Corinna, von welchem soll ich dir einschenken? Der hier, mit der abgebrochenen Tülle[2], hat länger gezogen, und ich weiß, du hast ihn gern stark und bitterlich, sodass er schon ein bisschen nach Tinte schmeckt ..."

„Versteht sich, ich will von dem starken. Und dann ordentlich Zucker; aber ganz wenig Milch, Milch macht immer gastrisch."

„Gott, Corinna, lass doch das Gastrische. Du liegst da wie ein Borsdorfer Apfel und redst immer, als ob dir der Tod schon um die Nase säße. Nein, Corinnchen, so schnell geht es nich. Un nu nimm dir ein Teebrötchen. Ich habe sie so dünn geschnitten, wie's nur gehen wollte ..."

„Das ist recht. Aber da haben Sie ja eine Schinkenstulle mit reingebracht."

„Für mich, Corinnchen. Ich will doch auch was essen."

„Ach, liebe Schmolke, da möcht ich mich aber doch zu Gaste laden. Die Teebrötchen sehen ja nach gar nichts aus, und die Schinkenstulle lacht einen ordentlich an. Und alles schon so appetitlich durchgeschnitten. Nun merk ich erst, dass ich eigentlich hungrig bin. Geben Sie mir ein Schnittchen ab, wenn es Ihnen nicht sauer wird."

---

[1] gastrisch werden (hier): Magenprobleme bekommen
[2] (mundartlich) Ausgussröhrchen

„Wie du nur redest, Corinna. Wie kann es mir denn sauer werden. Ich führe ja bloß die Wirtschaft und bin bloß eine Dienerin."

„Ein Glück, dass Papa das nicht hört. Sie wissen doch, das kann er nicht leiden, dass Sie so von Dienerin reden, und er nennt es eine falsche Bescheidenheit …"

„Ja, ja, so sagt er. Aber Schmolke, der auch ein ganz kluger Mann war, wenn er auch nicht studiert hatte, der sagte immer, ‚höre, Rosalie, Bescheidenheit ist gut, und eine falsche Bescheidenheit (denn die Bescheidenheit ist eigentlich immer falsch) ist immer noch besser als gar keine'."

„Hm", sagte Corinna, die sich etwas getroffen fühlte, „das lässt sich hören. Überhaupt, liebe Schmolke, Ihr Schmolke muss eigentlich ein ausgezeichneter Mann gewesen sein. Und Sie sagten ja auch vorhin schon, er habe so etwas Anständiges gehabt und beinah *zu* anständig. Sehen Sie, so was höre ich gern, und ich möchte mir wohl etwas dabei denken können. Worin war er denn nun eigentlich so sehr anständig … Und dann, er war ja doch bei der Polizei. Nun, offen gestanden, ich bin zwar froh, dass wir eine Polizei haben, und freue mich immer über jeden Schutzmann, an den ich herantreten und den ich nach dem Weg fragen und um Auskunft bitten kann, und das muss wahr sein, alle sind artig und manierlich, wenigstens hab ich es immer so gefunden. Aber das von der Anständigkeit und von *zu* anständig …"

„Ja, liebe Corinna, das ist schon richtig. Aber da sind ja Unterschiedlichkeiten und was sie Abteilungen nennen. Und Schmolke war bei solcher Abteilung."

„Natürlich. Er kann doch nicht überall gewesen sein."

„Nein, nicht überall. Und er war gerade bei der allerschwersten, die für den Anstand und die gute Sitte zu sorgen hat."

„Und so was gibt es?"

„Ja, Corinna, so was gibt es und muss es auch geben. Und wenn nu – was ja doch vorkommt, und auch bei Frauen und Mädchen vorkommt, wie du ja wohl gesehen und gehört haben wirst, denn Berliner Kinder sehen und hören alles –, wenn nu solch armes und unglückliches Geschöpf (denn manche sind wirklich bloß arm und unglücklich) etwas gegen den Anstand und die gute Sitte tut, dann wird sie vernommen und bestraft. Und da, wo die Vernehmung is, da gerade saß Schmolke …"

„Merkwürdig. Aber davon haben Sie mir ja noch nie was erzählt. Und Schmolke, sagen Sie, war mit dabei? Wirklich, sehr sonderbar. Und Sie meinen, dass er gerade deshalb so sehr anständig und so solide war?"

„Ja, Corinna, das mein ich."

„Nun, wenn Sie's sagen, liebe Schmolke, so will ich es glauben. Aber ist es nicht eigentlich zum Verwundern? Denn Ihr Schmolke war ja damals noch jung oder so ein Mann in seinen besten Jahren. Und viele von unserem Geschlecht, und gerade solche, sind ja doch oft bildhübsch. Und da sitzt nun einer, wie Schmolke da gesessen, und muss immer streng und ehrbar aussehen, bloß weil er da zufällig sitzt. Ich kann mir nicht helfen, ich finde das schwer. Denn das ist ja gerade so wie der Versucher in der Wüste: ‚Dies alles schenke ich dir.'[1]"

Die Schmolke seufzte. „Ja, Corinna, dass ich es dir offen gestehe, ich habe auch manchmal geweint, und mein furchtbares Reißen, hier gerad im Nacken, das is noch von der Zeit her. Und zwischen das zweite und dritte Jahr, dass wir verheiratet waren, da hab ich beinah elf Pfund abgenommen, und wenn wir damals schon die vielen Wiegewaagen gehabt hätten, da wär' es wohl eigentlich noch mehr gewesen, denn als ich zu's Wiegen kam, da setzte ich schon wieder an."

„Arme Frau", sagte Corinna. „Ja, das müssen schwere Tage gewesen sein. Aber wie kamen Sie denn darüber hin? Und wenn Sie wieder ansetzten, so muss doch so was von Trost und Beruhigung gewesen sein."

„War auch, Corinnchen. Und weil du ja nu alles weißt, will ich dir auch erzählen, wie's kam, un wie ich meine Ruhe wiederkriegte. Denn ich kann dir sagen, es war schlimm, und ich habe mitunter viele Wochen lang kein Auge zugetan. Na, zuletzt schläft man doch ein bisschen; die Natur

---

[1] Anspielung auf die Versuchung Jesu durch den Teufel (Matth. 4,1ff.; Luk. 4,1ff.)

will es und is auch zuletzt noch stärker als die Eifersucht.
Aber Eifersucht ist sehr stark, viel stärker als Liebe. Mit
Liebe is es nich so schlimm. Aber was ich sagen wollte, wie
ich nu so ganz runter war und man bloß noch so hing un
5 bloß noch so viel Kraft hatte, dass ich ihm doch sein Hammelfleisch un seine Bohnen vorsetzen konnte, das heißt,
geschnitzelte mocht' er nich un sagte immer, sie schme-
ckten nach Messer, da sah er doch wohl, dass er mal mit
mir reden müsse. Denn *ich* red'te nich, dazu war ich viel
10 zu stolz. Also er wollte reden mit mir, und als es nu so weit
war und er die Gelegenheit auch ganz gut abgepasst hatte,
nahm er einen kleinen vierbeinigen Schemel, der sonst
immer in der Küche stand, un is mir, als ob es gestern gewesen wäre, un rückte den Schemel zu mir ran und sagte:
15 ,Rosalie, nu sage mal, was hast du denn eigentlich.'"
Um Corinnas Mund verlor sich jeder Ausdruck von Spott;
sie schob das Tablett etwas beiseite, stützte sich, während
sie sich aufrichtete, mit dem rechten Arm auf den Tisch
und sagte: „Nun weiter, liebe Schmolke."
20 ,,,Also, was hast du eigentlich?', sagte er zu mir. Na, da
stürzten mir denn die Tränen man so pimperlings[1] raus,
und ich sagte: ,Schmolke, Schmolke', und dabei sah ich ihn
an, als ob ich ihn ergründen wollte. Un ich kann wohl sagen, es war ein scharfer Blick, aber doch immer noch
25 freundlich. Denn ich liebte ihn. Und da sah ich, dass er ganz
ruhig blieb un sich gar nicht verfärbte. Un dann nahm er
meine Hand, streichelte sie ganz zärtlich un sagte: ,Rosalie,
das is alles Unsinn. Davon verstehst du nichts. Davon verstehst du nichts, weil du nicht in der ,Sitte'[2] bist. Denn ich
30 sage dir, wer da so tagaus, tagein in der Sitte sitzen muss,
dem vergeht es, dem stehen die Haare zu Berge über all das
Elend und all den Jammer, und wenn dann welche kommen, die nebenher auch noch ganz verhungert sind, was
auch vorkommt, und wo wir ganz genau wissen, da sitzen
35 nu die Eltern zu Hause un grämen sich Tag und Nacht über
die Schande, weil sie das arme Wurm, das mitunter sehr
merkwürdig dazu gekommen ist, immer noch lieb haben

---

[1] in Strömen
[2] Sittenpolizei

und helfen und retten möchten, wenn zu helfen und zu
retten noch menschenmöglich wäre – ich sage dir, Rosalie,
wenn man das jeden Tag sehen muss, un man hat ein Herz
im Leibe un hat bei's erste Garderegiment gedient un is für
Proppertät[1] und Strammheit und Gesundheit, na, ich sage
dir, denn is es mit Verführung un all so was vorbei, un man
möchte rausgehn und weinen, un ein paarmal hab ich's
auch, alter Kerl der ich bin, und von Karessieren[2] und ‚Fräu-
leinchen' steht nichts mehr drin, un man geht nach Hause
und is froh, wenn man sein Hammelfleisch kriegt un eine
ordentliche Frau hat, die Rosalie heißt. Bist du nu zufrieden, Rosalie?' Und dabei gab er mir einen Kuss …"
Die Schmolke, der bei der Erzählung wieder ganz weh
ums Herz geworden war, ging an Corinnas Schrank, um
sich ein Taschentuch zu holen. Und als sie sich nun wieder
zurechtgemacht hatte, sodass ihr die Worte nicht mehr in
der Kehle blieben, nahm sie Corinnas Hand und sagte:
„Sieh, so war Schmolke. Was sagst du dazu?"
„Ein sehr anständiger Mann."
„Na ob."

In diesem Augenblicke hörte man die Klingel. „Der Papa",
sagte Corinna, und die Schmolke stand auf, um dem
Herrn Professor zu öffnen. Sie war auch bald wieder zurück und erzählte, dass sich der Papa nur gewundert habe,
Corinnchen nicht mehr zu finden; was denn passiert sei?
Wegen ein bisschen Kopfweh gehe man doch nicht gleich
zu Bett. Und dann habe er sich seine Pfeife angesteckt und
die Zeitung in die Hand genommen und habe dabei gesagt: „Gott sei Dank, liebe Schmolke, dass ich wieder da
bin; alle Gesellschaften sind Unsinn; diesen Satz vermache
ich Ihnen auf Lebenszeit." Er habe aber ganz fidel dabei
ausgesehen, und sie sei überzeugt, dass er sich eigentlich
sehr gut amüsiert habe. Denn er habe den Fehler, den so
viele hätten, und die Schmidts voran: Sie red'ten über alles
und wüssten alles besser. „Ja, Corinnchen, in diesem Be-
lange bist du auch ganz Schmidt'sch."

---

[1] Propretät (mundartlich): Sauberkeit, Reinlichkeit
[2] karessieren: schmeicheln, liebkosen

Corinna gab der guten Alten die Hand und sagte: „Sie
werden wohl recht haben, liebe Schmolke, und es ist ganz
gut, dass Sie mir's sagen. Wenn *Sie* nicht gewesen wären,
wer hätte mir denn überhaupt was gesagt? Keiner. Ich bin
ja wie wild aufgewachsen, und ist eigentlich zu verwundern, dass ich nicht noch schlimmer geworden bin, als ich
bin. Papa ist ein guter Professor, aber kein guter Erzieher,
und dann war er immer zu sehr von mir eingenommen
und sagte: ‚Das Schmidt'sche hilft sich selbst‘ oder ‚Es
wird schon zum Durchbruch kommen‘.“

„Ja, so was sagt er immer. Aber mitunter ist eine Maul-
schelle[1] besser.“

„Um Gottes willen, liebe Schmolke, sagen Sie doch so was
nicht. Das ängstigt mich.“

„Ach, du bist närrisch, Corinna. Was soll dich denn äng-
stigen? Du bist ja nun eine große, forsche Person und hast
die Kinderschuhe längst ausgetreten und könntest schon
sechs Jahre verheiratet sein.“

„Ja“, sagte Corinna, „das könnt' ich, wenn mich wer gewollt hätte. Aber dummerweise hat mich noch keiner gewollt. Und da habe ich denn für mich selber sorgen müssen …“

Die Schmolke glaubte nicht recht gehört zu haben und
sagte: „Du hast für dich selber sorgen müssen? Was meinst
du damit, was soll das heißen?“

„Es soll heißen, liebe Schmolke, dass ich mich heut Abend
verlobt habe.“

„Himmlischer Vater, is es möglich. Aber sei nich böse, dass
ich mich so verfiere[2] … Denn es is ja doch eigentlich was
Gutes. Na, mit wem denn?“

„Rate.“

„Mit Marcell.“

„Nein, mit Marcell nicht.“

„Mit Marcell nich? Ja, Corinna, dann weiß ich es nich und
will es auch nich wissen. Bloß wissen muss ich es am Ende doch. Wer is es denn?“

„Leopold Treibel.“

---

[1] (umgangssprachlich) Ohrfeige
[2] (mundartlich) erschrecken

„Herr, du meine Güte …"
„Findest du's so schlimm? Hast du was dagegen?"
„I bewahre, wie werd ich denn. Un würde sich auch gar
nich vor mir passen. Un denn die Treibels, die sind alle gut
un sehr proppre Leute, der alte Kommerzienrat voran, der ⁵
immer so spaßig is und immer sagt: ‚Je später der Abend,
je schöner die Leute' un ‚noch fufzig Jahre so wie heut'
und so was. Und der älteste Sohn is auch sehr gut und
Leopold auch. Ein bisschen spitzer, das is wahr, aber heiraten is ja nich bei Renz[1] in'n Zirkus. Und Schmolke sagte ¹⁰
oft: ‚Höre, Rosalie, das lass gut sein, *so* was täuscht, da
kann man sich irren; die Dünnen un die so schwach aus-
sehn, die sind oft gar nich so schwach.' Ja, Corinna, die
Treibels sind gut, un bloß die Mama, die Kommerzienrätin, ja höre, da kann ich mir nich helfen, die Rätin, die hat ¹⁵
so was, was mir nich recht passt, un ziert sich immer un
tut so, un wenn was Weinerliches erzählt wird von einem
Pudel, der ein Kind aus dem Kanal gezogen, oder wenn
der Professor was vorpredigt un mit seiner Bassstimme so
vor sich hin brummelt, ‚wie der Unsterbliche sagt' … un ²⁰
dann kommt immer ein Name, den kein Christenmensch
kennt un die Kommerzienrätin woll auch nich – dann hat
sie gleich immer ihre Träne un sind immer wie Stehtränen,
die gar nich runter woll'n."
„Dass sie so weinen kann, ist aber doch eigentlich was ²⁵
Gutes, liebe Schmolke."
„Ja, bei manchem is es was Gutes un zeigt ein weiches
Herz. Un ich will auch weiter nichts sagen un lieber an
meine eigne Brust schlagen, un muss auch, denn mir sitzen sie auch man lose … Gott, wenn ich daran denke, wie ³⁰
Schmolke noch lebte, na, da war vieles anders, un Billetter[2] für den dritten Rang hatte Schmolke jeden Tag un
mitunter auch für den zweiten. Un da machte ich mich
denn fein, Corinna, denn ich war damals noch keine dreißig un noch ganz gut im Stande. Gott, Kind, wenn ich ³⁵
daran denke! Da war damals eine, die hieß die Erharten,
die nachher einen Grafen geheiratet. Ach, Corinnchen, da

---

[1] berühmter Berliner Zirkus
[2] Billett (hier): Eintrittskarte

hab ich auch manche schöne Träne vergossen. Ich sage
schöne Träne, denn es erleichtert einen. Un in Maria Stuart[1] war es am meisten. Da war denn doch eine Schnau-
berei, dass man gar nichts mehr verstehen konnte, das
5 heißt aber bloß ganz zuletzt, wie sie von all ihre Dienerinnen und von ihrer alten Amme Abschied nimmt, alle
ganz schwarz, un sie selber immer mit's Kreuz, ganz wie
'ne Katholsche. Aber die Erharten[2] war keine. Un wenn
ich mir das alles wieder so denke un wie ich da aus der
10 Träne gar nich rausgekommen bin, da kann ich auch gegen die Kommerzienrätin eigentlich nichts sagen."
Corinna seufzte, halb im Scherz und halb im Ernst.
„Warum seufzt du, Corinna?"
„Ja, warum seufze ich, liebe Schmolke? Ich seufze, weil
15 ich glaube, dass Sie recht haben und dass sich gegen die
Rätin eigentlich nichts sagen lässt, bloß weil sie so leicht
weint oder immer einen Flimmer im Auge hat. Gott, den
hat mancher. Aber die Rätin ist freilich eine ganz eigene
Frau, und ich trau ihr nicht, und der arme Leopold hat
20 eigentlich eine große Furcht vor ihr und weiß auch noch
nicht, wie er da herauswill. Es wird eben noch allerlei
harte Kämpfe geben. Aber ich lass es darauf ankommen
und halt ihn fest, und wenn meine Schwiegermutter gegen mich ist, so schad't es am Ende nicht allzu viel. Die
25 Schwiegermütter sind eigentlich immer dagegen, und jede denkt, ihr Püppchen ist zu schade. Na, wir werden ja
sehn; ich habe sein Wort, und das andere muss sich finden."
„Das ist recht, Corinna, halt ihn fest. Eigentlich hab ich ja
30 einen Schreck gekriegt, und glaube mir, Marcell wäre besser gewesen, denn ihr passt zusammen. Aber das sag ich
so bloß zu dir. Un da du nu mal den Treibel'schen hast, na,
so hast du'n, un da hilft kein Prätzelbacken[3], un er muss
stillhalten und die Alte auch. Ja, die Alte erst recht. Der
35 gönn ich's."

---

[1] Drama (1800) von Friedrich Schiller
[2] Gemeint ist die Schauspielerin und „Maria Stuart"-Darstellerin Lui-
se Erhartt (1844–1916).
[3] Da hilft nichts.

Corinna nickte.

„Un nu schlafe, Kind. Ausschlafen is immer gut, denn man kann nie wissen, wie's kommt, un wie man den andern Tag seine Kräfte braucht."

Zwölftes Kapitel

Ziemlich um dieselbe Zeit, wo der Felgentreu'sche Wagen in der Adlerstraße hielt, um Corinna daselbst abzusetzen, hielt auch der Treibel'sche Wagen vor der kommerzienrätlichen Wohnung, und die Rätin samt ihrem Sohne Leopold stiegen aus, während der alte Treibel auf seinem Platze blieb und das junge Paar – das wieder die Pferde geschont hatte – die Köpnicker Straße hinunter bis an den „Holzhof" begleitete. Von dort aus, nach einem herzhaften Schmatz (denn er spielte gern den zärtlichen Schwiegervater), ließ er sich zu Buggenhagens fahren, wo Parteiversammlung war. Er wollte doch mal wieder sehen, wie's stünde, und, wenn nötig, auch zeigen, dass ihn die Korrespondenz in der „Nationalzeitung" nicht niedergeschmettert habe.

Die Kommerzienrätin, die für gewöhnlich die politischen Gänge Treibels belächelte, wenn nicht beargwohnte – was auch vorkam –, heute segnete sie Buggenhagen und war froh, ein paar Stunden allein sein zu können. Der Gang mit Wilibald hatte so vieles wieder in ihr angeregt. Die Gewissheit, sich verstanden zu sehen – es war doch eigentlich das Höhere. „Viele beneiden mich, aber was hab ich am Ende? Stuck und Goldleisten und die Honig mit ihrem sauersüßen Gesicht. Treibel ist gut, besonders auch gegen mich; aber die Prosa lastet bleischwer auf ihm, und wenn *er* es nicht empfindet, *ich* empfinde es … Und dabei Kommerzienrätin und immer wieder Kommerzienrätin. Es geht nun schon in das zehnte Jahr, und er rückt nicht höher hinauf, trotz aller Anstrengungen. Und wenn es so bleibt, und es wird so bleiben, so weiß ich wirklich nicht, ob nicht das andere, das auf Kunst und Wissenschaft deutet, doch einen feineren Klang hat. Ja, den hat es … Und mit den ewigen guten Verhältnissen! Ich kann doch auch

nur eine Tasse Kaffee trinken, und wenn ich mich zu Bett
lege, so kommt es darauf an, dass ich schlafe. Birkenmaser
oder Nussbaum macht keinen Unterschied, aber Schlaf
oder Nichtschlaf, das macht einen, und mitunter flieht
5 mich der Schlaf, der des Lebens Bestes ist, weil er uns das
Leben vergessen lässt … Und auch die Kinder wären anders. Wenn ich die Corinna ansehe, das sprüht alles von
Lust und Leben, und wenn sie bloß *so* macht, so steckt sie
meine beiden Jungen in die Tasche. Mit Otto ist nicht viel,
10 und mit Leopold ist gar nichts."
Jenny, während sie sich in süße Selbsttäuschungen wie
diese versenkte, trat ans Fenster und sah abwechselnd auf
den Vorgarten und die Straße. Drüben, im Hause gegenüber, hoch oben in der offenen Mansarde[1], stand, wie ein
15 Schattenriss in hellem Licht, eine Plätterin, die mit sicherer
Hand über das Plättbrett hinfuhr – ja, es war ihr, als höre
sie das Mädchen singen. Der Kommerzienrätin Auge
mochte von dem anmutigen Bilde nicht lassen, und etwas
wie wirklicher Neid überkam sie.
20 Sie sah erst fort, als sie bemerkte, dass hinter ihr die Tür
ging. Es war Friedrich, der den Tee brachte. „Setzen Sie
hin, Friedrich, und sagen Sie Fräulein Honig, es wäre nicht
nötig."
„Sehr wohl, Frau Kommerzienrätin. Aber hier ist ein
25 Brief."
„Ein Brief?", fuhr die Rätin heraus. „Von wem?"
„Vom jungen Herrn."
„Von Leopold?"
„Ja, Frau Kommerzienrätin … Und es wäre Antwort …"
30 „Brief … Antwort … Er ist nicht recht gescheit", und die
Kommerzienrätin riss das Kuvert auf und überflog den
Inhalt. „Liebe Mama! Wenn es Dir irgend passt, ich möchte
heute noch eine kurze Unterredung mit Dir haben. Lass
mich durch Friedrich wissen, ja oder nein. Dein Leo-
35 pold."
Jenny war derart betroffen, dass ihre sentimentalen An-
wandlungen auf der Stelle hinschwanden. So viel stand
fest, dass das alles nur etwas sehr Fatales bedeuten konn-

---

[1] ausgebautes Dachzimmer, Dachgeschoss

te. Sie raffte sich aber zusammen und sagte: „Sagen Sie Leopold, dass ich ihn erwarte."

Das Zimmer Leopolds lag über dem ihrigen; sie hörte deutlich, dass er rasch hin und her ging und ein paar Schubkästen, mit einer ihm sonst nicht eigenen Lautheit, zuschob. Und gleich danach, wenn nicht alles täuschte, vernahm sie seinen Schritt auf der Treppe.

Sie hatte recht gehört, und nun trat er ein und wollte (sie stand noch in der Nähe des Fensters) durch die ganze Länge des Zimmers auf sie zuschreiten, um ihr die Hand zu küssen; der Blick aber, mit dem sie ihm begegnete, hatte etwas so Abwehrendes, dass er stehen blieb und sich verbeugte.

„Was bedeutet das, Leopold? Es ist jetzt zehn, also nachtschlafende Zeit, und da schreibst du mir ein Billet[1] und willst mich sprechen. Es ist mir neu, dass du was auf der Seele hast, was keinen Aufschub bis morgen früh duldet. Was hast du vor? Was willst du?"

„Mich verheiraten, Mutter. Ich habe mich verlobt."

Die Kommerzienrätin fuhr zurück, und ein Glück war es, dass das Fenster, an dem sie stand, ihr eine Lehne gab. Auf viel Gutes hatte sie nicht gerechnet, aber eine Verlobung über ihren Kopf weg, das war doch mehr, als sie gefürchtet. War es eine der Felgentreus? Sie hielt beide für dumme Dinger und die ganze Felgentreuerei für erheblich unterm Stand; er, der Alte, war Lageraufseher in einem großen Ledergeschäft gewesen und hatte schließlich die hübsche Wirtschaftsmamsell[2] des Prinzipals[3], eines mit seiner weiblichen Umgebung oft wechselnden Witwers, geheiratet. So hatte die Sache begonnen und ließ in ihren Augen viel zu wünschen übrig. Aber verglichen mit den Munks, war es noch lange das Schlimmste nicht, und so sagte sie denn: „Elfriede oder Blanca?"

„Keine von beiden."

„Also …"

„Corinna."

---

[1] hier: Zettel, Briefchen
[2] Hausgehilfin, Hauswirtschafterin
[3] Prinzipal (hier): Geschäftsinhaber

Das war zu viel. Jenny kam in ein halb ohnmächtiges Schwanken, und sie wäre, angesichts ihres Sohnes, zu Boden gefallen, wenn sie der schnell Herzuspringende nicht aufgefangen hätte. Sie war nicht leicht zu halten und noch
5 weniger leicht zu tragen; aber der arme Leopold, den die ganze Situation über sich selbst hinaushob, bewährte sich auch physisch und trug die Mama bis ans Sofa. Danach wollte er auf den Knopf der elektrischen Klingel drücken, Jenny war aber, wie die meisten ohnmächtigen Frauen,
10 doch nicht ohnmächtig genug, um nicht genau zu wissen, was um sie her vorging, und so fasste sie denn seine Hand, zum Zeichen, dass das Klingeln zu unterbleiben habe.

Sie erholte sich auch rasch wieder, griff nach dem vor ihr stehenden Flacon[1] mit kölnischem Wasser und sagte,
15 nachdem sie sich die Stirn damit betupft hatte: „Also mit Corinna.“

„Ja, Mutter.“

„Und alles nicht bloß zum Spaß. Sondern um euch wirklich zu heiraten.“

20 „Ja, Mutter.“

„Und hier in Berlin und in der Luisenstädt'schen Kirche, darin dein guter, braver Vater und ich getraut wurden?“

„Ja, Mutter.“

„Ja, Mutter, und immer wieder ja, Mutter. Es klingt, als ob
25 du nach Kommando sprächst und als ob dir Corinna gesagt hätte, sage nur immer: Ja, Mutter. Nun, Leopold, wenn es so ist, so können wir beide unsere Rollen rasch auswendig lernen. Du sagst in einem fort ,Ja, Mutter', und ich sage in einem fort ,Nein, Leopold'. Und dann wollen
30 wir sehen, was länger vorhält, dein ,Ja' oder mein ,Nein'.“

„Ich finde, dass du es dir etwas leicht machst, Mama.“

„Nicht, dass ich wüsste. Wenn es aber so sein sollte, so bin ich bloß deine gelehrige Schülerin. Jedenfalls ist es ein
35 Operieren ohne Umschweife, wenn ein Sohn vor seine Mutter hintritt und ihr kurzweg erklärt: ,Ich habe mich verlobt.' So geht das nicht in guten Häusern. Das mag beim Theater so sein oder vielleicht auch bei Kunst und

---

[1] (Parfüm-)Fläschchen

Wissenschaft, worin die kluge Corinna ja großgezogen ist,
und einige sagen sogar, dass sie dem Alten die Hefte kor-
rigiert. Aber wie dem auch sein möge, bei Kunst und Wissenschaft mag das gehen, meinetwegen, und wenn sie den
alten Professor, ihren Vater (übrigens ein Ehrenmann), 5
auch ihrerseits mit einem ‚Ich habe mich verlobt‘ überrascht haben sollte, nun, so mag *der* sich freuen; er hat auch
Grund dazu, denn die Treibels wachsen nicht auf den Bäumen und können nicht von jedem, der vorbeigeht, herun-
tergeschüttelt werden. Aber ich, ich freue mich *nicht* und 10
verbiete dir diese Verlobung. Du hast wieder gezeigt, wie
ganz unreif du bist, ja, dass ich es ausspreche, Leopold,
wie knabenhaft.“

„Liebe Mama, wenn du mich etwas mehr schonen könntest …“ 15

„Schonen? Hast du mich geschont, als du dich auf diesen
Unsinn einließest? Du hast dich verlobt, sagst du. Wem
willst du das weismachen? *Sie* hat sich verlobt, und *du* bist
bloß verlobt worden. Sie spielt mit dir, und anstatt dir das
zu verbitten, küssest du ihr die Hand und lässest dich 20
einfangen wie die Gimpel[1]. Nun, ich hab es nicht hindern
können, aber das Weitere, das kann ich hindern und werde es hindern. Verlobt euch, so viel ihr wollt, aber wenn
ich bitten darf, im Verschwiegenen und Verborgenen; an
ein Heraustreten damit ist nicht zu denken. Anzeigen er- 25
folgen nicht, und wenn du deinerseits Anzeigen machen
willst, so magst du die Gratulationen in einem Hotel gar-
ni[2] in Empfang nehmen. In meinem Hause nicht. In
meinem Hause existiert keine Verlobung und keine Corinna. Damit ist es vorbei. Das alte Lied vom Undank erfahr 30
ich nun an mir selbst und muss erkennen, dass man unklug daran tut, Personen zu verwöhnen und gesellschaftlich zu sich heraufzuziehen. Und mit dir steht es nicht
besser. Auch du hättest mir diesen Gram ersparen können
und diesen Skandal. Dass du verführt bist, entschuldigt 35
dich nur halb. Und nun kennst du meinen Willen, und ich
darf wohl sagen, auch deines Vaters Willen, denn so viel

---

[1] Gimpel: Singvogel; (umgangssprachlich): einfältiger Mensch
[2] Hotel, in dem nur Frühstück serviert wird

Torheiten er begeht, in *den* Fragen, wo die Ehre seines
Hauses auf dem Spiele steht, ist Verlass auf ihn. Und nun
geh, Leopold, und schlafe, wenn du schlafen kannst. Ein
gut Gewissen ist ein gutes Ruhekissen ..."

5 Leopold biss sich auf die Lippen und lächelte verbittert
vor sich hin.

„... Und bei dem, was du vielleicht vorhast – denn du
lächelst und stehst so trotzig da, wie ich dich noch gar
nicht gesehen habe, was auch bloß der fremde Geist und

10 Einfluss ist –, bei dem, was du vielleicht vorhast, Leopold,
vergiss nicht, dass der Segen der Eltern den Kindern Häuser baut.[1] Wenn ich dir raten kann, sei klug und bringe
dich nicht um einer gefährlichen Person und einer flüch-
tigen Laune willen um die Fundamente, die das Leben

15 tragen und ohne die es kein rechtes Glück gibt."

Leopold, der sich, zu seinem eigenen Erstaunen, all die
Zeit über durchaus nicht niedergeschmettert gefühlt hatte,
schien einen Augenblick antworten zu wollen; ein Blick
auf die Mutter aber, deren Erregung, während sie sprach,

20 nur immer noch gewachsen war, ließ ihn erkennen, dass
jedes Wort die Schwierigkeit der Lage bloß steigern würde;
so verbeugte er sich denn ruhig und verließ das Zimmer.
Er war kaum hinaus, als sich die Kommerzienrätin von
ihrem Sofaplatz erhob und über den Teppich hin auf und

25 ab zu gehen begann. Jedes Mal, wenn sie wieder in die
Nähe des Fensters kam, blieb sie stehen und sah nach der
Mansarde und der immer noch in vollem Lichte dastehen-
den Plätterin hinüber, bis ihr Blick sich wieder senkte und
dem bunten Treiben der vor ihr liegenden Straße zu-

30 wandte. Hier, in ihrem Vorgarten, den linken Arm von
innen her auf die Gitterstäbe gestützt, stand ihr Hausmäd-
chen, eine hübsche Blondine, die mit Rücksicht auf Leopolds „mores"[2] beinahe nicht engagiert worden wäre, und
sprach lebhaft und unter Lachen mit einem draußen auf

---

[1] verfälschtes Zitat aus dem Alten Testament: „Denn der Segen des
Vaters baut den Kindern Häuser, aber der Fluch der Mutter reißt
sie nieder." (Jes. Sir. 3,11)

[2] Sitten, Anstand

dem Trottoir stehenden „Cousin", zog sich aber zurück, als der eben von Buggenhagen kommende Kommerzienrat in einer Droschke vorfuhr und auf seine Villa zuschritt. Treibel, einen Blick auf die Fensterreihe werfend, sah sofort, dass nur noch in seiner Frau Zimmer Licht war, was ihn mitbestimmte, gleich bei ihr einzutreten, um noch über den Abend und seine mannigfachen Erlebnisse berichten zu können. Die flaue Stimmung, der er anfänglich in Folge der Nationalzeitungskorrespondenz bei Buggenhagens begegnet war, war unter dem Einfluss seiner Liebenswürdigkeit rasch gewichen, und das umso mehr, als er den auch hier wenig gelittenen Vogelsang schmunzelnd preisgegeben hatte.

Von diesem Siege zu erzählen, trieb es ihn, trotzdem er wusste, wie Jenny zu diesen Dingen stand; als er aber eintrat und die Aufregung gewahr wurde, darin sich seine Frau ganz ersichtlich befand, erstarb ihm das joviale „Guten Abend, Jenny" auf der Zunge, und ihr die Hand reichend, sagte er nur: „Was ist vorgefallen, Jenny? Du siehst ja aus wie das Leiden[1] … nein, keine Blasphemie … Du siehst ja aus, als wäre dir die Gerste verhagelt."

„Ich glaube, Treibel", sagte sie, während sie ihr Auf und Ab im Zimmer fortsetzte, „du könntest dich mit deinen Vergleichen etwas höher hinaufschrauben; ‚verhagelte Gerste' hat einen überaus ländlichen, um nicht zu sagen bäuerlichen Beigeschmack. Ich sehe, das Teupitz-Zossen'sche trägt bereits seine Früchte …"

„Liebe Jenny, die Schuld liegt, glaube ich, weniger an mir als an dem Sprach- und Bilderschatze deutscher Nation. Alle Wendungen, die wir als Ausdruck für Verstimmungen und Betrübnisse haben, haben einen ausgesprochenen Unterschichtscharakter, und ich finde da zunächst nur noch den Lohgerber[2], dem die Felle weggeschwommen."

Er stockte, denn es traf ihn ein so böser Blick, dass er es doch für angezeigt hielt, auf das Suchen nach weiteren Vergleichen zu verzichten. Auch nahm Jenny selbst das

---

[1] Gemeint ist das Leiden Christi.
[2] Ein Lohgerber oder Gerber verarbeitet Tierfelle zu Leder.

Wort und sagte: „Deine Rücksichten gegen mich halten sich immer auf derselben Höhe. Du siehst, dass ich eine Alteration[1] gehabt habe, und die Form, in die du deine Teilnahme kleidest, ist *die* geschmackloser Vergleiche. Was meiner Erregung zugrunde liegt, scheint deine Neugier nicht sonderlich zu wecken."

„Doch, doch, Jenny … Du darfst das nicht übel nehmen; du kennst mich und weißt, wie das alles gemeint ist. Alteration! Das ist ein Wort, das ich nicht gern höre. Gewiss wieder was mit Anna, Kündigung oder Liebesgeschichte. Wenn ich nicht irre, stand sie …"

„Nein, Treibel, das ist es nicht, Anna mag tun, was sie will, und meinetwegen ihr Leben als Spreewälderin[2] beschließen. Ihr Vater, der alte Schulmeister, kann dann an seinem Enkel erziehen, was er an seiner Tochter versäumt hat. Wenn mich Liebesgeschichten alterieren sollen, müssen sie von anderer Seite kommen …"

„Also doch Liebesgeschichten. Nun sage, wer?"

„Leopold."

„Alle Wetter …" Und man konnte nicht heraushören, ob Treibel bei dieser Namensnennung mehr in Schreck oder Freude geraten war. „Leopold? Ist es möglich?"

„Es ist mehr als möglich, es ist gewiss; denn vor einer Viertelstunde war er selber hier, um mich diese Liebesgeschichte wissen zu lassen …"

„Merkwürdiger Junge …"

„Er hat sich mit Corinna verlobt."

Es war ganz unverkennbar, dass die Kommerzienrätin eine große Wirkung von dieser Mitteilung erwartete, welche Wirkung aber durchaus ausblieb. Treibels erstes Gefühl war das einer heiter angeflogenen Enttäuschung. Er hatte was von kleiner Soubrette, vielleicht auch von „Jungfrau aus dem Volk" erwartet und stand nun vor einer Ankündigung, die, nach seinen unbefangeneren Anschauungen, alles andere als Schreck und Entsetzen hervorrufen konnte. „Corinna", sagte er. „Und schlankweg verlobt und ohne Mama zu fragen. Teufelsjunge. Man unter-

---

[1] hier: Aufregung
[2] Spreewälderamme, Amme

schätzt doch immer die Menschen und am meisten seine eigenen Kinder."

„Treibel, was soll das? Dies ist keine Stunde, wo sich's für dich schickt, in einer noch nach Buggenhagen schmeckenden Stimmung ernste Fragen zu behandeln. Du kommst nach Haus und findest mich in einer großen Erregung, und im Augenblicke, wo ich dir den Grund dieser Erregung mitteile, findest du's angemessen, allerlei sonderbare Scherze zu machen. Du musst doch fühlen, dass das einer Lächerlichmachung meiner Person und meiner Gefühle ziemlich gleichkommt, und wenn ich deine ganze Haltung recht verstehe, so bist du weitab davon, in dieser sogenannten Verlobung einen Skandal zu sehen. Und darüber möchte ich Gewissheit haben, eh' wir weiter sprechen. Ist es ein Skandal oder nicht?"

„Nein."

„Und du wirst Leopold nicht darüber zur Rede stellen?"

„Nein."

„Und bist nicht empört über diese Person?"

„Nicht im Geringsten."

„Über diese Person, die deiner und meiner Freundlichkeit sich absolut unwert macht, und nun ihre Bettlade[1] – denn um viel was anderes wird es sich nicht handeln – in das Treibel'sche Haus tragen will."

Treibel lachte. „Sieh, Jenny, diese Redewendung ist dir gelungen, und wenn ich mir mit meiner Fantasie, die mein Unglück ist, die hübsche Corinna vorstelle, wie sie, sozusagen zwischen die Längsbretter eingeschirrt, ihre Bettlade hierher ins Treibel'sche Haus trägt, so könnte ich eine Viertelstunde lang lachen. Aber ich will doch lieber nicht lachen und dir, da du so sehr fürs Ernste bist, nun auch ein ernsthaftes Wort sagen. Alles, was du da so hinschmetterst, ist erstens unsinnig und zweitens empörend. Und was es außerdem noch alles ist, blind, vergesslich, überheblich, davon will ich gar nicht reden …"

Jenny war ganz blass geworden und zitterte, weil sie wohl wusste, worauf das „blind und vergesslich" abzielte. Treibel aber, der ein guter und auch ganz kluger Kerl war und

---

[1] Bettgestell (hier als Aussteuer)

sich aufrichtig gegen all den Hochmut aufrichtete, fuhr jetzt fort: „Du sprichst da von Undank und Skandal und Blamage, und fehlt eigentlich bloß noch das Wort ‚Unehre', dann hast du den Gipfel der Herrlichkeit erklommen.
5 Undank. Willst du der klugen, immer heiteren, immer unterhaltlichen Person, die wenigstens sieben Felgentreus in die Tasche steckt – nächststehender Anverwandten ganz zu geschweigen –, willst du der die Datteln und Apfelsinen nachrechnen, die sie von unserer Majolika-
10 schüssel[1], mit einer Venus[2] und einem Cupido[3] darauf, beiläufig eine lächerliche Pinselei, mit ihrer zierlichen Hand heruntergenommen hat? Und waren wir nicht bei dem guten alten Professor unsererseits auch zu Gast, bei Wilibald, der doch sonst dein Herzblatt ist, und haben wir
15 uns seinen Brauneberger[4], der ebenso gut war wie meiner, oder doch nicht viel schlechter, nicht schmecken lassen? Und warst du nicht ganz ausgelassen und hast du nicht an dem Klimperkasten, der da in der Putzstube steht, deine alten Lieder runtergesungen? Nein, Jenny, komme mir
20 nicht mit solchen Geschichten. Da kann ich auch mal ärgerlich werden …"
Jenny nahm seine Hand und wollte ihn hindern weiterzusprechen.
„Nein, Jenny, noch nicht, noch bin ich nicht fertig. Ich bin
25 nun mal im Zuge. Skandal sagst du und Blamage. Nun, *ich* sage dir, nimm dich in Acht, dass aus der bloß eingebildeten Blamage nicht eine wirkliche wird und dass – ich sage das, weil du solche Bilder liebst – der Pfeil nicht auf den Schützen zurückfliegt. Du bist auf dem besten Wege,
30 mich und dich in eine unsterbliche Lächerlichkeit hineinzubugsieren. Wer sind wir denn? Wir sind weder die Montmorencys noch die Lusignans[5] – von denen, neben-

---

[1] Majolika: ital. für Mallorca; Majolikaschüssel: bunt bemalte und glasierte Tonschüssel
[2] in der römischen Mythologie Göttin der Liebe, Schönheit und des erotischen Verlangens
[3] Amor, Gott der Liebe, Sohn von Venus und Mars
[4] erstklassiger Moselwein
[5] altehrwürdige französische Adelsfamilien

her bemerkt, die schöne Melusine[1] herstammen soll, was dich vielleicht interessiert –, wir sind auch nicht die Bismarcks oder die Arnims[2] oder sonst was Märkisches von Adel, wir sind die Treibels, Blutlaugensalz und Eisenvitriol, und du bist eine geborne Bürstenbinder aus der Adlerstraße. Bürstenbinder ist ganz gut, aber der erste Bürstenbinder kann unmöglich höher gestanden haben als der erste Schmidt. Und so bitt ich dich denn, Jenny, keine Übertreibungen. Und wenn es sein kann, lass den ganzen Kriegsplan fallen und nimm Corinna mit so viel Fassung hin, wie du Helene hingenommen hast. Es ist ja nicht nötig, dass sich Schwiegermutter und Schwiegertochter furchtbar lieben, sie heiraten sich ja nicht; es kommt auf *die* an, die den Mut haben, sich dieser ernsten und schwierigen Aufgabe allerpersönlichst unterziehen zu wollen …"

Jenny war während dieser zweiten Hälfte von Treibels Philippika[3] merkwürdig ruhig geworden, was in einer guten Kenntnis des Charakters ihres Mannes seinen Grund hatte. Sie wusste, dass er in einem überhohen Grade das Bedürfnis und die Gewohnheit des Sichaussprechens hatte und dass sich mit ihm erst wieder reden ließ, wenn gewisse Gefühle von seiner Seele heruntergeredet waren. Es war ihr schließlich ganz recht, dass dieser Akt innerlicher Selbstbefreiung so rasch und so gründlich begonnen hatte; was jetzt gesagt worden war, brauchte morgen nicht mehr gesagt zu werden, war abgetan und gestattete den Ausblick auf friedlichere Verhandlungen. Treibel war sehr der Mann der Betrachtung aller Dinge von zwei Seiten her, und so war Jenny denn völlig überzeugt davon, dass er über Nacht dahin gelangen würde, die ganze Leopold'sche Verlobung auch mal von der Kehrseite her anzusehen. Sie nahm deshalb seine Hand und sagte: „Treibel, lass uns das Gespräch morgen früh fortsetzen. Ich glaube, dass du, bei ruhigerem Blute, die

---

[1] mythische Sagengestalt (Wasserfee) des Mittelalters, die mit dem Geschlecht der Lusignans in Verbindung gebracht wurde
[2] alte märkische Adelsfamilien
[3] Wutrede, Kampfrede

Berechtigung meiner Anschauungen nicht verkennen
wirst. Jedenfalls rechne nicht darauf, mich anderen Sinnes
zu machen. Ich wollte dir, als dem Manne, der zu handeln
hat, selbstverständlich auch in dieser Angelegenheit nicht
5 vorgreifen; lehnst du jedoch jedes Handeln ab, so handle
ich. Selbst auf die Gefahr deiner Nichtzustimmung."

„Tu, was du willst."

Und damit warf Treibel die Tür ins Schloss und ging in
sein Zimmer hinüber. Als er sich in den Fauteuil[1] warf,
10 brummte er vor sich hin: „Wenn sie am Ende doch recht
hätte!"

Und konnte es anders sein? Der gute Treibel, er war doch
auch seinerseits das Produkt dreier im Fabrikbetrieb immer
reicher gewordenen Generationen, und aller guten Geistes-
15 und Herzensanlagen unerachtet und trotz seines politischen
Gastspiels auf der Bühne Teupitz-Zossen – der Bourgeois
steckte ihm wie seiner sentimentalen Frau tief im Geblüt.

Dreizehntes Kapitel

Am anderen Morgen war die Kommerzienrätin früher auf
als gewöhnlich und ließ von ihrem Zimmer aus zu Treibel
hinüber sagen, dass sie das Frühstück allein nehmen wolle. Treibel schob es auf die Verstimmung vom Abend vor-
5 her, ging aber darin fehl, da Jenny ganz aufrichtig vorhatte, die durch Verbleib auf ihrem Zimmer frei gewordene
halbe Stunde zu einem Briefe an Hildegard zu benutzen.
Es galt eben Wichtigeres heute, als den Kaffee mußevoll
und friedlich oder vielleicht auch unter fortgesetzter
10 Kriegführung einzunehmen, und wirklich, kaum dass sie
die kleine Tasse geleert und auf das Tablett zurückgeschoben hatte, so vertauschte sie auch schon den Sofaplatz mit
ihrem Platz am Schreibtisch und ließ die Feder mit rasender Schnelligkeit über verschiedene kleine Bogen
15 hingleiten, von denen jeder nur die Größe einer Handflä-
che, Gott sei Dank aber die herkömmlichen vier Seiten
hatte. Briefe, wenn ihr die Stimmung nicht fehlte, gingen

---

[1] Armstuhl, Lehnsessel

ihr immer leicht von der Hand, aber nie so wie heute, und
ehe noch die kleine Konsoluhr[1] die neunte Stunde schlug,
schob sie schon die Bogen zusammen, klopfte sie auf der
Tischplatte wie ein Spiel Karten zurecht und überlas noch
einmal mit halblauter Stimme das Geschriebene.   5

„Liebe Hildegard! Seit Wochen tragen wir uns damit, unsren seit lange gehegten Wunsch erfüllt und Dich mal wieder unter unsrem Dache zu sehen. Bis in den Mai hinein
hatten wir schlechtes Wetter, und von einem Lenz[2], der
mir die schönste Jahreszeit bedeutet, konnte kaum die   10
Rede sein. Aber seit beinah vierzehn Tagen ist es anders,
in unsrem Garten schlagen die Nachtigallen, was Du, wie
ich mich sehr wohl erinnere, so sehr liebst, und so bitten
wir Dich herzlich, Dein schönes Hamburg auf ein paar
Wochen verlassen und uns Deine Gegenwart schenken zu   15
wollen. Treibel vereinigt seine Wünsche mit den meinigen,
und Leopold schließt sich an. Von Deiner Schwester Helene bei dieser Gelegenheit und in diesem Sinne zu sprechen
ist überflüssig, denn ihre herzlichen Gefühle für Dich
kennst Du so gut, wie wir sie kennen, Gefühle, die, wenn   20
ich recht beobachtet habe, gerade neuerdings wieder in
einem beständigen Wachsen begriffen sind. Es liegt so,
dass ich, soweit das in einem Briefe möglich, ausführlicher
darüber zu Dir sprechen möchte. Mitunter, wenn ich sie
so blass sehe, so gut ihr gerade diese Blässe kleidet, tut mir   25
doch das innerste Herz weh, und ich habe nicht den Mut,
nach der Ursache zu fragen. Otto ist es *nicht*, dessen bin
ich sicher, denn er ist nicht nur gut, sondern auch rücksichtsvoll, und ich empfinde dann allen Möglichkeiten
gegenüber ganz deutlich, dass es nichts anderes sein kann   30
als Heimweh. Ach, mir nur zu begreiflich, und ich möchte dann immer sagen, ‚Reise, Helene, reise heute, reise
morgen, und sei versichert, dass ich mich, wie des Wirtschaftlichen überhaupt, so auch namentlich der Weiß-
zeugplätterei nach besten Kräften annehmen werde, gera-   35
de so, ja mehr noch, als wenn es für Treibel wäre, der in

---

[1] Wanduhr
[2] Frühling

diesen Stücken auch so diffizil[1] ist, diffiziler als viele andere Berliner'. Aber ich sage das alles nicht, weil ich ja weiß, dass Helene lieber auf jedes andere Glück verzichtet als auf das Glück, das in dem Bewusstsein erfüllter Pflicht
5 liegt. Vor allem dem Kinde gegenüber. Lizzi mit auf die Reise zu nehmen, wo dann doch die Schulstunden unterbrochen werden müssten, ist fast ebenso undenkbar, wie Lizzi zurückzulassen. Das süße Kind! Wie wirst Du Dich freuen, sie wiederzusehen, immer vorausgesetzt, dass ich
10 mit meiner Bitte keine Fehlbitte tue. Denn Fotografien geben doch nur ein sehr ungenügendes Bild, namentlich bei Kindern, deren ganzer Zauber in einer durchsichtigen Hautfarbe liegt; der Teint nuanciert[2] nicht nur den Ausdruck, er ist der Ausdruck selbst. Denn wie Krola, dessen
15 Du Dich vielleicht noch erinnerst, erst neulich wieder behauptete, der Zusammenhang zwischen Teint und Seele sei geradezu merkwürdig. Was wir Dir bieten können, meine süße Hildegard? Wenig; eigentlich nichts. Die Beschränktheit unsrer Räume kennst du; Treibel hat außer-
20 dem eine neue Passion ausgebildet und will sich wählen lassen, und zwar in einem Landkreise, dessen sonderbaren, etwas wendisch klingenden Namen ich Deiner Geografiekenntnis nicht zumute, trotzdem ich wohl weiß, dass auch Eure Schulen – wie mir Felgentreu (freilich kei-
25 ne Autorität auf diesem Gebiete) erst ganz vor Kurzem wieder versicherte – den unsrigen überlegen sind. Wir haben zurzeit eigentlich nichts als die Jubiläumsausstellung[3], in der die Firma Dreher aus Wien die Bewirtung übernommen hat und hart angegriffen wird. Aber was
30 griffe der Berliner nicht an – dass die Seidel zu klein sind, kann einer Dame wenig bedeuten –, und ich wüsste wirklich kaum etwas, was vor der Eingebildetheit unserer Bevölkerung sicher wäre. Nicht einmal Euer Hamburg, an das ich nicht denken kann, ohne dass mir das Herz lacht.
35 Ach, Eure herrliche Buten-Alster[4]! Und wenn dann abends

---

[1] schwierig, heikel
[2] nuancieren: abstufen, leicht verändern
[3] am 23. Mai 1886 anlässlich der 1. Berliner Kunstausstellung eröffnete Hundertjahresfeier
[4] (mundartlich) Außenalster

die Lichter und die Sterne darin flimmern – ein Anblick, der den, der sich seiner freuen darf, jedes Mal dem Irdischen wie entrückt. Aber vergiss es, liebe Hildegard, sonst haben wir wenig Aussicht, Dich hier zu sehen, was doch ein aufrichtiges Bedauern bei allen Treibels hervorrufen würde, am meisten bei Deiner Dich innig liebenden Freundin und Tante Jenny Treibel.

Nachschrift. Leopold reitet jetzt viel, jeden Morgen nach Treptow und auch nach dem Eierhäuschen[1]. Er klagt, dass er keine Begleitung dabei habe. Hast Du noch Deine alte Passion? Ich sehe Dich noch so hinfliegen, Du Wildfang. Wenn ich ein Mann wäre, *Dich* einzufangen würde mir das Leben bedeuten. Übrigens bin ich sicher, dass andere ebenso denken, und wir würden längst den Beweis davon in Händen haben, wenn Du weniger wählerisch wärst. Sei es nicht fürder und vergiss die Ansprüche, die Du machen darfst. Deine J. T."

Jenny faltete jetzt die kleinen Bogen und tat sie in ein Kuvert, das, vielleicht um auch schon äußerlich ihren Friedenswunsch anzudeuten, eine weiße Taube mit einem Ölzweig zeigte. Dies war umso angebrachter, als Hildegard mit Helenen in lebhafter Korrespondenz stand und recht gut wusste, wie, bisher wenigstens, die wahren Gefühle der Treibels und besonders die der Frau Jenny gewesen waren.

Die Rätin hatte sich eben erhoben, um nach der am Abend vorher etwas angezweifelten Anna zu klingeln, als sie, wie von ungefähr, ihren Blick auf den Vorgarten richtend, ihrer Schwiegertochter ansichtig wurde, die rasch vom Gitter her auf das Haus zuschritt. Draußen hielt eine Droschke zweiter Klasse, geschlossen und das Fenster in die Höhe gezogen, trotzdem es sehr warm war.

Einen Augenblick danach trat Helene bei der Schwiegermutter ein und umarmte sie stürmisch. Dann warf sie Sommermantel und Gartenhut beiseite und sagte, während sie ihre Umarmung wiederholte: „Ist es denn wahr? Ist es möglich?"

---

[1] Berliner Gartenlokal

Jenny nickte stumm und sah nun erst, dass Helene noch im Morgenkleide und ihr Scheitel noch eingeflochten war. Sie hatte sich also, wie sie da ging und stand, im selben Moment, wo die große Nachricht auf dem Holzhofe bekannt geworden war, sofort auf den Weg gemacht, und zwar in der ersten besten Droschke. Das war etwas, und angesichts dieser Tatsache fühlte Jenny das Eis hinschmelzen, das acht Jahre lang ihr Schwiegermutterherz umgürtet hatte. Zugleich traten ihr Tränen in die Augen. „Helene", sagte sie, „was zwischen uns gestanden hat, ist fort. Du bist ein gutes Kind, du fühlst mit uns. Ich war mitunter gegen dies und das, untersuchen wir nicht, ob mit Recht oder Unrecht; aber in *solchen* Stücken ist Verlass auf euch, und ihr wisst Sinn von Unsinn zu unterscheiden. Von deinem Schwiegervater kann ich dies leider nicht sagen. Indessen ich denke, das ist nur Übergang, und er wird sich gehen. Unter allen Umständen lass uns zusammenhalten. Mit Leopold persönlich, das hat nichts zu bedeuten. Aber diese gefährliche Person, die vor nichts erschrickt und dabei ein Selbstbewusstsein hat, dass man drei Prinzessinnen damit ausstaffieren könnte, gegen *die* müssen wir uns rüsten. Glaube nicht, dass sie's uns leicht machen wird. Sie hat ganz den Professorentochterdünkel und ist imstande sich einzubilden, dass sie dem Hause Treibel noch eine Ehre antut."

„Eine schreckliche Person", sagte Helene. „Wenn ich an den Tag denke mit dear Mr. Nelson. Wir hatten eine Todesangst, dass Nelson seine Reise verschieben und um sie anhalten würde. Was daraus geworden wäre, weiß ich nicht; bei den Beziehungen Ottos zu der Liverpooler Firma vielleicht verhängnisvoll für uns."

„Nun, Gott sei Dank, dass es vorübergegangen. Vielleicht immer noch besser so, so können wir's en famille[1] austragen. Und den alten Professor fürcht ich nicht, den habe ich von alter Zeit her am Bändel. Er muss mit in unser Lager hinüber. Und nun muss ich fort, Kind, um Toilette zu machen … Aber noch ein Hauptpunkt. Eben habe ich an deine Schwester Hildegard geschrieben und sie herzlich gebeten, uns mit Nächstem ihren Besuch zu schenken.

---

[1] unter sich, im Familienkreis

Bitte, Helene, füge ein paar Worte an deine Mama hinzu und tue beides in das Kuvert und adressiere."

Damit ging die Rätin, und Helene setzte sich an den Schreibtisch. Sie war so bei der Sache, dass nicht einmal ein triumphierendes Gefühl darüber, mit ihren Wünschen für Hildegard nun endlich am Ziele zu sein, in ihr aufdämmerte; nein, sie hatte angesichts der gemeinsamen Gefahr nur Teilnahme für ihre Schwiegermutter, als der „Trägerin des Hauses", und nur Hass für Corinna. Was sie zu schreiben hatte, war rasch geschrieben. Und nun adressierte sie mit schöner englischer Handschrift in normalen Schwung- und Rundlinien: „Frau Konsul Thora Munk, geb. Thompson. Hamburg. Uhlenhorst."

Als die Aufschrift getrocknet und der ziemlich ansehnliche Brief mit zwei Marken frankiert war, brach Helene auf, klopfte nur noch leise an Frau Jennys Toilettenzimmer und rief hinein: „Ich gehe jetzt, liebe Mama. Den Brief nehme ich mit." Und gleich danach passierte sie wieder den Vorgarten, weckte den Droschkenkutscher und stieg ein.

Zwischen neun und zehn waren zwei Rohrpostbriefe[1] bei Schmidts eingetroffen, ein Fall, der, in dieser seiner Gedoppeltheit, noch nicht da gewesen war. Der eine dieser Briefe richtete sich an den Professor und hatte folgenden kurzen Inhalt: „Lieber Freund! Darf ich darauf rechnen, Sie heute zwischen zwölf und eins in Ihrer Wohnung zu treffen? Keine Antwort, gute Antwort. Ihre ganz ergebene Jenny Treibel." Der andere, nicht viel längere Brief war an Corinna adressiert und lautete: „Liebe Corinna! Gestern Abend noch hatte ich ein Gespräch mit der Mama. Dass ich auf Widerstand stieß, brauche ich Dir nicht erst zu sagen, und es ist mir gewisser denn je, dass wir schweren Kämpfen entgegengehen. Aber nichts soll uns trennen. In meiner Seele lebt eine hohe Freudigkeit und gibt mir Mut zu allem. Das ist das Geheimnis und zugleich die Macht der Liebe. Diese Macht soll mich auch weiter führen und festigen. Trotz aller Sorge Dein überglücklicher Leopold."

---

[1] Rohrpost wurde in kleinen zylindrischen Behältern mittels Druckluft durch Röhren befördert.

Corinna legte den Brief aus der Hand. „Armer Junge! Was er da schreibt, ist ehrlich gemeint, selbst das mit dem Mut. Aber ein Hasenohr guckt doch durch. Nun, wir müssen sehen. Halte, was du hast. *Ich* gebe nicht nach."

5 Corinna verbrachte den Vormittag unter fortgesetzten Selbstgesprächen. Mitunter kam die Schmolke, sagte aber nichts und beschränkte sich auf kleine wirtschaftliche Fragen. Der Professor seinerseits hatte zwei Stunden zu geben, eine griechische: Pindar[1], und eine deutsche: roman-
10 tische Schule (Novalis)[2], und war bald nach zwölf wieder zurück. Er schritt in seinem Zimmer auf und ab, abwechselnd mit einem ihm in seiner Schlusswendung absolut unverständlich gebliebenen Novalis-Gedicht und dann wieder mit dem so feierlich angekündigten Besuche seiner
15 Freundin Jenny beschäftigt. Es war kurz vor eins, als ein Wagengerumpel auf dem schlechten Steinpflaster unten ihn annehmen ließ, sie werde es sein. Und sie war es, diesmal allein, ohne Fräulein Honig und ohne den Bolognerser. Sie öffnete selbst den Schlag und stieg dann lang-
20 sam und bedächtig, als ob sie sich ihre Rolle noch einmal überhöre, die Steinstufen der Außentreppe hinauf. Eine Minute später hörte Schmidt die Klingel gehen, und gleich danach meldete die Schmolke: „Frau Kommerzienrätin Treibel."

25 Schmidt ging ihr entgegen, etwas weniger unbefangen als sonst, küsste ihr die Hand und bat sie, auf seinem Sofa, dessen tiefste Kesselstelle[3] durch ein großes Lederkissen einigermaßen applaniert[4] war, Platz zu nehmen. Er selber nahm einen Stuhl, setzte sich ihr gegenüber und sagte:
30 „Was verschafft mir die Ehre, liebe Freundin? Ich nehme an, dass etwas Besonderes vorgefallen ist."

„Das ist es, lieber Freund. Und Ihre Worte lassen mir keinen Zweifel darüber, dass Fräulein Corinna noch nicht für gut befunden hat, Sie mit dem Vorgefallenen bekannt zu

---

[1]   griechischer Dichter (ca. 522–445 v. Chr.)
[2]   Friedrich Leopold Freiherr von Hardenberg (1722–1801):
      Dichter der deutschen Frühromantik
[3]   vom Sitzen ausgebeulte Stelle
[4]   applanieren: einebnen, ausgleichen

machen. Fräulein Corinna hat sich nämlich gestern Abend mit meinem Sohne Leopold verlobt."

„Ah", sagte Schmidt in einem Tone, der ebenso gut Freude wie Schreck ausdrücken konnte.

„Fräulein Corinna hat sich gestern auf unsrer Grunewald- ₅
Partie, die vielleicht besser unterblieben wäre, mit meinem Sohne Leopold verlobt, nicht umgekehrt. Leopold tut keinen Schritt ohne mein Wissen und Willen, am wenigsten einen so wichtigen Schritt wie eine Verlobung, und so muss ich denn, zu meinem lebhaften Bedauern, von etwas ₁₀
Abgekartetem oder einer gestellten Falle, ja, Verzeihung, lieber Freund, von einem wohlüberlegten Überfall sprechen."

Dies starke Wort gab dem alten Schmidt nicht nur seine Seelenruhe, sondern auch seine gewöhnliche Heiterkeit ₁₅
wieder. Er sah, dass er sich in seiner alten Freundin nicht getäuscht hatte, dass sie, völlig unverändert, die, trotz Lyrik und Hochgefühle, ganz ausschließlich auf Äußerlichkeiten gestellte Jenny Bürstenbinder von ehedem war und dass seinerseits, unter selbstverständlicher Wahrung ₂₀
artigster Formen und anscheinend vollen Entgegenkommens, ein Ton superioren[1] Übermutes angeschlagen und in die sich nun höchstwahrscheinlich entspinnende Debatte hineingetragen werden müsse. Das war er sich, das war er Corinna schuldig.

„Ein Überfall, meine gnädigste Frau. Sie haben vielleicht ₂₅
nicht ganz unrecht, es so zu nennen. Und dass es gerade auf diesem Terrain sein musste. Sonderbar genug, dass Dinge der Art ganz bestimmten Lokalitäten unveräußerlich anzuhaften scheinen. Alle Bemühungen, durch ₃₀
Schwanenhäuser und Kegelbahnen im Stillen zu reformieren, der Sache friedlich beizukommen, erweisen sich als nutzlos, und der frühere Charakter dieser Gegenden, in Sonderheit unseres alten übel beleumdeten[2] Grunewalds, bricht immer wieder durch. Immer wieder aus dem ₃₅
Stegreif. Erlauben Sie mir, gnädigste Frau, dass ich den

---

[1] superior (lat.): überlegen
[2] übel beleumdet: verrufen

derzeitigen Junker generis feminini[1] herbeirufe, damit er
seiner Schuld geständig werde."

Jenny biss sich auf die Lippen und bedauerte das unvorsichtige Wort, das sie nun dem Spotte preisgab. Es war
aber zu spät zur Umkehr, und so sagte sie nur: „Ja, lieber
Professor, es wird das Beste sein, Corinna selbst zu hören.
Und ich denke, sie wird sich mit einem gewissen Stolz
dazu bekennen, dem armen Jungen das Spiel über den
Kopf weggenommen zu haben."

„Wohl möglich", sagte Schmidt und stand auf und rief in
das Entree hinein: „Corinna."

Kaum dass er seinen Platz wieder eingenommen hatte, so
stand die von ihm Gerufene auch schon in der Tür, verbeugte sich artig gegen die Kommerzienrätin und sagte:
„Du hast gerufen, Papa?"

„Ja, Corinna, das hab ich. Eh' wir aber weitergehen, nimm
einen Stuhl und setze dich in einiger Entfernung von uns.
Denn ich möchte es auch äußerlich markieren, dass du
vorläufig eine Angeklagte bist. Rücke in die Fensternische,
da sehen wir dich am besten. Und nun sage mir, hat es
seine Richtigkeit damit, dass du gestern Abend im Grunewald, in dem ganzen Junkerübermut einer geborenen
Schmidt, einen friedlich und unbewaffnet seines Weges
ziehenden Bürgerssohn namens Leopold Treibel seiner
besten Barschaft beraubt hast?"

Corinna lächelte. Dann trat sie vom Fenster her an den
Tisch heran und sagte: „Nein, Papa, das ist grundfalsch.
Es hat alles den landesüblichen Verlauf genommen, und
wir sind so regelrecht verlobt, wie man nur verlobt sein
kann."

„Ich bezweifle das nicht, Fräulein Corinna", sagte Jenny.
„Leopold selbst betrachtet sich als Ihren Verlobten. Ich
sage nur das eine, dass Sie das Überlegenheitsgefühl, das
Ihnen Ihre Jahre …"

„Nicht meine Jahre. Ich bin jünger …"

„… Das Ihnen Ihre Klugheit und Ihr Charakter gegeben,
dass Sie diese Überlegenheit dazu benutzt haben, den ar-

---

[1] Junker: adliger Rittergutsbesitzer, Raubritter; generis femini (lat.):
    weiblichen Geschlechts

men Jungen willenlos zu machen und ihn für sich zu gewinnen."

„Nein, meine gnädigste Frau, das ist ebenfalls nicht ganz richtig, wenigstens zunächst nicht. Dass es schließlich doch vielleicht richtig sein wird, darauf müssen Sie mir erlauben, weiterhin zurückzukommen."

„Gut, Corinna, gut", sagte der Alte. „Fahre nur fort. Also zunächst ..."

„Also zunächst unrichtig, meine gnädigste Frau. Denn wie kam es? Ich sprach mit Leopold von seiner nächsten Zukunft und beschrieb ihm einen Hochzeitszug, absichtlich in unbestimmten Umrissen und ohne Namen zu nennen. Und als ich zuletzt Namen nennen musste, da war es Blankenese, wo die Gäste zum Hochzeitsmahle sich sammelten, und war es die schöne Hildegard Munk, die, wie eine Königin gekleidet, als Braut neben ihrem Bräutigam saß. Und dieser Bräutigam war Ihr Leopold, meine gnädigste Frau. Selbiger Leopold aber wollte von dem allen nichts wissen und ergriff meine Hand und machte mir einen Antrag in aller Form. Und nachdem ich ihn an seine Mutter erinnert und mit dieser Erinnerung kein Glück gehabt hatte, da haben wir uns verlobt ..."

„Ich glaube das, Fräulein Corinna", sagte die Rätin. „Ich glaube das ganz aufrichtig. Aber schließlich ist das alles doch nur eine Komödie. Sie wussten ganz gut, dass er Ihnen vor Hildegard den Vorzug gab, und Sie wussten nur zu gut, dass Sie, je mehr Sie das arme Kind, die Hildegard, in den Vordergrund stellten, desto gewisser – um nicht zu sagen desto leidenschaftlicher, denn er ist nicht eigentlich der Mann der Leidenschaften –, desto gewisser, sag ich, würd' er sich auf Ihre Seite stellen und sich zu Ihnen bekennen."

„Ja, gnädigste Frau, das wusst' ich oder wusst' es doch beinah. Es war noch kein Wort in diesem Sinne zwischen uns gesprochen worden, aber ich glaubte trotzdem, und seit längerer Zeit schon, dass er glücklich sein würde, mich seine Braut zu nennen."

„Und durch die klug und berechnend ausgesuchte Geschichte mit dem Hamburger Hochzeitszuge haben Sie eine Erklärung herbeizuführen gewusst ..."

„Ja, meine gnädigste Frau, das hab ich, und ich meine, das

alles war mein gutes Recht. Und wenn Sie nun dagegen, und wie mir's scheint ganz ernsthaft, Ihren Protest erheben wollen, erschrecken Sie da nicht vor ihrer eignen Forderung, vor der Zumutung, ich hätte mich jedes Einflusses auf Ihren Sohn enthalten sollen? Ich bin keine Schönheit, habe nur eben das Durchschnittsmaß. Aber nehmen Sie, so schwer es Ihnen werden mag, für einen Augenblick einmal an, ich wäre wirklich so was wie eine Schönheit, eine Beauté, der Ihr Herr Sohn nicht hätte widerstehen können, würden Sie von mir verlangt haben, mir das Gesicht mit Ätzlauge zu zerstören, bloß damit Ihr Sohn, mein Verlobter, nicht in eine durch mich gestellte Schönheitsfalle fiele?"

„Corinna", lächelte der Alte, „nicht zu scharf. Die Rätin ist unter unserm Dache."

„Sie würden das *nicht* von mir verlangt haben, so wenigstens nehme ich vorläufig an, vielleicht in Überschätzung Ihrer freundlichen Gefühle für mich, und doch verlangen Sie von mir, dass ich mich dessen begebe, was die Natur *mir* gegeben hat. Ich habe meinen guten Verstand und bin offen und frei und übe damit eine gewisse Wirkung auf die Männer aus, mitunter auch gerade auf solche, denen das fehlt, was ich habe – soll ich mich dessen entkleiden? Soll ich mein Pfund vergraben? Soll ich das bisschen Licht, das *mir* geworden, unter den Scheffel stellen? Verlangen Sie, dass ich bei Begegnungen mit Ihrem Sohne wie eine Nonne dasitze, bloß damit das Haus Treibel vor einer Verlobung mit mir bewahrt bleibe? Erlauben Sie mir, gnädigste Frau, und Sie müssen meine Worte meinem erregten Gefühle, das Sie herausgefordert, zugutehalten, erlauben Sie mir, Ihnen zu sagen, dass ich das nicht bloß hochmütig und höchst verwerflich, dass ich es vor allem auch ridikül finde. Denn wer sind die Treibels? Berliner-Blau-Fabrikanten mit einem Ratstitel, und ich, ich bin eine Schmidt."

„Eine Schmidt", wiederholte der alte Wilibald freudig, gleich danach hinzufügend: „Und nun sagen Sie, liebe Freundin, wollen wir nicht lieber abbrechen und alles den Kindern und einer gewissen ruhigen historischen Entwicklung überlassen?"

„Nein, mein lieber Freund, das wollen wir *nicht*. Wir wollen nichts der historischen Entwicklung und noch weniger der Entscheidung der Kinder überlassen, was gleichbedeutend wäre mit Entscheidung durch Fräulein Corinna. Dies zu hindern, deshalb eben bin ich hier. Ich hoffte bei den Erinnerungen, die zwischen uns leben, Ihrer Zustimmung und Unterstützung sicher zu sein, sehe mich aber getäuscht und werde meinen Einfluss, der hier gescheitert, auf meinen Sohn Leopold beschränken müssen."

„Ich fürchte", sagte Corinna, „dass er auch da versagt …"

„Was lediglich davon abhängen wird, ob er Sie sieht oder nicht."

„Er wird mich sehen!"

„Vielleicht. Vielleicht auch nicht."

Und darauf erhob sich die Kommerzienrätin und ging, ohne dem Professor die Hand gereicht zu haben, auf die Tür zu. Hier wandte sie sich noch einmal und sagte zu Corinna: „Corinna, lassen Sie uns vernünftig reden. Ich will alles vergessen. Lassen Sie den Jungen wieder los. Er passt nicht einmal für Sie. Und was das Haus Treibel angeht, so haben Sie's eben in einer Weise charakterisiert, dass es Ihnen kein Opfer kosten kann, darauf zu verzichten …"

„Aber meine Gefühle, gnädigste Frau …"

„Bah", lachte Jenny, „dass Sie so sprechen können, zeigt mir deutlich, dass Sie keine haben und dass alles bloßer Übermut oder vielleicht auch Eigensinn ist. Dass Sie sich dieses Eigensinns begeben mögen, wünsche ich Ihnen und uns. Denn es kann zu nichts führen. Eine Mutter hat auch Einfluss auf einen schwachen Menschen, und ob Leopold Lust hat, seine Flitterwochen in einem Ahlbecker Fischerhause zu verbringen, ist mir doch zweifelhaft. Und dass das Haus Treibel Ihnen keine Villa in Capri bewilligen wird, dessen dürfen Sie gewiss sein."

Und dabei verneigte sie sich und trat in das Entree hinaus. Corinna blieb zurück. Schmidt aber gab seiner Freundin das Geleit bis an die Treppe.

„Adieu", sagte hier die Rätin. „Ich bedaure, lieber Freund, dass dies zwischen uns treten und die herzlichen Beziehungen so vieler, vieler Jahre stören musste. Meine Schuld ist es nicht. Sie haben Corinna verwöhnt, und das Töchterchen schlägt nun einen spöttischen und überheblichen Ton an und ignoriert, wenn nichts andres, so doch die

Jahre, die mich von ihr trennen. Impietät[1] ist der Charakter unsrer Zeit."

Schmidt, ein Schelm, gefiel sich darin, bei dem Wort „Impietät" ein betrübtes Gesicht aufzusetzen. „Ach, liebe
5 Freundin", sagte er, „Sie mögen wohl recht haben, aber nun ist es zu spät. Ich bedaure, dass es unserm Hause vorbehalten war, Ihnen einen Kummer wie diesen, um nicht zu sagen eine Kränkung, anzutun. Freilich, wie Sie schon sehr richtig bemerkt haben, die Zeit … Alles will
10 über sich hinaus und strebt höheren Staffeln zu, die die Vorsehung sichtbarlich nicht wollte."

Jenny nickte. „Gott bessre es."

„Lassen Sie uns das hoffen."

Und damit trennten sie sich.

15 In das Zimmer zurückgekehrt, umarmte Schmidt seine Tochter, gab ihr einen Kuss auf die Stirn und sagte: „Corinna, wenn ich nicht Professor wäre, so würd' ich am Ende Sozialdemokrat."

Im selben Augenblick erschien auch die Schmolke. Sie
20 hatte nur das letzte Wort gehört, und erratend, um was es sich handle, sagte sie: „Ja, das hat Schmolke auch immer gesagt."

Vierzehntes Kapitel

Der nächste Tag war ein Sonntag, und die Stimmung, in der sich das Treibel'sche Haus befand, konnte nur noch dazu beitragen, dem Tage zu seiner herkömmlichen Ödheit ein Beträchtliches zuzulegen. Jeder mied den andern.
5 Die Kommerzienrätin beschäftigte sich damit, Briefe, Karten und Fotografien zu ordnen, Leopold saß auf seinem Zimmer und las Goethe (*was*, ist nicht nötig zu verraten)[2], und Treibel selbst ging im Garten um das Bassin herum und unterhielt sich, wie meist in solchen Fällen, mit der
10 Honig. Er ging dabei so weit, sie ganz ernsthaft nach Krieg

---

[1] Pietätlosigkeit, mangelndes Taktgefühl
[2] Gemeint ist wohl Goethes Roman „Die Leiden des jungen Werthers" (1774).

und Frieden zu fragen, allerdings mit der Vorsicht, sich eine Art Präliminarantwort[1] gleich selbst zu geben. In erster Reihe stehe fest, dass es niemand wisse, „selbst der leitende Staatsmann nicht" (er hatte sich diese Phrase bei seinen öffentlichen Reden angewöhnt), aber eben weil es 5 niemand wisse, sei man auf Sentiments angewiesen, und darin sei niemand größer und zuverlässiger als die Frauen. Es sei nicht zu leugnen, das weibliche Geschlecht habe was Pythisches[2], ganz abgesehen von jenem Orakelhaften niederer Observanz, das noch so nebenherlaufe. Die Ho- 10 nig, als sie schließlich zu Worte kam, fasste ihre politische Diagnose dahin zusammen: Sie sähe nach Westen hin einen klaren Himmel, während es im Osten finster braue, ganz entschieden, und zwar oben sowohl wie unten. „Oben wie unten", wiederholte Treibel. „Oh, wie wahr. 15 Und das Oben bestimmt das Unten und das Unten das Oben. Ja, Fräulein Honig, damit haben wir's getroffen." Und Czicka, das Hündchen, das natürlich auch nicht fehlte, blaffte dazu. So ging das Gespräch zu gegenseitiger Zufriedenheit. Treibel aber schien doch abgeneigt, aus die- 20 sem Weisheitsquell andauernd zu schöpfen, und zog sich nach einiger Zeit auf sein Zimmer und seine Zigarre zurück, ganz Halensee verwünschend, das mit seiner Kaffeeklappe[3] diese häusliche Missstimmung und diese Sonntags-Extralangeweile heraufbeschworen habe. Ge- 25 gen Mittag traf ein an ihn adressiertes Telegramm ein: „Dank für Brief. Ich komme morgen mit dem Nachmittagszug, Eure Hildegard." Er schickte das Telegramm, aus dem er überhaupt erst von der erfolgten Einladung erfuhr, an seine Frau hinüber und war, trotzdem er das selbststän- 30 dige Vorgehen derselben etwas sonderbar fand, doch auch wieder aufrichtig froh, nunmehr einen Gegenstand zu haben, mit dem er sich in seiner Fantasie beschäftigen konnte. Hildegard war sehr hübsch, und die Vorstellung, innerhalb der nächsten Wochen ein anderes Gesicht als das der 35 Honig auf seinen Gartenspaziergängen um sich zu haben,

---

[1] vorläufige, einleitende Antwort
[2] pythisch: dunkel, orakelhaft
[3] einfaches Speiselokal, in dem kein Alkohol ausgeschenkt wird

tat ihm wohl. Er hatte nun auch einen Gesprächsstoff, und
während ohne diese Depesche die Mittagsunterhaltung
wahrscheinlich sehr kümmerlich verlaufen oder vielleicht
ganz ausgefallen wäre, war es jetzt wenigstens möglich,
5 ein paar Fragen zu stellen. Er stellte diese Fragen auch
wirklich, und alles machte sich ganz leidlich; nur Leopold
sprach kein Wort und war froh, als er sich vom Tisch erheben und zu seiner Lektüre zurückkehren konnte.

Leopolds ganze Haltung gab überhaupt zu verstehen,
10 dass er über sich bestimmen zu lassen fürder nicht mehr
willens sei; trotzdem war ihm klar, dass er sich den Reprä-
sentationspflichten des Hauses nicht entziehen und also
nicht unterlassen dürfe, Hildegard am anderen Nachmittag auf dem Bahnhofe zu empfangen. Er war pünktlich
15 da, begrüßte die schöne Schwägerin und absolvierte die
landesübliche Fragenreihe nach dem Befinden und den
Sommerplänen der Familie, während einer der von ihm
engagierten Gepäckträger erst die Droschke, dann das
Gepäck besorgte. Dasselbe bestand nur aus einem ein-
20 zigen Koffer mit Messingbeschlag, dieser aber war von
solcher Größe, dass er, als er hinaufgewuchtet war, der
dahinrollenden Droschke den Charakter eines Baus von
zwei Etagen gab.

Unterwegs wurde das Gespräch vonseiten Leopolds wie-
25 der aufgenommen, erreichte seinen Zweck aber nur un-
vollkommen, weil seine stark hervortretende Befangenheit seiner Schwägerin nur Grund zur Heiterkeit gab. Und
nun hielten sie vor der Villa. Die ganze Treibelei stand am
Gitter, und als die herzlichsten Begrüßungen ausgetauscht
30 und die nötigsten Toiletten-Arrangements in fliegender
Eile, d. h. ziemlich mußevoll gemacht worden waren, erschien Hildegard auf der Veranda, wo man inzwischen
den Kaffee serviert hatte. Sie fand alles „himmlisch", was
auf Empfang strenger Instruktionen vonseiten der Frau
35 Konsul Thora Munk hindeutete, die sehr wahrscheinlich
Unterdrückung alles Hamburgischen und Achtung vor
Berliner Empfindlichkeiten als erste Regel empfohlen hatte. Keine Parallelen wurden gezogen und beispielsweise
gleich das Kaffeeservice rundweg bewundert. „Eure Ber-
40 liner Muster schlagen jetzt alles aus dem Felde, selbst Sèv-

res[1]. Wie reizend diese Grecborte[2]." Leopold stand in einiger Entfernung und hörte zu, bis Hildegard plötzlich abbrach und allem, was sie gesagt, nur noch hinzusetzte: „Scheltet mich übrigens nicht, dass ich in einem fort von Dingen spreche, für die sich ja morgen auch noch die Zeit finden würde: Grecborte und Sèvres und Meißen und Zwiebelmuster[3]. Aber Leopold ist schuld; er hat unsere Konversation in der Droschke so streng wissenschaftlich geführt, dass ich beinahe in Verlegenheit kam; ich wollte gern von Lizzi hören, und denkt euch, er sprach nur von Anschluss und Radialsystem[4], und ich genierte mich zu fragen, was es sei."

Der alte Treibel lachte; die Kommerzienrätin aber verzog keine Miene, während über Leopolds blasses Gesicht eine leichte Röte flog.

So verging der erste Tag, und Hildegards Unbefangenheit, die man sich zu stören wohl hütete, schien auch noch weiter leidliche Tage bringen zu sollen, alles umso mehr, als es die Kommerzienrätin an Aufmerksamkeiten jeder Art nicht fehlen ließ. Ja, sie verstieg sich zu höchst wertvollen Geschenken, was sonst ihre Sache nicht war. Ungeachtet all dieser Anstrengungen aber und trotzdem dieselben, wenn man nicht tiefer nachforschte, von wenigstens halben Erfolgen begleitet waren, wollte sich ein recht eigentliches Behagen nicht einstellen, selbst bei Treibel nicht, auf dessen rasch wiederkehrende gute Laune bei seinem glücklichen Naturell mit einer Art Sicherheit gerechnet war. Ja, diese gute Laune, sie blieb aus mancherlei Gründen aus, unter denen gerade jetzt auch *der* war, dass die Zossen-Teupitzer Wahlkampagne mit einer totalen Niederlage Vogelsangs geendigt hatte. Dabei mehrten sich die persönlichen Angriffe gegen Treibel. Anfangs hatte man diesen, wegen sei-

---

[1] für seine Porzellanmanufaktur bekannter Pariser Vorort
[2] griechische Borte, Randverzierung
[3] Zwiebelmuster bezeichnet ein für Meißener Porzellane (benannt nach der Porzellanmanufaktur in Meißen) charakteristisches Dekor.
[4] Bezieht sich auf das Berliner Abwassersystem; 1878 wurde dort das erste Radialsystem in Betrieb genommen, das Abwässer in Rieselfelder pumpte.

ner großen Beliebtheit, rücksichtsvoll außer Spiel gelassen, bis die Taktlosigkeiten seines Agenten ein weiteres Schonen unmöglich machten. „Es ist zweifellos ein Unglück", so hieß es in den Organen der Gegenpartei, „so beschränkt zu sein wie Leutnant Vogelsang, aber eine solche Beschränktheit in seinen Dienst zu nehmen ist eine Missachtung gegen den gesunden Menschenverstand unseres Kreises. Die Kandidatur Treibel scheitert einfach an diesem Affront[1]."

Es sah nicht allzu heiter aus bei den alten Treibels, was Hildegard allmählich so sehr zu fühlen begann, dass sie halbe Tage bei den Geschwistern zubrachte. Der Holzhof war überhaupt hübscher als die Fabrik und Lizzi geradezu reizend mit ihren langen weißen Strümpfen. Einmal waren sie auch rot. Wenn sie so herankam und die Tante Hildegard mit einem Knicks begrüßte, flüsterte diese der Schwester zu: „Quite English, Helen", und man lächelte sich dann glücklich an. Ja, es waren Lichtblicke. Wenn Lizzi dann aber wieder fort war, war auch zwischen den Schwestern von unbefangener Unterhaltung keine Rede mehr, weil das Gespräch die zwei wichtigsten Punkte nicht berühren durfte: die Verlobung Leopolds und den Wunsch, aus dieser Verlobung mit guter Manier herauszukommen. Ja, es sah nicht heiter aus bei den Treibels, aber bei den Schmidts auch nicht. Der alte Professor war eigentlich weder in Sorge noch in Verstimmung, lebte vielmehr umgekehrt der Überzeugung, dass sich nun alles bald zum Besseren wenden werde; diesen Prozess aber sich still vollziehen zu lassen schien ihm ganz unerlässlich, und so verurteilte er sich, was ihm nicht leicht wurde, zu unbedingtem Schweigen. Die Schmolke war natürlich ganz entgegengesetzter Ansicht und hielt, wie die meisten alten Berlinerinnen, außerordentlich viel von „sich aussprechen", je mehr und je öfter, desto besser. Ihre nach dieser Seite hin abzielenden Versuche verliefen aber resultatlos, und Corinna war nicht zum Sprechen zu bewegen, wenn die Schmolke begann: „Ja, Corinna, was soll denn nun eigentlich werden? Was denkst du dir denn eigentlich?"

---

[1] herausfordernde Beleidigung

Auf all das gab es keine rechte Antwort, vielmehr stand
Corinna wie am Roulette und wartete mit verschränkten
Armen, wohin die Kugel fallen würde. Sie war nicht unglücklich, aber äußerst unruhig und unmutig, vor allem,
wenn sie der heftigen Streitszene gedachte, bei der sie
doch vielleicht zu viel gesagt hatte. Sie fühlte ganz deutlich, dass alles anders gekommen wäre, wenn die Rätin
etwas weniger Herbheit, sie selber aber etwas mehr Ent-
gegenkommen gezeigt hätte. Ja, da hätte sich dann ohne
sonderliche Mühe Frieden schließen und das Bekenntnis
einer gewissen Schuld, weil alles bloß Berechnung gewesen, allenfalls ablegen lassen. Aber freilich im selben Augenblicke, wo sie, neben dem Bedauern über die hochmütige Haltung der Rätin, vor allem und in erster Reihe sich
selber der Schuld zieh, in eben diesem Augenblicke musste sie sich doch auch wieder sagen, dass ein Wegfall alles
dessen, was ihr vor ihrem eigenen Gewissen in dieser
Angelegenheit als fragwürdig erschien, in den Augen der
Rätin nichts gebessert haben würde. Diese schreckliche
Frau, trotzdem sie beständig so tat und sprach, war ja
weitab davon, ihr wegen ihres Spiels mit Gefühlen einen
ernsthaften Vorwurf zu machen. Das war ja Nebensache,
da lag es nicht. Und wenn sie diesen lieben und guten
Menschen, wie's ja doch möglich war, aufrichtig und von
Herzen geliebt hätte, so wäre das Verbrechen genau dasselbe gewesen. „Diese Rätin, mit ihrem überheblichen
‚Nein', hat mich nicht da getroffen, wo sie mich treffen
konnte, sie weist diese Verlobung nicht zurück, weil mir's
an Herz und Liebe gebricht, nein, sie weist sie nur zurück,
weil ich arm oder wenigstens nicht dazu angetan bin, das
Treibel'sche Vermögen zu verdoppeln, um nichts, nichts
weiter; und wenn sie vor anderen versichert oder vielleicht auch sich selber einredet, ich sei ihr zu selbstbe-
wusst und zu professorlich, so sagt sie das nur, weil's ihr
gerade passt. Unter andern Verhältnissen würde meine
Professorlichkeit mir nicht nur nicht schaden, sondern ihr
umgekehrt die Höhe der Bewunderung bedeuten."
So gingen Corinnas Reden und Gedanken, und um sich
ihnen nach Möglichkeit zu entziehen, tat sie, was sie seit
lange nicht mehr getan, und machte Besuche bei den alten

und jungen Professorenfrauen. Am besten gefiel ihr wieder die gute, ganz von Wirtschaftlichkeit in Anspruch genommene Frau Rindfleisch, die jeden Tag, ihrer vielen Pensionäre[1] halber, in die große Markthalle ging und immer die besten Quellen und die billigsten Preise wusste, die dann später, der Schmolke mitgeteilt, in erster Linie den Ärger derselben, zuletzt aber ihre Bewunderung vor einer höheren wirtschaftlichen Potenz weckten. Auch bei Frau Immanuel Schultze sprach Corinna vor und fand dieselbe, vielleicht weil Friedebergs nahe bevorstehende Ehescheidung ein sehr dankbares Thema bildete, auffallend nett und gesprächig, Immanuel selbst aber war wieder so großsprecherisch und zynisch, dass sie doch fühlte, den Besuch nicht wiederholen zu können. Und weil die Woche so viele Tage hatte, so musste sie sich zuletzt zu Museum und Nationalgalerie bequemen. Aber sie hatte keine rechte Stimmung dafür. Im Cornelius-Saal[2] interessierte sie, vor dem einen großen Wandbilde, nur die ganz kleine Predelle[3], wo Mann und Frau den Kopf aus der Bettdecke strecken, und im Ägyptischen Museum fand sie eine merkwürdige Ähnlichkeit zwischen Ramses[4] und Vogelsang.

Wenn sie dann nach Hause kam, fragte sie jedes Mal, ob wer da gewesen sei, was heißen sollte: „War Leopold da?", worauf die Schmolke regelmäßig antwortete: „Nein, Corinna, keine Menschenseele." Wirklich, Leopold hatte nicht den Mut zu kommen und beschränkte sich darauf, jeden Abend einen kleinen Brief zu schreiben, der dann am andern Morgen auf ihrem Frühstückstische lag. Schmidt sah lächelnd drüber hin, und Corinna stand dann wie von ungefähr auf, um das Briefchen in ihrem Zimmer zu lesen. „Liebe Corinna. Der heutige Tag verlief wie alle.

---

[1] Pensionsgäste
[2] Saal in der Nationalgalerie, in dem Entwürfe des Malers Peter Cornelius (1783–1867) ausgestellt waren
[3] Predella: sockelartiger Altarunterbau mit gemalten oder geschnitzten Szenen; gemeint ist hier Cornelius' Altarbild vom Weltengericht (1836–40).
[4] Gemeint ist wohl der altägyptische Pharao Ramses II. (ca. 1298–13 v. Chr.).

Die Mama scheint in ihrer Gegnerschaft verharren zu wollen. Nun, wir wollen sehen, wer siegt. Hildegard ist viel bei Helene, weil niemand hier ist, der sich recht um sie kümmert. Sie kann mir leidtun, ein so junges und hübsches Mädchen. Alles das Resultat solcher Anzettelungen. 5 Meine Seele verlangt, Dich zu sehen, und in der nächsten Woche werden Entschlüsse von mir gefasst werden, die volle Klarheit schaffen. Mama wird sich wundern. Nur so viel, ich erschrecke vor nichts, auch vor dem Äußersten nicht. Das mit dem vierten Gebot ist recht gut, aber es hat 10 seine Grenzen. Wir haben auch Pflichten gegen uns selbst und gegen die, die wir über alles lieben, die Leben und Tod in unseren Augen bedeuten. Ich schwanke noch, wohin, denke aber England; da haben wir Liverpool und Mr. Nelson, und in zwei Stunden sind wir an der schottischen 15 Grenze. Schließlich ist es gleich, wer uns äußerlich vereinigt, sind wir es doch längst in uns. Wie mir das Herz dabei schlägt. Ewig der Deine. Leopold."
Corinna zerriss den Brief in kleine Streifen und warf sie draußen ins Kochloch. „Es ist am besten so; dann vergess 20 ich wieder, was er heute geschrieben, und kann morgen nicht mehr vergleichen. Denn mir ist, als schriebe er jeden Tag dasselbe. Sonderbare Verlobung. Aber soll ich ihm einen Vorwurf machen, dass er kein Held ist? Und mit meiner Einbildung, ihn zum Helden umschaffen zu kön- 25 nen, ist es auch vorbei. Die Niederlagen und Demütigungen werden nun wohl ihren Anfang nehmen. Verdient? Ich fürchte."

Anderthalb Wochen waren um, und noch hatte sich im Schmidt'schen Hause nichts verändert; der Alte schwieg 30 nach wie vor, Marcell kam nicht und Leopold noch weniger, und nur seine Morgenbriefe stellten sich mit großer Pünktlichkeit ein; Corinna las sie schon längst nicht mehr, überflog sie nur und schob sie dann lächelnd in ihre Morgenrocktasche, wo sie zersessen und zerknittert wurden. 35 Sie hatte zum Troste nichts als die Schmolke, deren gesunde Gegenwart ihr wirklich wohltat, wenn sie's auch immer noch vermied, mit ihr zu sprechen.
Aber auch das hatte seine Zeit.

Der Professor war eben nach Hause gekommen, schon um elf, denn es war Mittwoch, wo die Klasse, für ihn wenigstens, um eine Stunde früher schloss. Corinna sowohl wie die Schmolke hatten ihn kommen und die Drückertür geräuschvoll ins Schloss fallen hören, nahmen aber beide keine Veranlassung, sich weiter um ihn zu kümmern, sondern blieben in der Küche, drin der helle Julisonnenschein lag und alle Fensterflügel geöffnet waren. An einem der Fenster stand auch der Küchentisch. Draußen, an zwei Haken, hing ein kastenartiges Blumenbrett, eine jener merkwürdigen Schöpfungen der Holzschneidekunst, wie sie Berlin eigentümlich sind: kleine Löcher zu Sternblumen zusammengestellt; Anstrich dunkelgrün. In diesem Kasten standen mehrere Geranium- und Goldlacktöpfe, zwischen denen hindurch die Sperlinge huschten und sich in großstädtischer Dreistigkeit auf den am Fenster stehenden Küchentisch setzten. Hier pickten sie vergnügt an allem herum, und niemand dachte daran, sie zu stören. Corinna, den Mörser zwischen den Knien, war mit Zimmetstoßen[1] beschäftigt, während die Schmolke grüne Kochbirnen der Länge nach durchschnitt und beide gleiche Hälften in eine große braune Schüssel, eine sogenannte Reibesatte, fallen ließ. Freilich zwei ganz gleiche Hälften waren es nicht, konnten es nicht sein, weil natürlich nur eine Hälfte den Stängel hatte, welcher Stängel denn auch Veranlassung zu Beginn einer Unterhaltung wurde, wonach sich die Schmolke schon seit lange sehnte.

„Sieh, Corinna", sagte die Schmolke, „dieser hier, dieser lange, das ist so recht ein Stängel nach dem Herzen deines Vaters …"

Corinna nickte.

„… den kann er anfassen wie 'ne Makkaroni und hochhalten und alles von unten her aufessen … Es ist doch ein merkwürdiger Mann …"

„Ja, das ist er!"

„Ein merkwürdiger Mann und voller Schrullen, und man muss ihn erst ausstudieren. Aber das Merkwürdigste, das ist doch das mit den langen Stängeln, un dass wir sie, wenn

---

[1] Zimt (Zimtstange) stoßen

es Semmelpudding un Birnen gibt, nicht schälen dürfen un dass der ganze Kriepsch[1] mit Kerne und alles drinbleiben muss. Er is doch ein Professor un ein sehr kluger Mann, aber das muss ich dir sagen, Corinna, wenn ich meinem guten Schmolke, der doch nur ein einfacher Mann war, mit so lange Stängel un ungeschält un den ganzen Kriepsch drin gekommen wär', ja, da hätt' es was gegeben. Denn so gut er war, wenn er dachte, ‚sie denkt woll, das is gut genug', dann wurd' er falsch un machte sein Dienstgesicht un sah aus, als ob er mich arretieren[2] wollte …"

„Ja, liebe Schmolke", sagte Corinna, „das ist eben einfach die alte Geschichte vom Geschmack und dass sich über Geschmäcker nicht streiten lässt. Und dann ist es auch wohl die Gewohnheit und vielleicht auch von Gesundheits wegen."

„Von Gesundheits wegen", lachte die Schmolke. „Na, höre, Kind, wenn einem so die Hacheln[3] in die Kehle kommen un man sich verschluckert un man mitunter zu 'nem ganz fremden Menschen sagen muss: ‚Bitte, kloppen Sie mir mal en bisschen, aber hier ordentlich ins Kreuz' – nein, Corinna, da bin ich doch mehr für eine ausgekernte Malvasier[4], die runtergeht wie Butter. Gesundheit …! Stängel un Schale, was da von Gesundheit is, das weiß ich nich …"

„Doch, liebe Schmolke. Manche können Obst nicht vertragen und fühlen sich geniert, namentlich wenn sie, wie Papa, hinterher auch noch die Sauce löffeln. Und da gibt es nur ein Mittel dagegen: Alles muss dranbleiben, der Stängel und die grüne Schale. Die beiden, die haben das Adstringens[5] …"

„Was?"

„Das Adstringens, d. h. das, was zusammenzieht, erst bloß die Lippen und den Mund, aber dieser Prozess des Zusammenziehens setzt sich dann durch den ganzen inneren

---

[1] (mundartlich) Kerngehäuse
[2] hier: verhaften, festnehmen
[3] Härchen des Kerngehäuses
[4] Birnensorte
[5] blutstillendes Mittel, das bewirkt, dass sich Schleimhäute oder Wunden zusammenziehen

Menschen hin fort, und das ist dann das, was alles wieder in Ordnung bringt und vor Schaden bewahrt."

Ein Sperling hatte zugehört, und wie durchdrungen von der Richtigkeit von Corinnas Auseinandersetzungen, nahm er einen Stängel, der zufällig abgebrochen war, in den Schnabel und flog damit auf das andere Dach hinüber. Die beiden Frauen aber verfielen in Schweigen und nahmen erst nach einer Viertelstunde das Gespräch wieder auf.

Das Gesamtbild war nicht mehr ganz dasselbe, denn Corinna hatte mittlerweile den Tisch abgeräumt und einen blauen Zuckerbogen[1] darüber ausgebreitet, auf welchem zahlreiche alte Semmeln lagen und daneben ein großes Reibeisen. Dies Letztere nahm sie jetzt in die Hand, stemmte sich mit der linken Schulter dagegen, und begann nun ihre Reibetätigkeit mit solcher Vehemenz[2], dass die geriebene Semmel über den ganzen blauen Bogen hinstäubte. Dann und wann unterbrach sie sich und schüttete die Bröckchen nach der Mitte hin zu einem Berg zusammen, aber gleich danach begann sie von Neuem, und es hörte sich wirklich an, als ob sie bei dieser Arbeit allerlei mörderische Gedanken habe.

Die Schmolke sah ihr von der Seite her zu. Dann sagte sie: „Corinna, wen zerreibst du denn eigentlich?"

„Die ganze Welt."

„Das is viel … un dich mit?"

„Mich zuerst."

„Das is recht. Denn wenn du nur erst recht zerrieben un recht mürbe bist, dann wirst du wohl wieder zu Verstande kommen."

„Nie."

„Man muss nie ‚nie' sagen, Corinna. Das war ein Hauptsatz von Schmolke. Un das muss wahr sein, ich habe noch jedes Mal gefunden, wenn einer ‚nie' sagte, dann is es immer dicht vorm Umkippen. Un ich wollte, dass es mit dir auch so wäre."

Corinna seufzte.

---

[1] bogenförmige Tortenverzierung aus Zucker
[2] Heftigkeit

„Sieh, Corinna, du weißt, dass ich immer dagegen war. Denn es is ja doch ganz klar, dass du deinen Vetter Marcell heiraten musst."

„Liebe Schmolke, nur kein Wort von *dem*."

„Ja, das kennt man, das is das Unrechtsgefühl. Aber ich will nichts weiter sagen un will nur sagen, was ich schon gesagt habe, dass ich immer dagegen war, ich meine gegen Leopold, un dass ich einen Schreck kriegte, als du mir's sagtest. Aber als du mir dann sagtest, dass die Kommerzienrätin sich ärgern würde, da gönnt ich's ihr un dachte, ,warum nich? warum soll es nich gehn? Un wenn der Leopold auch bloß ein Wickelkind is, Corinnchen wird ihn schon aufpäppeln und ihn zu Kräften bringen.' Ja, Corinna, so dacht ich un hab es dir auch gesagt. Aber es war ein schlechter Gedanke, denn man soll seinen Mitmenschen nich ärgern, auch wenn man ihn nich leiden kann, un was mir zuerst kam, der Schreck über deine Verlobung, das war doch das Richtige. Du musst einen klugen Mann haben, einen, der eigentlich klüger ist als du – du bist übrigens gar nich mal so klug – un der was Männliches hat, so wie Schmolke, un vor dem du Respekt hast. Un vor Leopold kannst du keinen Respekt haben. Liebst du'n denn noch immer?"

„Ach, ich denke ja gar nicht dran, liebe Schmolke."

„Na, Corinna, denn is es Zeit, un denn musst du nu Schicht damit machen.[1] Du kannst doch nich die ganze Welt auf den Kopp stellen un dein un andrer Leute Glück, worunter auch dein Vater un deine alte Schmolke is, verschütten un verderben wollen, bloß um der alten Kommerzienrätin mit ihrem Puffscheitel[2] und ihren Brillantbommeln einen Tort[3] anzutun. Es is eine geldstolze Frau, die den Apfelsinenladen vergessen hat un immer bloß ötepötöte tut un den alten Professor anschmachtet un ihn auch ,Wilibald' nennt, als ob sie noch auf'n Hausboden Versteck miteinander spielten un hinterm Torf stünden, denn damals hatte man noch Torf auf'm Boden, un wenn man runterkam,

---

[1] (umgangssprachlich) Schluss damit machen
[2] Mittelscheitel bei aufgepufftem, aufgebauschtem Haar
[3] Ärger, Kränkung

sah man immer aus wie'n Schornsteinfeger – ja, sieh, Corinna, das hat alles seine Richtigkeit, un ich hätt' ihr so was gegönnt, un Ärger genug wird sie woll auch gehabt haben. Aber wie der alte Pastor Thomas zu Schmolke un mir in unsrer Traurede gesagt hat: ‚Liebet euch untereinander, denn der Mensch soll sein Leben nich auf den Hass, sondern auf die Liebe stellen' (dessen Schmolke un ich auch immer eingedenk gewesen sind) – so, meine liebe Corinna, sag ich es auch zu dir, man soll sein Leben nich auf den Hass stellen. Hast du denn wirklich einen solchen Hass auf die Rätin, das heißt einen richtigen?"

„Ach, ich denke ja gar nicht dran, liebe Schmolke."

„Ja, Corinna, da kann ich dir bloß noch mal sagen, dann is es wirklich die höchste Zeit, dass was geschieht. Denn wenn du *ihn* nicht liebst und *ihr* nich hasst, denn weiß ich nich, was die ganze Geschichte überhaupt noch soll."

„Ich auch nicht."

Und damit umarmte Corinna die gute Schmolke, und diese sah denn auch gleich an einem Flimmer in Corinnas Augen, dass nun alles vorüber und dass der Sturm gebrochen sei.

„Na, Corinna, denn wollen wir's schon kriegen, un es kann noch alles gut werden. Aber nu gib die Form her, dass wir ihn eintun, denn eine Stunde muss er doch wenigstens kochen. Un vor Tisch sag ich deinem Vater kein Wort, weil er sonst vor Freude nich essen kann …"

„Ach, der äße doch."

„Aber nach Tisch sag ich's ihm, wenn er auch um seinen Schlaf kommt. Und geträumt hab ich's auch schon un habe dir nur nichts davon sagen wollen. Aber nun kann ich es ja. Sieben Kutschen, und die beiden Kälber von Professor Kuh waren Brautjungfern. Natürlich, Brautjungfern möchten sie immer alle sein, denn auf die kuckt alles, beinah mehr noch als auf die Braut, weil die ja schon weg ist; un meistens kommen sie auch bald ran. Un bloß den Pastor konnt' ich nich recht erkennen. Thomas war es nich. Aber vielleicht war es Souchon, bloß dass er ein bisschen zu dicklich war."

Fünfzehntes Kapitel

Der Pudding erschien Punkt zwei, und Schmidt hatte sich denselben munden lassen. In seiner behaglichen Stimmung entging es ihm durchaus, dass Corinna für alles, was er sagte, nur ein stummes Lächeln hatte; denn er war ein liebenswürdiger Egoist, wie die meisten seines Zei- 5 chens, und kümmerte sich nicht sonderlich um die Stimmung seiner Umgebung, solange nichts passierte, was dazu angetan war, *ihm* die Laune direkt zu stören.

„Und nun lass abdecken, Corinna; ich will, eh' ich mich ein bisschen ausstrecke, noch einen Brief an Marcell schrei- 10 ben oder doch wenigstens ein paar Zeilen. Er hat nämlich die Stelle. Distelkamp, der immer noch alte Beziehungen unterhält, hat mich's heute Vormittag wissen lassen." Und während der Alte das sagte, sah er zu Corinna hinüber, weil er wahrnehmen wollte, wie diese wichtige Nachricht 15 auf seiner Tochter Gemüt wirke. Er sah aber nichts, vielleicht weil nichts zu sehen war, vielleicht auch, weil er kein scharfer Beobachter war, selbst dann nicht, wenn er's ausnahmsweise mal sein wollte.

Corinna, während der Alte sich erhob, stand ebenfalls auf 20 und ging hinaus, um draußen die nötigen Ordres zum Abräumen an die Schmolke zu geben. Als diese bald danach eintrat, setzte sie mit jenem absichtlichen und ganz unnötigen Lärmen, durch den alte Dienerinnen ihre dominierende Hausstellung auszudrücken lieben, die he- 25 rumstehenden Teller und Bestecke zusammen, derart, dass die Messer- und Gabelspitzen nach allen Seiten hin herausstarrten, und drückte diesen Stachelturm im selben Augenblicke, wo sie sich zum Hinausgehen anschickte, fest an sich. 30

„Pieken Sie sich nicht, liebe Schmolke", sagte Schmidt, der sich gern einmal eine kleine Vertraulichkeit erlaubte.

„Nein, Herr Professor, von pieken is keine Rede nich mehr, schon lange nich. Un mit der Verlobung is es auch vorbei." 35

„Vorbei. Wirklich? Hat sie was gesagt?"

„Ja, wie sie die Semmel zu den Pudding rieb, ist es mit eins rausgekommen. Es stieß ihr schon lange das Herz ab, und

sie wollte bloß nichts sagen. Aber nu is es ihr zu langweilig geworden, das mit Leopolden. Immer bloß kleine Billetter mit'n Vergissmeinnicht draußen un'n Veilchen drin; da sieht sie nu doch wohl, dass er keine rechte Courage[1]
5 hat un dass seine Furcht vor der Mama noch größer is als seine Liebe zu ihr."

„Nun, das freut mich. Und ich hab es auch nicht anders erwartet. Und Sie wohl auch nicht, liebe Schmolke. Der Marcell ist doch ein andres Kraut. Und was heißt gute
10 Partie? Marcell ist Archäologe."

„Versteht sich", sagte die Schmolke, die sich dem Professor gegenüber grundsätzlich nie zur Unvertrautheit mit Fremdwörtern bekannte.

„Marcell, sag ich, ist Archäologe. Vorläufig rückt er an
15 Hedrichs Stelle. Gut angeschrieben ist er schon lange, seit Jahr und Tag. Und dann geht er mit Urlaub und Stipendium nach Mykenä …"

Die Schmolke drückte auch jetzt wieder ihr volles Verständnis und zugleich ihre Zustimmung aus.

20 „Und vielleicht", fuhr Schmidt fort, „auch nach Tiryns[2] oder wo Schliemann grade steckt. Und wenn er von da zurück ist und mir einen Zeus für diese meine Stube mitgebracht hat …", und er wies dabei unwillkürlich nach dem Ofen oben, als dem einzigen für Zeus noch leeren
25 Fleck, … „wenn er von da zurück ist, sag ich, so ist ihm eine Professur gewiss. Die Alten können nicht ewig leben. Und sehen Sie, liebe Schmolke, das ist das, was ich eine gute Partie nenne."

„Versteht sich, Herr Professor. Wovor sind denn auch die
30 Examens un all das? Un Schmolke, wenn er auch kein Studierter war, sagte auch immer …"

„Und nun will ich an Marcell schreiben und mich dann ein Viertelstündchen hinlegen. Und um halb vier den Kaffee. Aber nicht später."

35 Um halb vier kam der Kaffee. Der Brief an Marcell, ein Rohrpostbrief, zu dem sich Schmidt nach einigem Zögern

---

[1] Mut, Schneid
[2] antike griechische Burganlage

entschlossen hatte, war seit wenigstens einer halben Stunde fort, und wenn alles gut ging und Marcell zu Hause war, so las er vielleicht in diesem Augenblicke schon die drei lapidaren Zeilen, aus denen er seinen Sieg entnehmen konnte. Gymnasial-Oberlehrer! Bis heute war er nur deutscher Literaturlehrer an einer höheren Mädchenschule gewesen und hatte manchmal grimmig in sich hineingelacht, wenn er über den Codex argenteus[1], bei welchem Worte die jungen Dinger immer kicherten, oder über den Heliand[2] und Beowulf[3] hatte sprechen müssen. Auch hinsichtlich Corinnas waren ein paar dunkle Wendungen in den Brief eingeflochten worden, und alles in allem ließ sich annehmen, dass Marcell binnen kürzester Frist erscheinen würde, seinen Dank auszusprechen.

Und wirklich, fünf Uhr war noch nicht heran, als die Klingel ging und Marcell eintrat. Er dankte dem Onkel herzlich für seine Protektion[4], und als dieser das alles mit der Bemerkung ablehnte, dass, wenn von solchen Dingen überhaupt die Rede sein könne, jeder Dankesanspruch auf Distelkamp falle, sagte Marcell: „Nun, dann also Distelkamp. Aber dass du mir's gleich geschrieben, dafür werd ich mich doch auch bei dir bedanken dürfen. Und noch dazu mit Rohrpost!"

„Ja, Marcell, das mit Rohrpost, das hat vielleicht Anspruch; denn eh' wir Alten uns zu was Neuem bequemen, das dreißig Pfennig kostet, da kann mitunter viel Wasser die Spree runterfließen. Aber was sagst du zu Corinna?"

„Lieber Onkel, du hast da so eine dunkle Wendung gebraucht ... ich habe sie nicht recht verstanden. Du schriebst: ,Kenneth von Leoparden[5] sei auf dem Rückzug.' Ist Leopold gemeint? Und muss es Corinna jetzt als Strafe hinnehmen, dass sich Leopold, den sie so sicher zu haben glaubte, von ihr abwendet?"

---

[1]   (lat.) Buch aus Silber, wertvolle Pergamenthandschrift mit Teilen der gotischen Bibelübersetzung des Bischofs Wulfila (ca. 311–83)
[2]   altsächsische Evangeliendichtung
[3]   altenglisches Heldenepos
[4]   hier: Förderung
[5]   in ironischer Absicht erfundener Name, in Anspielung auf einen altschottischen Königsnamen und „Leopold"

„Es wäre so schlimm nicht, wenn es so läge. Denn in diesem Falle wäre die Demütigung, von der man doch wohl sprechen muss, noch um einen Grad größer. Und sosehr ich Corinna liebe, so muss ich doch zugeben, dass ihr ein Denkzettel wohl nottäte."

Marcell wollte zum Guten reden ...

„Nein, verteidige sie nicht, sie hätte so was verdient. Aber die Götter haben es doch milder mit ihr vor und diktieren ihr statt der ganzen Niederlage, die sich in Leopolds selbst gewolltem Rückzuge aussprechen würde, nur die halbe Niederlage zu, nur die, dass die Mutter nicht will und dass meine gute Jenny, trotz Lyrik und obligater[1] Träne, sich ihrem Jungen gegenüber doch mächtiger erweist als Corinna."

„Vielleicht nur, weil Corinna sich noch rechtzeitig besann und nicht alle Minen springen lassen[2] wollte."

„Vielleicht ist es so. Aber wie es auch liegen mag, Marcell, wir müssen uns nun darüber schlüssig machen, wie du zu dieser ganzen Tragikomödie dich stellen willst, so oder so. Ist dir Corinna, die du vorhin so großmütig verteidigen wolltest, verleidet oder nicht? Findest du, dass sie wirklich eine gefährliche Person ist, voll Oberflächlichkeit und Eitelkeit, oder meinst du, dass alles nicht so schlimm und ernsthaft war, eigentlich nur bloße Marotte, die verziehen werden kann? Darauf kommt es an."

„Ja, lieber Onkel, ich weiß wohl, wie ich dazu stehe. Aber ich bekenne dir offen, ich hörte gern erst deine Meinung. Du hast es immer gut mit mir gemeint und wirst Corinna nicht mehr loben, als sie verdient. Auch schon aus Selbstsucht nicht, weil du sie gern im Hause behieltest. Und ein bisschen Egoist bist du ja wohl. Verzeih, ich meine nur so dann und wann und in einzelnen Stücken ..."

„Sage dreist in allen. Ich weiß das auch und getröste mich damit, dass es in der Welt öfters vorkommt. Aber das sind Abschweifungen. Von Corinna soll ich sprechen und will auch. Ja, Marcell, was ist da zu sagen? Ich glaube, sie war

---

[1] obligat (hier): unvermeidlich
[2] Anspielung auf Lady Milford in Schillers „Kabale und Liebe" (1784): „Ich lass alle Minen sprengen." (II,3)

ganz ernsthaft dabei, hat dir's ja auch damals ganz frank und frei erklärt, und du hast es auch geglaubt, mehr noch als ich. Das war die Sachlage, so stand es vor ein paar Wochen. Aber jetzt, darauf möcht ich mich verwetten, jetzt ist sie gänzlich umgewandelt, und wenn die Treibels ihren Leopold zwischen lauter Juwelen und Goldbarren setzen wollten, ich glaube, sie nähm' ihn nicht mehr. Sie hat eigentlich ein gesundes und ehrliches und aufrichtiges Herz, auch einen feinen Ehrenpunkt, und nach einer kurzen Abirrung ist ihr mit einem Male klar geworden, was es eigentlich heißt, wenn man mit zwei Familienporträts und einer väterlichen Bibliothek in eine reiche Familie hineinheiraten will. Sie hat den Fehler gemacht, sich einzubilden, ,das ginge so', weil man ihrer Eitelkeit beständig Zuckerbrot gab und so tat, als bewerbe man sich um sie. Aber bewerben und bewerben ist ein Unterschied. Gesellschaftlich, das geht eine Weile; nur nicht fürs Leben. In eine Herzogsfamilie kann man allenfalls hineinkommen, in eine Bourgeoisfamilie nicht. Und wenn *er*, der Bourgeois, es auch wirklich übers Herz brächte – seine Bourgeoise gewiss nicht, am wenigsten wenn sie Jenny Treibel, née[1] Bürstenbinder heißt. Rundheraus, Corinnas Stolz ist endlich wachgerufen, lass mich hinzusetzen: Gott sei Dank, und gleichviel nun, ob sie's noch hätte durchsetzen können oder nicht, sie mag es und will es nicht mehr, sie hat es satt. Was vordem halb Berechnung, halb Übermut war, das sieht sie jetzt in einem andern Licht und ist ihr Gesinnungssache geworden. Da hast du meine Weisheit. Und nun lass mich noch einmal fragen, wie gedenkst du dich zu stellen? Hast du Lust und Kraft, ihr die Torheit zu verzeihen?"

„Ja, lieber Onkel, das hab ich. Natürlich, so viel ist richtig, es wäre mir ein gut Teil lieber, die Geschichte hätte *nicht* gespielt; aber da sie nun einmal gespielt hat, nehm ich mir das Gute daraus. Corinna hat nun wohl für immer mit der Modernität und dem krankhaften Gewichtlegen aufs Äußerliche gebrochen und hat stattdessen die von ihr verspotteten Lebensformen wieder anerkennen gelernt, in denen sie groß geworden ist."

---

[1] (franz.) geborene

Der Alte nickte.

„Mancher", fuhr Marcell fort, „würde sich anders dazu stellen, das ist mir völlig klar; die Menschen sind eben verschieden, das sieht man alle Tage. Da hab ich beispiels-
5 weise, ganz vor Kurzem erst, eine kleine reizende Geschichte von Heyse[1] gelesen, in der ein junger Gelehrter, ja, wenn mir recht ist, sogar ein archäologisch Angekränkelter, also eine Art Spezialkollege von mir, eine junge Baronesse liebt und auch herzlich und aufrichtig wieder-
10 geliebt wird; er weiß es nur noch nicht recht, ist ihrer noch nicht ganz sicher. Und in diesem Unsicherheitszustande hört er in der zufälligen Verborgenheit einer Taxushecke[2], wie die mit einer Freundin im Park lustwandelnde Baronesse eben dieser ihrer Freundin allerhand Confessions
15 macht, von ihrem Glück und ihrer Liebe plaudert und sich's nur leider nicht versagt, ein paar scherzhaft übermütige Bemerkungen über ihre Liebe mit einzuflechten. Und dies hören und sein Ränzel[3] schnüren und sofort das Weite suchen, ist für den Liebhaber und Archäologen eins.
20 Mir ganz unverständlich. Ich, lieber Onkel, hätt' es anders gemacht, *ich* hätte nur die Liebe herausgehört und nicht den Scherz und nicht den Spott, und wäre, statt abzureisen, meiner geliebten Baronesse wahnsinnig glücklich zu Füßen gestürzt, von nichts sprechend als von meinem
25 unendlichen Glück. Da hast du meine Situation, lieber Onkel. Natürlich kann man's auch anders machen; ich bin für mein Teil indessen herzlich froh, dass ich nicht zu den Feierlichen gehöre. Respekt vor dem Ehrenpunkt, gewiss; aber zu viel davon ist vielleicht überall vom Übel und in
30 der Liebe nun schon ganz gewiss."

„Bravo, Marcell. Hab es übrigens nicht anders erwartet und seh auch darin wieder, dass du meiner leiblichen Schwester Sohn bist. Sieh, das ist das Schmidt'sche in dir, dass du so sprechen kannst; keine Kleinlichkeit, keine Ei-
35 telkeit, immer aufs Rechte und immer aufs Ganze. Komm

---

[1] Gemeint ist die Novelle „Unvergessbare Worte" (1883) von Paul Heyse (1830–1914).

[2] Eibenhecke

[3] Reisebündel, Rucksack

her, Junge, gib mir einen Kuss. Einer ist eigentlich zu wenig, denn wenn ich bedenke, dass du mein Neffe und
Kollege und nun bald auch mein Schwiegersohn bist,
denn Corinna wird doch wohl nicht Nein sagen, dann sind
auch zwei Backenküsse kaum noch genug. Und *die* Genugtuung sollst du haben, Marcell, Corinna muss an dich
schreiben und sozusagen beichten und Vergebung der
Sünden bei dir anrufen."
„Um Gottes willen, Onkel, mache nur nicht so was. Zunächst wird sie's nicht tun, und wenn sie's tun wollte, so
würd' ich doch das nicht mit ansehn können. Die Juden,
so hat mir Friedeberg erst ganz vor Kurzem erzählt, haben
ein Gesetz oder einen Spruch, wonach es als ganz besonders strafwürdig gilt, ‚einen Mitmenschen zu beschämen',
und ich finde, das ist ein kolossal feines Gesetz und beinah
schon christlich. Und wenn man niemanden beschämen
soll, nicht einmal seine Feinde, ja, lieber Onkel, wie käm'
ich dann dazu, meine liebe Cousine Corinna beschämen
zu wollen, die vielleicht schon nicht weiß, wo sie vor Verlegenheit hinsehen soll. Denn wenn die Nichtverlegenen
mal verlegen werden, dann werden sie's auch ordentlich,
und ist einer in solch peinlicher Lage wie Corinna, da hat
man die Pflicht, ihm goldne Brücken zu baun. *Ich* werde
schreiben, lieber Onkel."
„Bist ein guter Kerl, Marcell; komm her, noch einen. Aber
sei nicht *zu* gut, das können die Weiber nicht vertragen,
nicht einmal die Schmolke."

Sechzehntes Kapitel

Und Marcell schrieb wirklich, und am andern Morgen
lagen zwei an Corinna adressierte Briefe auf dem Frühstückstisch, einer in kleinem Format mit einem Land-
schaftsbildchen in der linken Ecke, Teich und Trauerwei-
de, worin Leopold, zum ach, wie vielsten Male, von
seinem „unerschütterlichen Entschlusse" sprach, der andere, ohne malerische Zutat, von Marcell. Dieser lautete:
„Liebe Corinna! Der Papa hat gestern mit mir gesprochen
und mich zu meiner innigsten Freude wissen lassen, dass,

verzeih, es sind seine eignen Worte, ‚Vernunft wieder an
zu sprechen fange'[1]. ‚Und', so setzte er hinzu, ‚die rechte
Vernunft käme aus dem Herzen.' Darf ich es glauben? Ist
ein Wandel eingetreten, die Bekehrung, auf die ich ge-
5 hofft? Der Papa wenigstens hat mich dessen versichert. Er
war auch der Meinung, dass Du bereit sein würdest, dies
gegen mich auszusprechen, aber ich habe feierlichst dagegen protestiert, denn mir liegt gar nicht daran, Unrechts-
oder Schuldgeständnisse zu hören; – *das*, was ich jetzt
10 weiß, wenn auch noch nicht aus Deinem Munde, genügt
mir völlig, macht mich unendlich glücklich und löscht
alle Bitterkeit aus meiner Seele. Manch einer würde mir in
diesem Gefühl nicht folgen können, aber ich habe da, wo
mein Herz spricht, nicht das Bedürfnis, zu einem Engel zu
15 sprechen, im Gegenteil, mich bedrücken Vollkommen-
heiten, vielleicht weil ich nicht an sie glaube; Mängel, die
ich menschlich begreife, sind mir sympathisch, auch dann
noch, wenn ich unter ihnen leide. Was Du mir damals
sagtest, als ich Dich an dem Mr.-Nelson-Abend von Trei-
20 bels nach Hause begleitete, das weiß ich freilich noch alles,
aber es lebt nur in meinem Ohr, nicht in meinem Herzen.
In meinem Herzen steht nur das eine, das immer darin
stand, von Anfang an, von Jugend auf.
Ich hoffe Dich heute noch zu sehen. Wie immer Dein Mar-
25 cell."
Corinna reichte den Brief ihrem Vater. Der las nun auch
und blies dabei doppelte Dampfwolken; als er aber fertig
war, stand er auf und gab seinem Liebling einen Kuss auf
die Stirn: „Du bist ein Glückskind. Sieh, das ist das, was
30 man das Höhere nennt, das wirklich Ideale, nicht das von
meiner Freundin Jenny. Glaube mir, das Klassische, was
sie jetzt verspotten, das ist das, was die Seele frei macht,
das Kleinliche nicht kennt und das Christliche vorahnt
und vergeben und vergessen lehrt, weil wir alle des Ruh-
35 mes mangeln. Ja, Corinna, das Klassische, das hat Sprüche
wie Bibelsprüche. Mitunter beinah noch etwas drüber. Da

---

[1] zitiert nach Goethes „Faust I": „Vernunft fängt wieder an zu sprechen." (Studierzimmer)

haben wir zum Beispiel den Spruch: ‚Werde, der du bist'[1], ein Wort, das nur ein Grieche sprechen konnte. Freilich, dieser Werdeprozess, der hier gefordert wird, muss sich verlohnen, aber wenn mich meine väterliche Befangenheit nicht täuscht, bei *dir* verlohnt es sich. Diese Treibelei war ein Irrtum, ein ‚Schritt vom Wege'[2], wie jetzt, wie du wissen wirst, auch ein Lustspiel heißt, noch dazu von einem Kammergerichtsrat. Das Kammergericht, Gott sei Dank, war immer literarisch. Das Literarische macht frei ... Jetzt hast du das Richtige wiedergefunden und dich selbst dazu ... ‚Werde, der du bist', sagt der große Pindar, und deshalb muss auch Marcell, um der zu werden, der er ist, in die Welt hinaus, an die großen Stätten, und besonders an die ganz alten. Die ganz alten, das ist immer wie das Heilige Grab; dahin gehen die Kreuzzüge der Wissenschaft, und seid ihr erst von Mykenä wieder zurück – ich sage ‚ihr', denn du wirst ihn begleiten, die Schliemann ist auch immer dabei –, so müsste keine Gerechtigkeit sein, wenn ihr nicht übers Jahr Privatdozent wärt oder Extraordinarius[3]."

Corinna dankte ihm, dass er sie gleich mit ernenne, vorläufig indes sei sie mehr für Haus und Kinderstube. Dann verabschiedete sie sich und ging in die Küche, setzte sich auf einen Schemel und ließ die Schmolke den Brief lesen.

„Nun, was sagen Sie, liebe Schmolke?"

„Ja, Corinna, was soll ich sagen? Ich sage bloß, was Schmolke immer sagte: Manchen gibt es der liebe Gott im Schlaf. Du hast ganz unverantwortlich un beinahe schauderöse gehandelt un kriegst ihn nu doch. Du bist ein Glückskind."

„Das hat mir Papa auch gesagt."

„Na, denn muss es wahr sein, Corinna. Denn was ein Professor sagt, is immer wahr. Aber nu keine Flausen mehr und keine Witzchen, davon haben wir nu genug gehabt mit dem armen Leopold, der mir doch eigentlich leidtun kann, denn er hat sich ja nich selber gemacht, un

---

[1] Zitat aus der zweiten Pythischen Ode Pindars (V. 71)
[2] Lustspiel (1872) von Ernst Wiehert (1831 – 1902)
[3] außerordentlicher, nicht planmäßiger Professor

der Mensch is am Ende, wie er is. Nein, Corinna, nu wollen wir ernsthaft werden. Und wann meinst du denn, dass es losgeht oder in die Zeitung kommt? Morgen?"

„Nein, liebe Schmolke, so schnell geht es nicht. Ich muss
5 ihn doch erst sehn und ihm einen Kuss geben …"

„Versteht sich, versteht sich. Eher geht es nich …"

„Und dann muss ich doch auch dem armen Leopold erst abschreiben. Er hat mir ja erst heute wieder versichert, dass er für mich leben und sterben will …"

10 „Ach Jott, der arme Mensch."

„Am Ende ist er auch ganz froh …"

„Möglich is es."

Noch am selben Abend, wie sein Brief es angezeigt, kam Marcell und begrüßte zunächst den in seine Zeitungslek-
15 türe vertieften Onkel, der ihm denn auch – vielleicht weil er die Verlobungsfrage für erledigt hielt – etwas zerstreut und das Zeitungsblatt in der Hand mit den Worten entgegentrat: „Und nun sage, Marcell, was sagst du dazu? Summus Episcopus[1] … Der Kaiser, unser alter Wilhelm, ent-
20 kleidet sich davon und will es nicht mehr, und Kögel wird es. Oder vielleicht Stoecker[2] …"

„Ach, lieber Onkel, erstlich glaub ich es nicht. Und dann, ich werde ja doch schwerlich im Dom getraut werden …"

„Hast recht. Ich habe den Fehler aller Nichtpolitiker, über
25 einer Sensationsnachricht, die natürlich hinterher immer falsch ist, alles Wichtigere zu vergessen. Corinna sitzt drüben in ihrem Zimmer und wartet auf dich, und ich denke mir, es wird wohl das Beste sein, ihr macht es untereinander ab; ich bin auch mit der Zeitung noch nicht ganz fertig,
30 und ein Dritter geniert bloß, auch wenn es der Vater ist."

Corinna, als Marcell eintrat, kam ihm herzlich und freundlich entgegen, etwas verlegen, aber doch zugleich sichtlich gewillt, die Sache nach ihrer Art zu behandeln, also so

---

[1]   oberster Bischof, bis 1918 in der evangelischen Kirche zugleich Landesfürst

[2]   Adolf Stoecker (1835–1909): Hofprediger in Berlin (1874–90), Gründer der Christlich-Sozialen Arbeiterpartei, gilt heute aufgrund seiner antisemitischen Geisteshaltung als ein Wegbereiter des Nationalsozialismus.

wenig tragisch wie möglich. Von drüben her fiel der Abendschein ins Fenster, und als sie sich gesetzt hatten, nahm sie seine Hand und sagte: „Du bist so gut, und ich hoffe, dass ich dessen immer eingedenk sein werde. Was ich wollte, war nur Torheit." 5

„Wolltest du's denn wirklich?"

Sie nickte.

„Und liebtest ihn ganz ernsthaft?"

„Nein. Aber ich wollte ihn ganz ernsthaft heiraten. Und mehr noch, Marcell, ich glaube auch nicht, dass ich sehr 10 unglücklich geworden wäre, das liegt nicht in mir, freilich auch wohl nicht sehr glücklich. Aber wer ist glücklich? Kennst du wen? Ich nicht. Ich hätte Malstunden genommen und vielleicht auch Reitunterricht, und hätte mich an der Riviera mit ein paar englischen Familien angefreun- 15 det, natürlich solche mit einer Pleasure-Yacht, und wäre mit ihnen nach Korsika oder nach Sizilien gefahren, im- mer der Blutrache nach. Denn ein Bedürfnis nach Aufre- gung würd' ich doch wohl zeitlebens gehabt haben; Leo- pold ist etwas schläfrig. Ja, so hätt' ich gelebt." 20

„Du bleibst immer dieselbe und malst dich schlimmer, als du bist."

„Kaum; aber freilich auch nicht besser. Und deshalb glaubst du mir wohl auch, wenn ich dir jetzt versichre, dass ich froh bin, aus dem allen heraus zu sein. Ich habe 25 von früh an den Sinn für Äußerlichkeiten gehabt und hab ihn vielleicht noch, aber seine Befriedigung kann doch zu teuer erkauft werden, das hab ich jetzt einsehen ge- lernt."

Marcell wollte noch einmal unterbrechen, aber sie litt es 30 nicht.

„Nein, Marcell, ich muss noch ein paar Worte sagen. Sieh, das mit dem Leopold, das wäre vielleicht gegangen, wa- rum am Ende nicht? Einen schwachen, guten, unbedeu- tenden Menschen zur Seite zu haben kann sogar ange- 35 nehm sein, kann einen Vorzug bedeuten. Aber diese Mama, diese furchtbare Frau! Gewiss, Besitz und Geld haben einen Zauber, wär' es nicht so, so wäre mir meine Verirrung erspart geblieben; aber wenn Geld alles ist und Herz und Sinn verengt und zum Überfluss Hand in Hand 40

geht mit Sentimentalität und Tränen – dann empört sich's
hier, und *das* hinzunehmen, wäre mir hart angekommen,
wenn ich's auch vielleicht ertragen hätte. Denn ich gehe
davon aus, der Mensch in einem guten Bett und in guter
5 Pflege kann eigentlich viel ertragen."

Den zweiten Tag danach stand es in den Zeitungen, und
zugleich mit den öffentlichen Anzeigen trafen Karten ein.
Auch bei Kommerzienrats. Treibel, der, nach vorgängigem
Einblick in das Kuvert, ein starkes Gefühl von der Wich-
10 tigkeit dieser Nachricht und ihrem Einfluss auf die Wie-
derherstellung häuslichen Friedens und passabler Laune
hatte, säumte nicht, in das Damenzimmer hinüberzuge-
hen, wo Jenny mit Hildegard frühstückte. Schon beim Eintreten hielt er den Brief in die Höhe und sagte: „Was kriege
15 ich, wenn ich euch den Inhalt dieses Briefes mitteile?"
„Fordere", sagte Jenny, in der vielleicht eine Hoffnung
dämmerte.
„Einen Kuss."
„Keine Albernheiten, Treibel."
20 „Nun, wenn es von dir nicht sein kann, dann wenigstens
von Hildegard."
„Zugestanden", sagte diese. „Aber nun lies."
Und Treibel las: „‚Die am heutigen Tage stattgehabte Verlobung meiner Tochter …', ja, meine Damen, welcher Tochter?
25 Es gibt viele Töchter. Noch einmal also, ratet. Ich verdopple
den von mir gestellten Preis … also ‚meiner Tochter Corinna
mit dem Doktor Marcell Wedderkopp, Oberlehrer und
Leutnant der Reserve im brandenburgischen Füsilierregi-
ment Nr. 35[1], habe ich die Ehre hiermit ganz ergebenst an-
30 zuzeigen. Doktor Wilibald Schmidt, Professor und Oberlehrer am Gymnasium zum Heiligen Geist.'"
Jenny, durch Hildegards Gegenwart behindert, begnügte
sich, ihrem Gatten einen triumphierenden Blick zuzuwer-
fen. Hildegard selbst aber, die sofort wieder auf Suche
35 nach einem Formfehler war, sagte nur: „Ist das alles? Soviel ich weiß, pflegt es Sache der Verlobten zu sein, auch

---

[1]   das in Brandenburg an der Havel stationierte Infanterieregiment
Prinz Heinrich von Preußen

ihrerseits noch ein Wort zu sagen. Aber die Schmidt-Wedderkopps haben am Ende darauf verzichtet."

„Doch nicht, teure Hildegard. Auf dem zweiten Blatt, das ich unterschlagen habe, haben auch die Brautleute gesprochen. Ich überlasse dir das Schriftstück als Andenken an deinen Berliner Aufenthalt und als Beweis für den allmählichen Fortschritt hiesiger Kulturformen. Natürlich stehen wir noch eine gute Strecke zurück, aber es macht sich allmählich. Und nun bitt ich um meinen Kuss."

Hildegard gab ihm zwei, und so stürmisch, dass ihre Bedeutung klar war. Dieser Tag bedeutete *zwei* Verlobungen.

Der letzte Sonnabend im Juli war als Marcells und Corinnas Hochzeitstag angesetzt worden; „nur keine langen Verlobungen", betonte Wilibald Schmidt, und die Brautleute hatten begreiflicherweise gegen ein beschleunigtes Verfahren nichts einzuwenden. Einzig und allein die Schmolke, die's mit der Verlobung so eilig gehabt hatte, wollte von solcher Beschleunigung nicht viel wissen und meinte, bis dahin sei ja bloß noch drei Wochen, also nur gerade noch Zeit genug, „um dreimal von der Kanzel zu fallen"[1], und das ginge nicht, das sei zu kurz, darüber redeten die Leute; schließlich aber gab sie sich zufrieden oder tröstete sich wenigstens mit dem Satze: Geredet wird doch.

Am Siebenundzwanzigsten war kleiner Polterabend in der Schmidt'schen Wohnung, den Tag darauf Hochzeit im „Englischen Hause"[2]. Prediger Thomas traute. Drei Uhr fuhren die Wagen vor der Nikolaikirche vor, sechs Brautjungfern, unter denen die beiden Kuh'schen Kälber und die zwei Felgentreus waren. Letztere, wie schon hier verraten werden mag, verlobten sich in einer Tanzpause mit den zwei Referendarien vom Quartett, denselben jungen Herren, die die Halenseepartie mitgemacht hatten. Der natürlich auch geladene Jodler wurde von den Kuhs heftig

---

[1] Beim kirchlichen Aufgebot verkündete der Geistliche an drei aufeinanderfolgenden Sonntagen von der Kanzel die Heiratsabsicht eines Brautpaares.

[2] Restaurant des Speisewirts A. Huster

in Angriff genommen, widerstand aber, weil er, als Eck-
haussohn[1], an solche Sturmangriffe gewöhnt war. Die
Kuh'schen Töchter selbst fanden sich ziemlich leicht in
diesen Echec[2] – „Er war der Erste nicht, er wird der Letzte nicht sein", sagte Schmidt –, und nur die Mutter zeigte
bis zuletzt eine starke Verstimmung.

Sonst war es eine durchaus heitere Hochzeit, was zum Teil
damit zusammenhing, dass man von Anfang an alles auf
die leichte Schulter genommen hatte. Man wollte vergeben und vergessen, hüben und drüben, und so kam es
denn auch, dass, um die Hauptsache vorwegzunehmen,
alle Treibels nicht nur geladen, sondern mit alleiniger Ausnahme von Leopold, der an demselben Nachmittage nach
dem Eierhäuschen ritt, auch vollzählig erschienen waren.
Allerdings hatte die Kommerzienrätin anfänglich stark
geschwankt, ja, sogar von Taktlosigkeit und Affront gesprochen, aber ihr zweiter Gedanke war doch der gewesen, den ganzen Vorfall als eine Kinderei zu nehmen und
dadurch das schon hier und da laut gewordene Gerede
der Menschen auf die leichteste Weise totzumachen. Bei
diesem zweiten Gedanken blieb es denn auch; die Rätin,
freundlich-lächelnd wie immer, trat in pontificalibus[3] auf
und bildete ganz unbestritten das Glanz- und Repräsen-
tationsstück der Hochzeitstafel. Selbst die Honig und die
Wulsten waren auf Corinnas dringenden Wunsch eingeladen worden; Erstere kam auch, die Wulsten dagegen
entschuldigte sich brieflich, „weil sie Lizzi, das süße Kind,
doch nicht allein lassen könne". Dicht unter der Stelle „das
süße Kind" war ein Fleck, und Marcell sagte zu Corinna:
„Eine Träne, und ich glaube, eine echte." Von den Professoren waren, außer den schon genannten Kuhs, nur Distelkamp und Rindfleisch zugegen, da sich die mit jün-
gerem Nachwuchs Gesegneten sämtlich in Kösen, Ahlbeck
und Stolpemünde[4] befanden. Trotz dieser Personaleinbu-
ße war an Toasten kein Mangel; der Distelkamp'sche war

---

[1] Sohn eines wohlhabenden (Eck-)Hausbesitzers
[2] Niederlage
[3] im priesterlichen Gewand; hier scherzhaft: im Festgewand
[4] Ferienorte in Sachsen und an der Ostsee

der beste, der Felgentreu'sche der logisch ungeheuerlichste, weshalb ihm ein hervorragender, vom Ausbringer
allerdings unbeabsichtigter Lacherfolg zuteilwurde.
Mit dem Herumreichen des Konfekts war begonnen, und
Schmidt ging eben von Platz zu Platz, um den älteren und ₅
auch einigen jüngeren Damen allerlei Liebenswürdiges zu
sagen, als der schon vielfach erschienene Telegrafenbote
noch einmal in den Saal und gleich danach an den alten
Schmidt herantrat. Dieser, von dem Verlangen erfüllt, den
Überbringer so vieler Herzenswünsche schließlich wie ₁₀
den Goethe'schen Sänger[1] königlich zu belohnen, füllte
ein neben ihm stehendes Becherglas mit Champagner und
kredenzte es dem Boten, der es, unter vorgängiger Verbeugung gegen das Brautpaar, mit einem gewissen avec[2]
leerte. Großer Beifall. Dann öffnete Schmidt das Tele ₁₅
gramm, überflog es und sagte: „Vom stammverwandten
Volk der Briten."
„Lesen, lesen."
„… To Doctor Marcell Wedderkopp."
„Lauter." ₂₀
„England expects that every man will do his duty … Unterzeichnet John Nelson."
Im Kreise der sachlich und sprachlich Eingeweihten brach
ein Jubel aus, und Treibel sagte zu Schmidt: „Ich denke
mir, Marcell ist Bürge dafür." ₂₅
Corinna selbst war ungemein erfreut und erheitert über
das Telegramm, aber es gebrach ihr bereits an Zeit, ihrer
glücklichen Stimmung Ausdruck zu geben, denn es war
acht Uhr, und um neuneinhalb Uhr ging der Zug, der sie
zunächst bis München und von da nach Verona oder, wie ₃₀
Schmidt mit Vorliebe sich ausdrückte, „bis an das Grab
der Julia"[3] führen sollte. Schmidt nannte das übrigens alles nur Kleinkram und „Vorschmack", sprach überhaupt
ziemlich hochmütig und orakelte, zum Ärger Kuhs, von

---

[1] Der „Sänger" in Goethes gleichnamiger Ballade (1783) wünscht
   sich als königlichen Lohn statt einer goldenen Kette lieber „den besten Becher Weins".
[2] mit einem Avec: mit Schwung
[3] Verona ist Schauplatz von Shakespeares Tragödie „Romeo und Julia" (1591).

Messenien[1] und dem Taygetos[2], darin sich gewiss noch ein
paar Grabkammern finden würden, wenn nicht von Ari-
stomenes[3] selbst, so doch von seinem Vater. Und als er
endlich schwieg und Distelkamp ein vergnügtes Lächeln
5 über seinen mal wieder sein Steckenpferd tummelnden
Freund Schmidt zeigte, nahm man wahr, dass Marcell und
Corinna den Saal inzwischen verlassen hatten.

Die Gäste blieben noch. Aber gegen zehn Uhr hatten sich
die Reihen doch stark gelichtet; Jenny, die Honig, Helene
10 waren aufgebrochen, und mit Helene natürlich auch Otto,
trotzdem er gern noch eine Stunde zugegeben hätte. Nur
der alte Kommerzienrat hatte sich emanzipiert[4] und saß
neben seinem Bruder Schmidt, eine Anekdote nach der
andern aus dem „Schatzkästlein deutscher Nation" her-
15 vorholend, lauter blutrote Karfunkelsteine[5], von deren
„reinem Glanze" zu sprechen Vermessenheit gewesen
wäre. Treibel, trotzdem Goldammer fehlte, sah sich dabei
von verschiedenen Seiten her unterstützt, am ausgie-
bigsten von Adolar Krola, dem denn auch Fachmänner
20 wahrscheinlich den Preis zuerkannt haben würden.
Längst brannten die Lichter, Zigarrenwölkchen kräuselten
sich in großen und kleinen Ringen, und junge Paare zogen
sich mehr und mehr in ein paar Saalecken zurück, in denen
ziemlich unmotiviert vier, fünf Lorbeerbäume zusammen-
25 standen und eine gegen Profanblicke[6] schützende Hecke
bildeten. Hier wurden auch die Kuh'schen gesehen, die
noch einmal, vielleicht auf Rat der Mutter, einen energischen
Vorstoß auf den Jodler unternahmen, aber auch diesmal
umsonst. Zu gleicher Zeit klimperte man bereits auf dem
30 Flügel, und es war sichtlich der Zeitpunkt nahe, wo die
Jugend ihr gutes Recht beim Tanze behaupten würde.

---

[1] antiker Staat im Südwesten der Peloponnes
[2] Gebirge auf der Peloponnes-Halbinsel zwischen Messenien und
Lakonien
[3] sagenumwobener messenischer König und Heerführer (7./6. Jh.
v. Chr.)
[4] sich selbstständig gemacht
[5] Karfunkel (umgangssprachlich): roter Granat
[6] hier: entweihende, neugierige Blicke

Diesen gefahrdrohenden Moment ergriff der schon vielfach mit „du" und „Bruder" operierende Schmidt mit einer gewissen Feldherrngeschicklichkeit und sagte, während er Krola eine neue Zigarrenkiste zuschob: „Hören
Sie, Sänger und Bruder, carpe diem[1]. Wir Lateiner legen
den Akzent auf die letzte Silbe. Nutze den Tag. Über ein
Kleines und irgendein Klavierpauker wird die Gesamtsi-
tuation beherrschen und uns unsere Überflüssigkeit fühlen lassen. Also noch einmal, was du tun willst, tue bald[2].
Der Augenblick ist da; Krola, du musst mir einen Gefallen
tun und Jennys Lied singen. Du hast es hundertmal begleitet und wirst es wohl auch singen können. Ich glaube,
Wagner'sche Schwierigkeiten sind nicht drin. Und unser
Treibel wird es nicht übel nehmen, dass wir das Herzens-
lied seiner Eheliebsten in gewissem Sinne profanieren.
Denn jedes Schaustellen eines Heiligsten ist das, was ich
Profanierung nenne. Hab ich recht, Treibel, oder täusch
ich mich in dir? Ich *kann* mich in dir nicht täuschen. In
einem Manne wie du kann man sich nicht täuschen, du
hast ein klares und offnes Gesicht. Und nun komm, Krola.
‚Mehr Licht'[3] – das war damals ein großes Wort unseres
Olympiers[4]; aber wir bedürfen seiner nicht mehr, wenigstens hier nicht, hier sind Lichter die Hülle und Fülle.
Komm. Ich möchte diesen Tag als ein Ehrenmann beschließen und in Freundschaft mit aller Welt und nicht
zum wenigsten mit dir, mit Adolar Krola."
Dieser, der an hundert Tafeln wetterfest geworden und im
Vergleich zu Schmidt noch ganz leidlich imstande war,
schritt, ohne langes Sträuben, auf den Flügel zu, während
ihm Schmidt und Treibel Arm in Arm folgten, und ehe der
Rest der Gesellschaft noch eine Ahnung haben konnte,
dass der Vortrag eines Liedes geplant war, legte Krola die
Zigarre beiseite und hob an:

---

[1] (lat.) nütze den Tag, Zitat aus den Oden des Horaz (I,11,8)
[2] Zitat aus dem Neuen Testament: „Als Judas den Bissen Brot genommen hatte, fuhr der Satan in ihn. Jesus sagte zu ihm: Was du tun
willst, das tu bald!" (Joh. 13,27)
[3] angeblich Goethes letzte Worte
[4] Olympier: einer der zwölf „Olympischen Götter"; gemeint ist hier
Goethe.

Glück, von allen deinen Losen
Eines nur erwähl ich mir,
Was soll Gold? Ich liebe Rosen
Und der Blumen schlichte Zier.

5 Und ich höre Waldesrauschen,
Und ich seh ein flatternd Band –
Aug in Auge Blicke tauschen,
Und ein Kuss auf deine Hand.

Geben, nehmen, nehmen, geben,
10 Und dein Haar umspielt der Wind.
Ach, nur das, nur das ist Leben,
Wo sich Herz zum Herzen find't.

Alles war heller Jubel, denn Krolas Stimme war immer
noch voll Kraft und Klang, wenigstens verglichen mit dem,
15 was man sonst in diesem Kreise hörte. Schmidt weinte vor
sich hin. Aber mit einem Male war er wieder da. „Bruder",
sagte er, „das hat mir wohlgetan. Bravissimo. Treibel, unsere Jenny hat doch recht. Es ist was damit, es ist was drin;
ich weiß nicht genau, was, aber das ist es eben – es ist ein
20 wirkliches Lied. Alle echte Lyrik hat was Geheimnisvolles.
Ich hätte doch am Ende dabeibleiben sollen …"
Treibel und Krola sahen sich an und nickten dann zustimmend.
„… Und die arme Corinna! Jetzt ist sie bei Trebbin[1], erste
25 Etappe zu Julias Grab … Julia Capulet, wie das klingt. Es
soll übrigens eine ägyptische Sargkiste sein, was eigentlich noch interessanter ist … Und dann alles in allem, ich
weiß nicht, ob es recht ist, die Nacht so durchzufahren;
früher war das nicht Brauch, früher war man natürlicher,
30 ich möchte sagen sittlicher. Schade, dass meine Freundin
Jenny fort ist, die sollte darüber entscheiden. Für mich
persönlich steht es fest, Natur ist Sittlichkeit und überhaupt die Hauptsache. Geld ist Unsinn, Wissenschaft ist
Unsinn, alles ist Unsinn. Professor auch. Wer es bestreitet,
35 ist ein pecus[2]. Nicht wahr, Kuh? … Kommen Sie, meine
Herren, komm, Krola … Wir wollen nach Hause gehen."

---

[1] Kleinstadt in der Nähe von Berlin
[2] Vieh; einfältiger Mensch, Rindvieh, Ochse

Anhang

1. Zur Biografie des Autors

Anhand einer ausführlichen Zeittafel können Sie sich in diesem Kapitel einen chronologischen Überblick über das Leben und Wirken Theodor Fontanes verschaffen.

Theodor Fontane an seinem Schreibtisch. Berlin 20. 9. 1898

Henri Théodore (Theodor) Fontane – Ausführliche Zeittafel

Kindheit und Jugend

1819	Am 30. Dezember in der Provinzstadt Neuruppin geboren. Die Eltern, Emilie Labry und der Apotheker Louis Henri Fontane, haben am 24. März geheiratet. Theodor ist ihr erstes Kind.
1821	Geburt des Bruders Rudolf (gest. 1845)
1823	Geburt der Schwester Jenny (gest. 1904)

1826	Fontanes Eltern verkaufen die „Löwen-Apotheke". Geburt des Bruders Max (gest. 1860)
1827	Umzug in die weltoffene Hafenstadt Swinemünde, wo der Vater die „Adler-Apotheke" gekauft hat. Dreimonatiger Besuch der dortigen Stadtschule, anschließend unterrichtet von den Eltern, später von Hauslehrern
1832	Aufnahme in die Quarta des Friedrich-Wilhelm-Gymnasiums in Neuruppin
1833	Wechsel zur Gewerbeschule von Karl Friedrich Klöden in Berlin
1835	Fontane begegnet Emilie Rouanet-Kummer (1824–1902), seiner späteren Frau
1836	Im März verlässt Fontane die Schule mit dem „Einjährigen" (vergleichbar mit der heutigen „Mittleren Reife"). Im April Beginn der Apothekerlehre bei Wilhelm Rose („Zum Weißen Schwan")
1837	Fontanes Vater kauft die „Adler-Apotheke" in Mühlberg
1838	Geburt der Schwester Elise (gest. 1923). Die Eltern ziehen nach Letschin, wo der Vater abermals eine Apotheke gekauft hat.

Apotheker und frühe Schaffensperiode

1839	Die Novelle „Geschwisterliebe" erscheint als Fontanes erste Veröffentlichung im „Berliner Figaro"
1840	Abschluss der Lehre, anschließend Arbeit als Apothekergehilfe in Burg bei Magdeburg. Veröffentlichung von zwölf Gedichten im „Berliner Figaro".
1841	Im Januar schwere Typhuserkrankung, von der er sich bis März bei seinen Eltern in Letschin erholt. Ab April Apothekergehilfe in Leipzig. Mitglied der burschenschaftlichen Verbindung „Herwegh-Klub". Freundschaft mit dem Literaten Wilhelm Wolfsohn
1842	Apothekergehilfe in Dresden. Weitere Veröffentlichungen

1843	Arbeit als „Defektar" in der väterlichen Apotheke in Letschin. Der Schriftsteller Bernhard von Lepel führt Fontane in den Literarischen Sonntagsverein „Tunnel über der Spree" ein, dem er von 1844 bis 1865 als Mitglied angehört. Übersetzung des „Hamlet"
1844	Eintritt in den Militärdienst als „Einjährig-Freiwilliger". Mai/Juni: erste Londonreise
1845	Nach Beendigung des Militärdienstes Arbeit als „Rezeptar" zunächst in Letschin, dann in der „Polnischen Apotheke" in Berlin. 8. Dezember: Verlobung mit Emilie Rouanet-Kummer
1847	Fontane legt am 2. März das Staatsexamen ab und erhält die Approbation als „Apotheker erster Klasse". Trennung der Eltern ohne Scheidung; die Mutter kehrt mit der jüngsten Tochter Elise zurück nach Neuruppin. Tätigkeit in der Apotheke „Zum Schwarzen Adler" in Berlin
1848	18. März: Teilnahme an den Barrikadenkämpfen. Anstellung im Krankenhaus Bethanien als pharmazeutischer Ausbilder. Publizistisches Debüt: Vier revolutionäre Aufsätze erscheinen im Abendblatt „Berliner Zeitungshalle". Arbeit am (Fragment gebliebenen Drama) „Karl Stuart"
1849	Fontane gibt den Apothekerberuf auf und versucht (vergeblich), als freier Schriftsteller zu leben. Veröffentlichung zahlreicher politischer Korrespondenzen in der radikal-demokratischen „Dresdner-Zeitung"
1850	Mit der Ballade „Männer und Helden" und dem Romanzyklus „Von der schönen Rosamunde" erscheinen die beiden ersten Bücher Fontanes. Lektor im „Literarischen Kabinett" der Regierung. Heirat mit Emilie Rouanet-Kummer. Auflösung des „Literarischen Kabinetts"
1851	Erstausgabe der „Gedichte". 14. August: Geburt des Sohnes George Emile. Anstellung in

der neu gegründeten „Zentralstelle für Presseangelegenheiten"

1852   Im Auftrag der „Zentralstelle" zweite Englandreise (23. April – 25. September). Während Fontanes Englandaufenthalt wird am 2. September in Berlin sein zweiter Sohn Rudolf geboren, der wenige Tage danach (15. September) wieder verstirbt.

1853   Fontane debütiert als Literaturkritiker und -theoretiker; sein Aufsatz „Unsere lyrische und epische Poesie seit 1948" erscheint in Leipzig. Oktober: Geburt des dritten Sohnes Peter Paul (gest. April 1854)

1854   Das Reisebuch „Ein Sommer in London" erscheint. Gemeinsam mit Franz Kugler Herausgeber des belletristischen Jahrbuchs „Argo. Album für Kunst und Dichtung"

England, Wanderungen und Kriege

1855   29. Mai: Geburt des vierten Sohnes Ulrich, der nach wenigen Tagen stirbt. 10. September: Beginn eines mehrjährigen Londonaufenthaltes (bis 1859) im Auftrage der preußischen Regierung zur Herausgabe einer „Deutsch-Englischen-Pressekorrespondenz"

1856   Die „Pressekorrespondenz" wird eingestellt, Fontane verbleibt als halbamtlicher „Presse-Agent" in London. 3. November: Geburt des fünften Sohnes Theodor (gest. 1933) in Berlin

1857   Emilie Fontane übersiedelt mit den beiden Kindern nach London.

1858   Im August: Schottlandreise mit seinem Freund Bernhard von Lepel

1859   17. Januar: Rückkehr nach Berlin. Gemeinsam mit Lepel erste „märkische Wanderung" (durch die Mark Brandenburg). Der erste der „Wanderungen"-Aufsätze erscheint.

1860   21. März: Geburt der Tochter Martha, genannt „Mete" (gest. 1917). Eintritt in die

Redaktion der konservativen „Neuen Preußischen (Kreuz-)Zeitung", kurz: „Kreuzzeitung"

1861   „Balladen" und der erste Teil der „Wanderungen durch die Mark Brandenburg" (datiert:
1862) erscheinen.

1864   Arbeit am Roman „Vor dem Sturm". Der zweite Teil der „Wanderungen" erscheint. 5. Februar: Geburt des sechsten Sohnes Friedrich,
genannt Friedel (gest. 1941). Reisen zu den
dänischen Kriegsschauplätzen und nach Hu-
sum, wo er Storm besucht

1865   Familienreise an den Rhein und in die Schweiz
(erste der bis zu Fontanes Tod jährlich ge-
pflegten Sommerfrischen). Fontanes erstes
Kriegsbuch „Der Schleswig-Holsteinische
Krieg im Jahre 1864" erscheint (datiert:
1866).

1866   Reise zu den Schauplätzen des Preußisch-
Österreichischen Krieges

1867   18. Januar: Fontane erhält den Preußischen
Kronenorden IV. Klasse. 5. Oktober: Tod des
Vaters in Schiffmühle

1869   13. Dezember: Tod der Mutter

1870   Fontane kündigt bei der „Kreuzzeitung". De-
büt als Theaterkritiker für die „Vossische Zei-
tung". Reise zum Kriegsschauplatz des
Deutsch-Französischen Krieges. 5. Oktober:
Festnahme in Frankreich als vermeintlicher
Spion, anschließend Kriegsgefangenschaft.
Freigelassen am 24. November auf Interventi-
on Bismarcks

1871   Fontanes Buch „Kriegsgefangen. Erlebtes
1870" erscheint. „Osterreise" nach Frankreich. „Aus den Tagen der Okkupation. Eine
Osterreise durch Nordfrankreich und Elsass-
Lothringen" erscheint.

1872   Der 1. Teilband von „Der Krieg gegen Frankreich 1870–71" und der 3. Teil der „Wanderungen" erscheinen (jeweils datiert auf 1873).

	3. Oktober: Umzug in Fontanes letzte Berliner Wohnung (Potsdamer Straße 134c)
1873	Der 2. Teilband von „Der Krieg gegen Frankreich" erscheint. Im Winter: Schopenhauer-Studien
1874	3. Teilband „Der Krieg gegen Frankreich" erscheint. Italienreise mit Emilie
1875	Zweite, veränderte Auflage von „Gedichte". Reise in die Schweiz und nach Oberitalien
1876	März bis August: Ständiger Sekretär der Akademie der Künste in Berlin (Entlassung nach Streit). Anschließend, bis zu seinem Tode, lebt Fontane als freier Schriftsteller.

Freier Schriftsteller

1878	„Vor dem Sturm" erscheint. Lokalstudien für „Grete Minde"
1880	„Grete Minde" erscheint.
1881	Der vierte Band der „Wanderungen" (datiert: 1882) und „Ellernklipp" erscheinen.
1882	„L'Adultera" und „Schach von Wuthenow" (datiert auf 1883) erscheinen.
1883	Zola-Studien
1884	„Graf Petöfy" erscheint. Bekanntschaft und Beginn der Brieffreundschaft mit dem Amtsgerichtsrat Georg Friedländer. Im September: Rügenreise
1885	„Unterm Birnbaum" erscheint.
1886	12. Juni: Heirat des Sohnes George; 5. Oktober: Heirat des Sohnes Theodor. Vorabdruck „Cécile"
1887	„Cécile" erscheint als Buchausgabe. Vorabdruck von „Irrungen, Wirrungen". 21. Juli: Fontanes Enkel Otto wird geboren. 24. September: Sohn George stirbt an Blinddarmentzündung.
1888	„Irrungen, Wirrungen" und „Fünf Schlösser" (datiert auf 1889) erscheinen. Sohn Friedrich gründet einen Verlag (Friedrich Fontane & Co), in dem ab dem Erscheinen von „Stine" (1890) alle Romane Fontanes veröffentlicht werden.

1890	„Stine" (erste Veröffentlichung bei „Friedrich Fontane & Co") und „Quitt" erscheinen. Fontane verfasst positive Theaterkritiken zum naturalistischen Drama
1891	Fontane erhält (gemeinsam mit Klaus Groth) den Schiller-Preis. „Unwiederbringlich" erscheint (datiert auf 1892)
1892	März bis September: Fontane erkrankt schwer (zunächst Influenza, anschließende Gehirnanämie führt zu Depressionen). Nach einer vergeblichen Kur bessert sich sein Zustand ab Oktober mit der Arbeit an der Autobiografie „Meine Kinderjahre". „Frau Jenny Treibel" erscheint (datiert auf 1893)
1893	„Meine Kinderjahre" erscheint (datiert auf 1894)
1894	8. November: Fontane erhält auf Vorschlag Erich Schmidts und Theodor Mommsens den Ehrendoktor der Philosophischen Fakultät der Universität Berlin. Zum 75. Geburtstag gewährt ihm das preußische Kultusministerium eine lebenslange Ehrenpension

Theodor Fontane. Fotografie 1896

1895	„Effi Briest" erscheint (datiert auf 1896)
1896/97	„Die Poggenpuhls" erscheint (1896).
1898	Die Autobiografie „Von Zwanzig bis Dreißig" erscheint. Tochter Mete verlobt sich. 20. September: Fontane stirbt abends gegen neun Uhr in seiner Berliner Wohnung. Vier Tage später wird er auf dem Friedhof der Französischen Reformierten Gemeinde an der Liesenstraße beigesetzt. Oktober: „Der Stechlin" erscheint posthum (datiert auf 1899)

2. Entstehungsgeschichte „Frau Jenny Treibel"

Vermutlich im Winter 1887/88 begann Fontane mit seiner Arbeit an „Frau Jenny Treibel". Das erste Mal erwähnt er den Roman im April 1888. Eine erste Rohfassung lässt sich auf den 9. Mai desselben Jahres datieren. Danach ließ Fontane
5 *den Text ruhen und griff ihn erst 1891 wieder auf. Von Januar bis April 1892 erschien „Frau Jenny Treibel" im Vorabdruck in der „Deutschen Rundschau". Die erste Buchausgabe folgte im Oktober 1892 (datiert auf 1893) im Verlag seines Sohnes „Friedrich Fontane & Co". Da Fontane hierfür auf-*
10 *grund seiner gesundheitlichen Probleme nicht Korrektur las und sich etliche Druckfehler einschlichen, basiert die vorliegende Edition auf dem Vorabdruck in der „Deutschen Rundschau".*

Auch wenn das Romangeschehen nicht auf einer einzelnen
15 *historischen Begebenheit basiert, hat sich Fontane doch von realen Geschehnissen und Personen inspirieren lassen. Eine wichtige Quelle dürfte seine Schwester Jenny Sommerfeldt gewesen sein, die in großindustriellen Kreisen verkehrte und Fontane über ihre Beobachtungen unterrichtete. Möglicher-*
20 *weise stand sie auch Patin für die Titelfigur des Romans. Außerdem dürfte Fontanes Tochter Martha („Mete") als Vorbild für die Figur der Professorentochter Corinna Schmidt gedient haben, während deren Vater Ähnlichkeiten mit Fontane selbst aufweist.*

Brief Fontanes an seinen Sohn Theo vom 9. Mai 1888

„[…] Schon längst hätte ich Dir mal wieder geschrieben, wenn ich nicht, und zwar mit immer steigendem Eifer, mit der Zuendeführung meines neuen Romans beschäftigt gewesen wäre. Nun ist er, im Brouillon[1] fertig, vorläufig beiseite-
5 geschoben. Titel: ‚Frau Kommerzienrätin oder Wo sich Herz zum Herzen findt! Dies ist die Schlusszeile eines sentimentalen Lieblingsliedes, das die 50-jährige Kommerzienrätin im

---

[1]   erster schriftlicher Entwurf, Skizze

engeren Zirkel beständig singt und sich dadurch Anspruch
auf das ‚Höhere' erwirbt, während ihr in Wahrheit nur das
Kommerzienrätliche, will sagen viel Geld, das ‚Höhere' bedeutet. Zweck der Geschichte: das Hohle, Phrasenhafte, Lügnerische, Hochmütige, Hartherzige des Bourgeoisstand- ₅
punkts zu zeigen, der von Schiller spricht und Gerson[1] meint.
Ich schließe mit dieser Geschichte den Zyklus meiner Berliner Romane ab, es sind 6 im Ganzen [...]."

Aus: Theodor Fontane: Werke, Schriften und Briefe. Herausgegeben von Walter
Keitel und Helmuth Nürnberger. Abteilung IV. Briefe. Dritter Band, 1879–1889,
herausgegeben von Otto Drude, Manfred Hellge und Helmuth Nürnberger. München: Carl Hanser Verlag, 1980, S. 600 f.

Brief Fontanes an Julius Rodenberg
vom 23. November 1891

Der Herausgeber der „Deutschen Rundschau" (1831–
1914) hatte leichte Änderungen am Manuskript erbeten.

„[...] Anbei die ersten 8 Kapitel, also gerade die Hälfte; die
zweite Hälfte schicke ich morgen Vormittag.
Die Korrekturen und Striche habe ich nicht unter Schmerz,
sondern mit Vergnügen gemacht. Es wird wohl immer so sein
und ist damit, wie wenn man einen Witz macht oder eine ₅
Anekdote erzählt – alles hängt von der Aufnahme ab, die's
findet. Wird gelacht, so hatte man recht, sieht man lange
Gesichter, so hatte man unrecht und schließt sich diesem
Urteil auch selber an. Es war vielleicht gar nicht so schlecht,
aber mit einem Male kommt es einem albern und geschmack- ₁₀
los vor. Also morgen den Rest. [...]"
„Anbei hochgeehrter Herr, die Schlusshälfte. Ich lege auch
Ihre Notizblätter wieder bei, damit Sie bequem kontrollie-
ren können, ob alles besorgt ist. Es ist aber nicht nötig, weil
alles ganz zuverlässig nach Ihren mir immer einleuchtender ₁₅
gewordenen Vorschlägen geordnet ist. [...]"

Aus: Theodor Fontane: Werke, Schriften und Briefe. Abteilung IV. Briefe. Vierter
Band, 1890–1898, herausgegeben von Otto Drude und Helmuth Nürnberger.
München: Carl Hanser Verlag, 1982, S. 163 f.

---

[1] Der Name bezieht sich auf den Inhaber eines luxuriösen Berliner
Modesalons.

Brief Fontanes an Julius Rodenberg vom 24. November 1891

„Frau Jenny Treibel"

oder

‚Wo sich Herz zum Herzen findt'

von

Th. F.

Frau u. Tochter, mit denen ich Sonntagabend noch die Titelfrage durchsprach, finden ‚Frau Kommerzienrat Treibel' besser und sind für Fortfall des zweiten Titels. Ich weiß nicht, ob sie recht haben."

Aus: Theodor Fontane. Briefe an Julius Rodenberg, herausgegeben von Hans-Heinrich Reuter. Berlin, Weimar: Aufbau-Verlag, 1969, S. 52

Postkarte Fontanes an Julius Rodenberg vom 25. November 1891

„Besten Dank. Also ‚Frau Jenny Treibel' und Doppeltitel; ich halte es auch für das Bessere. Auch Frau u. Tochter
5 haben sich bekehrt; Mann und Vater haben leicht unrecht, aber wenn ein Dritter kommt und Partei nimmt, dann ist das was andres; sie
10 sind jetzt ganz *Ihrer* (bez. meiner) Meinung. [...]"

Emilie Fontane. Pastell von Th. Hillwig, 1848

Aus: Theodor Fontane. Briefe an Julius Rodenberg, S. 52

Brief Fontanes an seinen früheren Verleger Wilhelm Hertz (1835 – 1902) vom 30. Dezember 1891

„[…] Herzlichsten Dank für Ihre freundlichen Zeilen; all das Schmeichelhafte, was darin liegt, empfinde ich stark und die Mitteilung, dass ich das Buch, noch eh es geschrieben war, meinem Sohne versprochen habe, kommt mir einigermaßen schwer an. Ich bin ganz und gar, und werde mich auch 5 schwerlich darin ändern, gegen Geschäftsbeziehungen zwischen Sohn und Vater, habe aber, um nicht zu verletzen, nachgeben müssen. Schließlich muss ich ja auch einräumen, dass diese Frage, so gut wie jede andre, ihre zwei Seiten hat und dass ich die Gefühle meines Sohnes begreife. Und com- 10 prendre c'est pardonner bez. capituler.[1] […]"

Aus: Theodor Fontane: Werke, Schriften und Briefe. Abteilung IV. Briefe.
Vierter Band, 1890 – 1898, S. 171

---

[1] (franz.) Und verstehen heißt verzeihen bzw. kapitulieren.

3. Fontane in Selbstzeugnissen

In diesem Kapitel finden Sie einige aufschlussreiche Aussagen Fontanes über den „Bourgeois" sowie über „Realismus in der Kunst".

Fontane über den „Bourgeois"

Aus den nachfolgenden Äußerungen Fontanes geht hervor, dass seine Haltung gegenüber dem „Bourgeois" durchaus widersprüchlich war. Einerseits spricht er voller Verachtung von allem Bourgeoisen, andererseits räumt er ein, dass auch
5 *er vom „Bourgeoisgefühl" nicht frei sei. Dieses „Bourgeoisgefühl" sieht Fontane nämlich keineswegs auf das Besitzbürgertum begrenzt. Auch das Bildungsbürgertum kann es befallen. Es äußert sich in einem oberflächlichen, heuchlerischen Charakter, bei dem sich alles um den Schein und nichts um*
10 *das Sein dreht, dem es also nie um den praktischen Nutzwert einer Sache oder um ein Ideal selbst geht, sondern allein um dessen Repräsentation nach außen.*

Brief an Tochter Mete vom 18. April 1884

„[…] alles Große hat von Jugend auf einen Zauber für mich gehabt, ich unterwerfe mich neidlos. Aber der ‚Bourgeois' ist nur die Karikatur davon; er ärgert mich in seiner Kleinstelzigkeit[1] und seinem unausgesetzten Verlangen, auf nichts hin
5 bewundert zu werden. Vater Bourgeois hat sich für 1000 Taler malen lassen und verlangt, dass ich das Geschmiere für einen Velasquez halte. Mutter Bourgeois hat sich eine Spitzenmantille gekauft und behandelt diesen Kauf als ein Ereignis, alles was angeschafft oder wohl gar ‚vorgesetzt'
10 wird, wird mit einem Blicke begleitet, der etwa ausdrückt: ‚Beglückter Du, der Du von *diesem* Kuchen essen, von *diesem* Weine trinken durftest', alles ist kindische Überschätzung einer Wirtschafts- und Lebensform, die schließlich gerade so gut Sechserwirtschaft[2] ist wie meine eigene.

---

1 Kleinkariertheit, Borniertheit
2 Sechser: Fünfpfennigstück; Sechserwirtschaft: kleinbürgerliche, knauserige Haushaltsführung

Ja sie ist es mehr, ist es recht eigentlich. Ein Stück Brot ist
nie Sechserwirtschaft, ein Stück Brot ist ein Höchstes, ist
Leben und Poesie, ein Gänsebraten-Diner aber [...], wenn
die Wirtin dabei strahlt und sich einbildet, mich der Alltäg-
lichkeit meines Daseins auf 2 Stunden entrissen zu haben, ist
sechserhaft[1] in sich und doppelt durch die Gesinnung, die es
begleitet. Der Bourgeois versteht nicht zu geben, weil er von
der Nichtigkeit seiner Gabe keine Vorstellung hat. Er ‚rettet‘
immer und man verschreibt sich ihm auf eine Schrippe[2] hin
für Zeit und Ewigkeit."

Aus: Theodor Fontane: Werke, Schriften und Briefe. Abteilung IV. Briefe.
Dritter Band, 1879–1889, S. 314 f.

Fontane über lateinische Gymnasialprofessoren (um 1884)

„[...] Es gibt nichts Beschränkteres als einen lateinischen
Gymnasialprofessor [...], und die, die eine Ausnahme davon
machen, verdanken es entweder der Gnade Gottes, die ihnen einen guten Grips mit ins Leben gab, oder modernen
Einflüssen, die mit der Latinität nicht das Geringste zu schaffen haben. [...]"

Aus: Theodor Fontane: Aufzeichnungen zur Literatur, herausgegeben von Hans-
Heinrich Reuter. Berlin, Weimar: Aufbau-Verlag, 1969, S. 55

Brief an Georg Friedländer vom 27. Mai 1891

„[...] Diese Anschauung (‚Die Welt war nie so arm an Idealen‘) beherrscht mich seit Jahr und Tag, und jeder Tag bringt
neue Belege und steigert mein Unbehagen bis zur Angst.
Dabei muss ich bemerken, dass ich nie zu den Lobrednern
des Vergangenen gehört habe, auch jetzt noch nicht gehöre.
Die Zeit, in die meine Jugend fiel, Ende der 30er-Jahre, war
auch schrecklich, in vielen Stücken, so in allem was Erscheinung angeht, schrecklicher als jetzt; die ‚Ruppigkeit‘ von
damals ist überwunden (leider noch immer nicht genug) –
aber so sehr ich diesen Fortschritt anerkenne, so sehr er
mich geradezu beglückt, so gewiss ist er auf halbem Wege
stecken geblieben, auf der Station ‚Äußerlichkeit‘. Alles dient

---

[1] kleinbürgerlich, knauserig
[2] mundartlich (berlinerisch): Brötchen

dem Äußerlichen; auf den ersten Ruck ist dadurch 'was gewonnen, die Sinne werden befriedigter, aber so wie man ein bisschen schärfer zusieht, nimmt man eine Äußerlichkeitsherrschaft wahr, die mit einer gewissen Verrohung
5 Hand in Hand geht. Die ganze Welt, man könnte beinah sagen die Sozialdemokratie mit eingerechnet, hat sich durch gesteigerten Besitz und durch gesteigerte Lebensansprüche bis zu einer gewissen *Bourgeois*höhe, vielfach von gräulichstem Protzentum begleitet, entwickelt, aber von der Bewäl-
10 tigung der zweiten Hälfte des Weges, von der Entwicklung bis zur Aristokratie, der echten natürlichen, wo das Geld anfängt, ganz andren Zwecken zu dienen als dem Bier- und Beefsteaks-Konsum, – von dieser Entwicklung unserer Zustände sind wir weiter ab denn je [...]."

Aus: Theodor Fontane: Werke, Schriften und Briefe. Abteilung IV. Briefe. Vierter Band, 1890–1898, S. 121 f.

Brief an Tochter Mete vom 25. August 1891

„[...] Ich hasse das Bourgeoishafte mit einer Leidenschaft, als ob ich ein eingeschworener Sozialdemokrat wäre. ‚Er ist ein Schafskopf, aber sein Vater hat ein Eckhaus‘, mit dieser Bewundrungsform kann ich nicht mehr mit. Wir erheben uns
5 so über die Chinesen, aber darin sind diese doch das feinste Volk, dass das Wissen am höchsten gestellt wird. Bei uns kann man beinah sagen, es diskreditiert[1]. Das Bourgeoisgefühl ist das zurzeit bei uns maßgebende, und ich selber, der ich es grässlich finde, bin zu einem gewissen Grade von ihm be-
10 herrscht. Die Strömung reißt einen mit fort. [...]"

Aus: Theodor Fontane: Werke, Schriften und Briefe. Abteilung IV. Briefe. Vierter Band, 1890–1898, S. 148

Auszug aus Fontanes autobiografischem Werk „Von Zwanzig bis Dreißig"

„Denn der Bourgeois, wie ich ihn auffasse, wurzelt nicht eigentlich oder wenigstens nicht ausschließlich im Geldsack; viele Leute, darunter Geheimräte, Professoren und Geistliche, die gar keinen Geldsack haben oder einen sehr kleinen,
5 haben trotzdem eine *Geldsackgesinnung* und sehen sich da-

---

[1] diskreditieren: dem Ruf/Ansehen schaden

durch in der beneidenswerten oder auch nicht beneidenswerten Lage, mit dem schönsten Bourgeois jederzeit wetteifern zu können. Alle geben sie vor, Ideale zu haben; in einem
fort quasseln sie vom ‚Schönen, Guten, Wahren‘ und knixen[1]
doch nur vor dem goldnen Kalb[2], entweder indem sie tat- 5
sächlich alles, was Geld und Besitz heißt, umcouren[3] oder sich
doch innerlich in Sehnsucht danach verzehren. Diese Ge-
heimbourgeois, diese Bourgeois ohne Arnheim[4], sind die
weitaus schrecklicheren, weil ihr Leben als eine einzige große
Lüge verläuft. Dass der liebe Gott sie schuf, um sich selber 10
eine Freude zu machen, steht ihnen zunächst fest; alle sind
durchaus ‚zweifelsohne‘, jeder erscheint sich als ein Ausbund
der Güte, während in Wahrheit ihr Tun nur durch ihren
Vorteil bestimmt wird, was auch alle Welt einsieht, nur sie
selber nicht. Sie selber legen sich vielmehr alles aufs Edle hin 15
zurecht und beweisen sich und anderen in einem fort ihre
gänzliche Selbstsuchtslosigkeit. Und jedes Mal, wenn sie diesen
Beweis führen, haben sie etwas Strahlendes. […]“

Aus: Theodor Fontane: Von Zwanzig bis Dreißig. In: Theodor Fontane: Sämtliche
Werke. Aufsätze, Kritiken, Erinnerungen. Vierter Band, Autobiografisches, herausgegeben von Walter Keitel. München: Carl Hanser Verlag, 1973, S. 186 f.

Fontane über Realismus in der Kunst

Die Epoche des „Realismus" umfasst in Deutschland unge-
fähr den Zeitraum von 1850 bis 1890. Fontane gilt insbeson-
dere aufgrund seiner Romane als einer der Hauptvertreter
des deutschen „bürgerlichen Realismus", der sich in Abkehr
von einer idealisierenden Kunstauffassung verstärkt einer 5
scheinbar unparteiischen Darstellung der Wirklichkeit und
insbesondere bürgerlicher Lebenswelten zuwandte. Der
„poetische Realismus" Fontanes meidet jedoch die reine
Darstellung des Hässlichen und Schlechten, wie sie im „Na-
turalismus" zu finden ist, und fühlt sich stattdessen einer 10
ästhetischen, aber auch inhaltlichen „Verklärung" verpflich-

---

[1] knicksen
[2] Götzenbild aus dem Alten Testament
[3] umgarnen, umwerben
[4] Arnheim-Geldtresor, benannt nach dem Tresorfabrikanten Simon
    Joel Arnheim (1802/04 – 1875)

tet. *Entgegen dieser distanzierten Haltung zum Naturalismus fand Fontane in seinen letzten Jahren für das Werk des naturalistischen Dramatikers Gerhart Hauptmann (1862–1946) überwiegend positive Worte.*

Theodor Fontane: Was verstehen wir unter Realismus? (1853)

„[...] Vor allen Dingen verstehen wir *nicht* darunter das nackte Wiedergeben alltäglichen Lebens, am wenigsten seines Elends und seiner Schattenseiten. Traurig genug, dass es nötig ist, derlei sich von selbst verstehende Dinge noch erst
5 versichern zu müssen. Aber es ist noch nicht allzu lange her, dass man (namentlich in der Malerei) *Misere* mit Realismus verwechselte und bei der Darstellung eines sterbenden Proletariers, den hungernde Kinder umstehen [...] sich einbildete, der Kunst eine glänzende Richtung vorgezeichnet zu
10 haben. Diese Richtung verhält sich zum echten Realismus wie das Rohe Erz zum Metall: Die Läuterung fehlt. Wohl ist das Motto des Realismus der Goethe'sche Zuruf:

,Greif nur hinein ins volle Menschenleben,
Wo du es packst, da ist's interessant',

15 aber freilich, die Hand, die diesen Griff tut, muss eine künstlerische sein. Das Leben ist doch immer nur der Marmorsteinbruch, der den Stoff zu unendlichen Bildwerken in sich trägt [...].
Wenn wir in Vorstehendem [...] überwiegend hervorgeho-
20 ben haben, was der Realismus nicht ist, so geben wir nunmehr unsere Ansichten über das, was er ist, mit kurzen Worten dahin ab: Er ist die Widerspiegelung alles wirklichen Lebens, aller wahren Kräfte und Interessen im Elemente der Kunst; er ist, wenn man uns diese scherzhafte Wendung
25 verzeiht, eine *,Interessenvertretung'* auf seine Art. [...] Der Realismus will nicht die bloße Sinnenwelt und nichts als diese; er will am allerwenigsten das bloß Handgreifliche, aber er will das *Wahre.* [...]"

Aus: Theodor Fontane: Unsere lyrische und epische Poesie seit 1848. In: Theodor Fontane: Sämtliche Werke. Herausgegeben von Walter Keitel. Aufsätze, Kritiken, Erinnerungen. Erster Band, Aufsätze und Aufzeichnungen, herausgegeben von Jürgen Kolbe. München: Carl Hanser Verlag, 1969, S. 240 ff.

Theodor Fontane: Was soll ein Roman? (1875)

„[...] Er soll uns, unter Vermeidung alles Übertriebenen und
Hässlichen, eine Geschichte erzählen, an die wir *glauben*. Er
soll zu unserer Fantasie und unserem Herzen sprechen,
Anregungen geben ohne aufzuregen; er soll uns eine Welt
der Fiktion auf Augenblicke als eine Welt der Wirklichkeit ₅
erscheinen, soll uns weinen und lachen, hoffen und fürchten,
am Schluss aber empfinden lassen, teils unter lieben und
angenehmen, teils unter charaktervollen und interessanten
Menschen gelebt zu haben, deren Umgang uns schöne Stunden bereitete, uns förderte, klärte und belehrte. [...]" ₁₀

Aus: Theodor Fontane: Die Ahnen. In: a.a.O., S. 316 f.

Brief an Friedrich Stephany[1] vom 10. Oktober 1889

„[...] Der Realismus wird ganz falsch aufgefasst, wenn man
von ihm annimmt, er sei mit der Hässlichkeit ein für alle Mal
vermählt; er wird ganz echt sein, wenn er sich umgekehrt
mit der Schönheit vermählt und das nebenherlaufende Häss-
liche, das nun mal zum Leben gehört, verklärt hat. Wie und ₅
wodurch? Das ist seine Sache, zu finden; der beste Weg ist
der des Humors. [...]"

Aus: Theodor Fontane: Werke, Schriften und Briefe. Abteilung IV. Briefe.
Dritter Band, 1879–1889, S. 729

---

[1] Friedrich Stephany (1830–1912), damaliger Chefredakteur der
„Vossischen Zeitung"

Brief an Otto Brahm[1] vom 27. September 1894

„[...] Das Stück[2] ist vorzüglich, epochemachend. Ob jemand
dran herumtadelt, meinetwegen selbst mit Recht, ist gleichgültig. An Bismarck wird auch herumgetadelt (ich mit), er
bleibt aber Bismarck, und das ist gerade genug. Sprechen Sie
5 dem liebenswürdigen Dichter, der mal wirklich einer ist und
ein Mensch dazu, meinen herzlichsten Dank aus. [...]"

Aus: Theodor Fontane: Werke, Schriften und Briefe. Abteilung IV. Briefe.
Vierter Band, 1890–1898, S. 386

---

[1] Otto Brahm (1856–1912), Theaterkritiker, Theaterleiter und
    Regisseur. Der Mitbegründer des Theatervereins „Freie Bühne"
    (1889) und Chefredakteur der Zeitschrift „Freie Bühne für moder-
    nes Leben" (1889) gilt als einer der Wegbereiter des naturalisti-
    schen Dramas.
[2] Gemeint ist Gerhart Hauptmanns „Die Weber", 1892.

4. „Frau Jenny Treibel" im Kontext von Fontanes Gesamtwerk

Aus heutiger Sicht gilt Fontane vielen als „Spätberufener".
Das Hauptaugenmerk liegt auf den Romanen des „alten
Fontane" mit anfangs „historischen und balladesken The-
men", gefolgt von Gesellschaftsromanen, „in denen meist
die Frau in einen Konflikt mit der etablierten Ordnung gerät 5
und die vorwiegend in der neuen Reichshauptstadt Berlin
spielen"[1]. Auch „Frau Jenny Treibel" zählt zu diesen „Berli-
ner Romanen". Den Höhepunkt seines Schaffens erreichte
Fontane schließlich mit „Effi Briest". Allerdings konnte er
schon vor seinen Romanen auf ein umfangreiches Werk 10
zurückblicken. Der folgende Auszug aus einem Lexikonarti-
kel beleuchtet vor allem die frühe und mittlere Schaffenspe-
riode und hilft so, „Frau Jenny Treibel" in Fontanes Gesamt-
werk einzuordnen. Die im Lexikoneintrag verwendeten
Abkürzungen werden der besseren Lesbarkeit halber aus- 15
formuliert.

Günter de Bruyn: Fontane, Theodor

„[…] Um Fontanes umfangreiches und vielgestaltiges Werk
[…] übersichtlich zu machen, bietet sich die Dreiteilung in
Früh-, Mittel- und Spätphase an […].
Die frühe Phase, die etwa von 1840 bis 1855 reichte, wurde,
was den bleibenden Ertrag betrifft, vor allem von den Balla- 5
den bestimmt. Zwar zeigte der Anfänger schon die Breite
seines, noch epigonalen[2], Könnens, als er mit einer senti-
mental-romantischen Erzählung (*Geschwisterliebe*. Berlin
1839) debütierte und mit spät-romantischer Naturlyrik, mit
einem satirischen Epos (*Burg*. Verfasst 1840. […]), mit poli- 10
tischen Gedichten, mit einem Romanzenzyklus (*Von der
schönen Rosamunde*. Dessau 1850), mit Nachdichtungen,
politischen Korrespondenzen und Aufsätzen auftrat, doch
erreichte er nur mit den Balladen (*Männer und Helden*.

---

[1] Christian Grawe: Theodor Fontane – Effi Briest. Frankfurt am Main:
Verlag Moritz Diesterweg, 1998, S. 7
[2] Epigone: Nachahmer ohne eigene Ideen

Berlin 1850. *Balladen.* Berlin 1861), deren Stoffe er der
preußischen und der englisch-schottischen (später auch der
nordischen) Geschichte entnahm, wirkliche Originalität. Da
einige von ihnen, wie *Der alte Zieten* (1847) oder *Archibald*
5 *Douglas* (1854), bald in die Schullesebücher Eingang fanden
und Fontane auch im Alter noch Balladen schrieb, die nun
aber keine Kriegshelden mehr besangen [...], gründete sich
sein Ruhm lange auf diese und beschattete andere Teile
seines Werks. In der Frühphase trifft das besonders auf
10 seinen Beitrag zur Vormärz-Lyrik und auf seine radikal-de-
mokratischen Aufsätze von 1848/49 zu. [...]
Die mittlere Schaffensperiode, die 1855 mit dem dreieinhalb-
jährigen England-Aufenthalt begann und 1876 mit dem Ent-
schluss, sich in Unabhängigkeit dem Romanschreiben zu
15 widmen, endete, wird oft die „Wanderungs"-Zeit genannt.
Denn die *Wanderungen durch die Mark Brandenburg* (5
Teile, Berlin 1862–89), deren Pläne in England reiften, standen hier eindeutig im Mittelpunkt, obwohl die Reisebücher
über England [...], die Kriegserlebnisse in Frankreich (*Kriegs-*
20 *gefangen.* Berlin 1871. *Aus den Tagen der Occupation.* 2
Bände, Berlin 1871) und die detaillierten Beschreibungen der
drei Kriege, die als Nebenarbeiten gedacht waren und sich
zu Riesenunternehmungen auswuchsen, die *Wanderungen*
an Masse überwogen. Diese sind oft als Vorstufe der Roma-
25 ne betrachtet worden; sie haben aber ihren Wert in sich
selbst: als Dokument einer Heimatliebe, das eine arme, wenig beachtete Landschaft genau beschreibt und zugleich verklärt, und als Meisterleistung in der künstlerisch-journalisti-
schen Form des Reisefeuilletons, das plaudernd belehrt,
30 atmosphärisch erzählt und Gegenwärtiges durch Historie
belebt. Das trifft aber nicht auf alle Teile der *Wanderungen*
zu; denn ein einheitliches Gebilde sind diese in Jahrzehnten
entstandenen Bände nicht. Es gibt gestaltete und ungestalte-
te, langweilige und interessante Kapitel; auf Reportage und
35 beste Erzählkunst folgt reine Faktenhäufung [...]. [...]
Die Arbeit an den *Wanderungen* ging denen an den Romanen voraus, endete aber nicht mit diesen, sondern setzte
sich in der Spätphase fort. Der vierte Band, *Spreeland*, erschien erst 1882, die mehr historisch-referierenden *Fünf*
40 *Schlösser* 1889, und noch in seinem letzten Lebensjahr ar-

beitete Fontane an einem weiteren Band, der *Das Ländchen Friesack* hieß. [...]

In seiner Spätphase erst entfaltete er seine ganze Größe [...]. Nicht die großen Begebenheiten, die Katastrophen und Leidenschaften reizen Fontane zur Gestaltung, sondern deren Voraussetzungen und Folgen, das Davor und Danach, das dialogisch, also nie einseitig, gestaltet wird. Das ist auch so, wenn Fontane die Vergangenheit verlässt und die großartigen Gesellschaftsromane seiner Gegenwart schreibt, in denen Menschen an einem Ordnungsgefüge leiden oder zerbrechen, das sie durch starre Regeln an ihrer freien Entfaltung hindert. Die Frage nach der Notwendigkeit und Berechtigung der gesellschaftlichen Konventionen bleibt dabei in der Schwebe, und nur die menschlichen Tragödien, die sie erzeugen, klagen sie an. Über die starren, verlogenen Moralauffassungen seiner Zeit in Bezug auf Liebe und Ehe ist Fontane dabei erhaben; sein Urteil ist nie konventionell, immer menschlich; und wenn er das Sexuelle auch meidet, ist er doch fern jeder Prüderie. [...]

Während das erst postum erschienene, von Fontane als unfertig betrachtete Lebensbild einer Aufsteigerin, *Mathilde Möhring* ([...] 1908), ganz im muffigen Kleinbürgermilieu verbleibt, führt der ironisch-kritische Roman *Frau Jenny Treibel* (Berlin 1893) in die Welt der neureichen Bourgeoisie, in der Besitz und Bildung auseinanderklaffen und die Phrase die Moral ersetzt.

Die anrührendste Gestalt der Ehe- und Gesellschaftsromane, anlässlich derer Otto Brahm vom „tiefsten Wunder jugendlicher Greisenkunst" gesprochen hat, ist *Effi Briest* [...]. *Effi Briest* war Fontanes einziger Roman, der wirklich erfolgreich war [...]. [...]"

Aus: Walther Killy (Hrsg.): Literaturlexikon – Autoren und Werke deutscher Sprache. Band 3, Autoren und Werke von A bis Z. Gütersloh: Bertelsmann Lexikon Verlag, 1989, S. 431 ff.

5. Zur zeitgenössischen Rezeption von „Frau Jenny Treibel"

Nachdem zunächst der gesellschaftskulturelle Stellenwert Fontanes bis zum Zeitpunkt des Erscheinens von „Frau Jenny Treibel" kurz resümiert wird („Fontane im Spiegel seiner Zeitgenossen"), können Sie sich in diesem Kapitel anhand
5 *ausgewählter Buchbesprechungen ein Bild von der – überwiegend wohlwollenden – zeitgenössischen Rezeption des Romans verschaffen.*

Fontane im Spiegel seiner Zeitgenossen

Als 1878 mit „Vor dem Sturm" Fontanes erster Roman erschien, war der Autor in literarischen Kreisen längst kein Unbekannter mehr. Vor allem seine Balladen waren einem breiten Publikum geläufig. Zudem hatte sich Fontane als
5 *Journalist – zunächst ab 1860 bei der konservativen „Kreuzzeitung" und dann ab 1870 als Theaterkritiker bei der liberaleren „Vossischen Zeitung" – etabliert. Da sich Fontanes später Gesinnungswandel (von konservativen zu liberalen Anschauungen) auch in seinen Romanen niederschlug, wur-*
10 *den diese recht kontrovers aufgenommen, bzw. – so etwa in der „Kreuzzeitung" – zum Teil gar nicht besprochen. Ab etwa 1890 galt Fontane jedoch allgemein als bedeutender liberaler Schriftsteller, den man kaum noch ignorieren konnte. „Frau Jenny Treibel" war Fontanes bis dahin erfolgreichs-*
15 *ter Roman. Er blieb es jedoch nur bis zum Erscheinen von „Effi Briest" (1895, datiert auf 1896), der schon nach einem Jahr in fünfter Auflage erschien, wozu „Frau Jenny Treibel" sieben Jahre benötigt hatte.*

Aus der Rezension von Joseph Ettlinger in der „Allgemeinen Zeitung" vom 4. Juli 1892
„Sieht man zu, was den Handlungskern dieses neuesten Romans ausmacht, so ist es wiederum kaum ein knapper Novellenstoff. [...] Weniger an Handlung und Entwicklung kann man eigentlich nicht wohl verlangen; und genau genommen
5 ist denn auch dieser schlichte und doch in seinem psychologischen Teile so ungemein lebenswahre Vorgang fast Ne-

bensache, ist er nur das Gestell, über dem der große Künstler intimer Menschenbeobachtung sein Lebensbild in überraschender Naturtreue ausformt und modelliert. Es ist charakteristisch für Fontane, dass in dem ganzen Verlaufe seiner Erzählung das gesprochene Wort weitaus vorherrscht. Er liebt es, seine Menschen viel und zwanglos reden zu lassen, und wie unnachahmlich versteht er es, sie uns durch dieses einfachste und natürlichste Kunstmittel nahezubringen und greifbar vor uns erstehen zu lassen! [...] Doch dem vielen Lichte entspricht freilich auch mancher Schatten [...]. Es fehlt vor allem an einem richtigen Mittelpunkt, um den sich das ganze, genial entworfene Gefüge konzentriert; denn Corinna ist es nicht und noch weniger Frau Jenny Treibel, die, man weiß wirklich nicht warum, dem Roman seinen Titel geben musste; eher könnte noch der treffliche Kommerzienrat, ihr Gatte, dafür gelten, der mit seiner ergötzlich geschweiften Redeweise und witzigen Bonhomie zumeist im Vordergrunde steht. Die Personen sind wohl alle fein und leicht und mit Meisterhand skizziert, aber doch eben alle nur skizziert, und in dieser fast gleichmäßigen Behandlung fehlt die künstlerische Perspektive, fehlt das tiefere Eingehen wenigstens auf einen der Hauptcharaktere. Auch die Sprache ist bei aller natürlich freien Sicherheit des Ausdrucks allzu sehr mit eigenen oder dialektischen Bildungen durchsetzt, was nicht immer ganz frei von Manier[1] erscheint."

In: Walter Wagner: Erläuterungen und Dokumente – Theodor Fontane. Frau Jenny Treibel. Stuttgart: Philipp Reclam jun., 2004, S. 76 f.

Aus der Rezension von Max Bernstein in der Wochenzeitung „Die Nation" vom 19. November 1892

„Aber, Herr Theodor Fontane, das ist doch kein Roman! [...] Ich würde es [das Buch] ein entzückendes Lustspiel nennen, wenn es die gewöhnlichen Eigenschaften deutschen Lustspiels besäße: Feuilletonwitz und Unwahrheit. Aber es hat nicht Witz, dessen Wirkung von künstlicher Beleuchtung und einseitiger Betrachtung bedingt ist. Es hat nur Humor, der unter heiterem Tageslicht von allen Seiten sieht. Und es

---

[1] Künstelei

ist ganz wahr, ganz einfach. Die Tochter des Professors
verlobt sich mit dem Sohne der Kommerzienrätin; die Verlobung wird wieder gelöst und die Professorentochter heiratet den Mann, der zu ihr gehört. Das ist, neben der Schil-
5 derung anderer sehr gewöhnlicher Dinge und Menschen,
der Inhalt. Das wird berichtet in Ihrem eigenen Stile, in jenem Gesprochenen, das nur zufällig, etwa von einem eifrigen
Hörer, aufgeschrieben zu sein scheint."

Aus: Walter Wagner: Erläuterungen und Dokumente, S. 76

Aus einer Rezension der „Kölnischen Zeitung" vom 3. Dezember 1892

„[…] Vor zwei Jahrzehnten würden die Kritiker unter Hin-
weis auf Lessings ‚Laokoon' ausgesprochen haben, dieser
Roman Fontanes sei technisch gänzlich verfehlt, denn er
setze die Schilderung an die Stelle der Handlung, der Ent-
5 wicklung. Die Handlung ist nämlich in diesem Werke höchst
unbedeutend, so alltäglich einfach, dass nicht einmal eine
Träne fließt, ohne jedes schwierigere psychologische Problem, wie man es sonst doch bei Fontane fand, ohne jede
Erregung, ohne jede Tendenz, nichts als ein ganz kleiner,
10 sehr alltäglicher Vorwand, daran eine eingehende Charak-
terzeichnung des Berliner Bürgertums höherer Steuerstufe
zu knüpfen. […]
Wir hätten in der Tat selber Bedenken gegen die Art,
wie Fontane diese unbedeutende Familiengeschichte auf
15 336 Seiten vornehmlich mit Gesprächen ausspinnt, wenn es
sich nicht trotz allem um einen der besten humoristischen
Romane unserer modernen Literatur, um ein entzückendes
Meisterstück eines Berliner Sittenbildes voll saftiger Le-
benskraft handelte. Ein Schmunzeln weltkluger Schelmerei,
20 das da und dort zu einem verhaltenen Kichern wird, liegt
über dem ganzen Buche. Das Behagen des Genusses wird
erhöht durch das Gefühl der innern Wahrhaftigkeit, der
realistischen Echtheit dieser humoristischen Welt, das jeder nur ein bisschen des Berlinertums Kundiger gewinnt.
25 […]"

Aus: Walter Wagner: Erläuterungen und Dokumente, S. 74 f.

Aus einer Rezension der „Königsberger Hartungschen Zeitung" vom 6. Dezember 1892

„Frau Jenny Treibel' von Theodor Fontane [...] ist eine Charakter- und Gesellschaftskomödie ersten Ranges. Ihr Hauptreiz beruht nicht in den wenig komplizierten Verhältnissen und den sich einfach, ohne alle Intrige und stärkere Spannung entwickelnden Vorgängen der Geschichte, son- 5 dern in dem feinen Duft der Satire, der über ihre Gestalten und Szenen ausgebreitet liegt. Das ist der echte Humor des Menschenkenners, Menschenverächters und – Menschenfreundes, und was der Letztere aus seiner reichen Weisheit heraus Mildes und Ausgleichendes zu sagen hat, das über- 10 wiegt und gilt und gibt dem Buch ein lachendes Auge und ein warmes Herz. Nichts wäre irriger, als den heitern Altmeister der realistischen Erzählungskunst mit den bleichsüchtigen Schwarzmalern des Naturalismus zu verwechseln, die sich zudringlich an seine Schöße hängen möchten. 15 [...]"

Aus: Walter Wagner: Erläuterungen und Dokumente, S. 75 f.

Auszug aus Walter Paetow „Kritische Rundschau über Leben und Kampf der Zeit" (1893)

„Fontane ist der Zeit nach der Erste gewesen, der sich im Berliner Roman im eigentlichen Sinne des Wortes versucht hat, und ist dem Range nach der Erste geblieben, so viele Nachahmer sich mittlerweile auch um ihn geschart haben. [...] 5
‚Berlinisch' und humoristisch – das sind die charakteristischen Kennzeichen in Fontanes neuem Buch, und man könnte als drittes höchstens noch ‚echt fontanisch' hinzufügen, da ja Fontane nun einmal seine bestimmte eigentümliche Art hat, die bald stärker und bald schwächer in allen 10 seinen schriftstellerischen Veröffentlichungen immer wieder zum Durchbruch gelangt.
[...] In keinem seiner früheren Werke findet sich seine humoristisch überlegene Darstellungskunst auf einer gleichen Höhe wie in Frau Jenny Treibel. [...] Nicht einzelne 15 humoristische Streiflichter machen diesen Roman zu einem humoristischen, sondern seine Grundstimmung stempelt

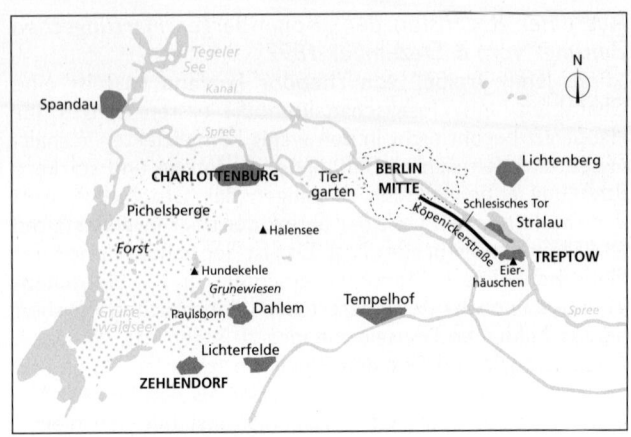

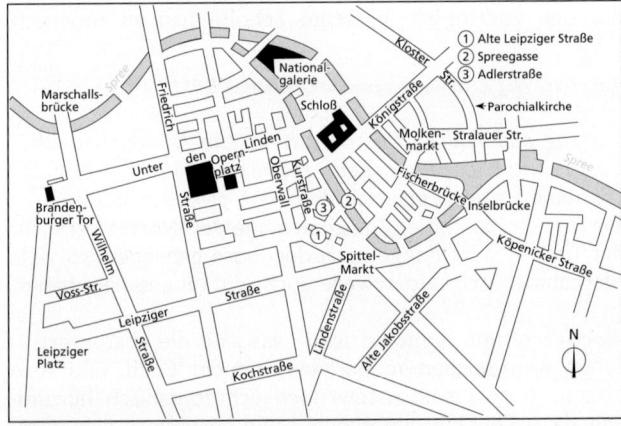

Schauplätze von Fontanes „Berliner Roman"

ihn dazu; durch alle Kapitel weht ein Zug von Schalkheit, leiser Ironie, gutmütigem Spott und versöhnlichster Menschenliebe; das eben führt die Gesundheit und Lebenskräftigkeit der Gestalten herbei und bewirkt ferner, dass wir an
5 *allen* uns in dem Werke gezeichneten Personen Anteil nehmen, da ja auf sie *alle* ein Reflex jener humoristischen Grundstimmung zurückfällt. […]

Diese Jenny, dieser Treibel mit seinem unverwüstlichen Bourgeoistum, das ihn antreibt, sich in die politische Karriere zu begeben, obwohl er eigentlich nur beim Zeitungslesen Politiker ist, das ihn nach äußeren Ehrenzeichen und dem ‚Geheimen‘ trachten macht, dieser Schmidt und seine Tochter Corinna mit ihren gescheiten Einfällen und mit ihrer ganz im Berliner Stile gehaltenen bürgerlichen Haushaltung, diese Schmolke mit ihren Geschichten von Berliner Predigern und Berliner Polizeiangelegenheiten, – sie, und sie nicht allein, sind eben ‚Berliner Leute‘.“

Aus: Walter Wagner: Erläuterungen und Dokumente, S. 83 f.

6. Zur Rezeptions- und Wirkungs- geschichte von „Frau Jenny Treibel" ab 1900

Fontane zählt heute zu den bedeutendsten deutschspra- chigen Autoren. Sein Roman „Frau Jenny Treibel" gehört zu den Standardwerken der deutschen Literaturgeschichte, was im Folgenden, nach einem knappen Abriss seiner Re-
5 *zeptions- und Wirkungsgeschichte ab 1900, anhand ausge- wählter Quellen exemplarisch veranschaulicht wird. Dabei zeigt sich, dass Fontanes humorvoll und humanistisch abge- milderte Gesellschaftskritik keineswegs ausschließlich posi- tiv aufgenommen wurde. Vielmehr bot sie ihrerseits Anlass*
10 *zum Vorwurf, Fontanes Gesellschaftskritik fehle es an Schär- fe und Konsequenz. Neben weiteren inhaltlichen Aspekten beschäftigte die Literaturwissenschaft u.a. auch Fontanes dialogische und im Fall von „Frau Jenny Treibel" lustspielar- tige Erzählweise.*

Auszug aus Conrad Wandrey „Theodor Fontane" (1919)

„[…] Fontane will die lügnerische Phrasenhaftigkeit, den leeren Hochmut, das Hartherzige der Bourgeoiswelt zeich- nen, die Herrschaft des Geldsacks und der Geldsackgesin- nung, die ständig den Anspruch auf das ‚Höhere' erhebt, vom
5 Schönen, Guten, Wahren redet und im entscheidenden Au- genblick, die Maske werfend, das goldne Kalb umtanzt. Das war mit der bisherigen novellistisch-romanhaften Mischform nicht zu erreichen. Es musste eine Fülle von Gestalten auf- geboten werden, und keine durfte Hauptperson im Sinne der
10 bisherigen Wirkungsökonomie sein, es galt eine Sache, eine Gesinnung, eine allgemeine Kalamität[1] zu treffen, eine Mas- senerscheinung und -erkrankung, die am besten durch ein breites Zustandsgemälde darzustellen war.
Es entsteht ein Milieuroman […]. Nur im ganz äußerlichen
15 Sinn ist die Berliner Kommerzienrätin Jenny Treibel Mittel- punkt des Formganzen. […]

---

[1] missliche Lage

Eine behaglich-ironische Gesamtstimmung, das ist der letzte und bleibende Eindruck von ‚Frau Jenny Treibel‘, diesem Milieuroman ohne große Kurven im äußeren Verlauf und ohne tiefere seelische Konflikte. [...]
So bleibt auch in diesem Roman ‚alles einer gewissen ruhigen, historischen Entwicklung überlassen‘, um mit Professor Schmidt zu reden. Fontane hat ihm merklicher, als er sonst zu tun pflegt, vom eignen Blute beigemischt, wie denn auch für die Corinna seine Tochter Mete ein paar Züge herleihen musste. Trotzdem stimmt die beliebte Gleichung Fontane = Schmidt nicht. In der Kontroverse mit seinem Freunde Distelkamp sagt der Professor manches, was sehr zu Unrecht auf die Rechnung des Autors zu setzen wäre, der dem Oberlehrerhaften überhaupt, selbst in der feineren Erscheinungsform bei Wilibald Schmidt, so fern wie möglich stand. [...]“

Aus: Conrad Wandrey: Theodor Fontane. München: C. H. Beck'sche Verlagsbuchhandlung, 1919, S. 252–265

Auszug aus Georg Lukács „Der alte Fontane" (1950)

„[...] Dies ist, wie vieles andere, gut beobachtet, richtig, die notwendige gesellschaftliche Heuchelei entlarvend dargestellt. Und diese Darstellungsweise ergibt beim alten Fontane ebenso notwendig eine intellektuelle oder wenigstens moralische Überlegenheit seiner plebejischen Figuren[1] über jene aus dem Junkertum und der Bourgeoisie. Diese Überlegenheit ist aber nie rebellierend; sie besteht nur darin, dass Fontanes plebejische Gestalten keine verlogenen Illusionen, Selbsttäuschungen hegen, dass sie die gegenwärtige Gesellschaft, so wie sie ist, hinnehmen. (Und es muss hier noch einmal hervorgehoben werden, dass dies zur Zeit entwickelter Klassenkämpfe vor sich geht, die Fontane [...] aufmerksam betrachtet hat. Dass diese völlig außerhalb seines Werkes liegen, auch in der Form der moralischen Reflexionen, bezeichnet [...] seine Grenzen.) [...]

---

[1] Figuren aus dem einfachen Volk

Ein solches allzu weit geführtes, allzu gemütliches ‚Alles verstehen, ist alles verzeihen' nähert trotz glänzender Beobachtungen, trotz ausgezeichneter satirischer Einzelheiten ‚Frau
Jenny Treibel' doch der bloßen Belletristik[1] an. [...]"

Aus: Georg Lukács: Der alte Fontane. In: Georg Lukács: Werke. Band 7, Deutsche
Literatur in zwei Jahrhunderten. Neuwied, Berlin: Hermann Luchterhand Verlag,
1964, S. 474–481

Auszug aus Fritz Martini „Deutsche Literatur im bürgerlichen Realismus 1848–1898" (1962)

„[...] Der Stilist Fontane behauptete die andere Seinsstufe
der Kunst gegenüber dem Leben, dem er sie wohl möglichst
nahebringen, aber nicht unterwerfen wollte. [...] Das Kunst-
werk sollte in das Leben zurückstrahlen, wie dies sich in ihm
5 erkennen soll. Eben dies verstehende Mitfühlen hat den
Roman ‚Frau Jenny Treibel' aus dem Tendenziösen und Po-
lemischen gelöst. Fontane hat in ihm das Relative des Allzu-
Menschlichen wie auch sein Versöhnendes aufgezeigt. Die
Demaskierung sprach mittels des Humors, und die Ironie
10 wurde mehr ein Kunstmittel der Beleuchtung, das Spielfrei-
heit sicherte – eine Ironie auf einem verhaltenen, aber immer gegenwärtigen Gefühlsgrunde, der Überspitzung vermied. [...]
Das Ethos des Schriftstellers Fontane lag darin, nichts zu
15 überdecken, aber auch mit einem Humor zu entschärfen, in
dessen Skepsis sich Heiterkeit birgt. [...]
Bis in alle Einzelheiten durchspielt der Widerspruch von Sein
und Schein, von Wahrheit und Maske den Roman; aber er
verschärft sich nicht zu Konflikten, welche die ironische
20 Nachsichtigkeit und den lächelnden Humor der Erzählstim-
mung durchbrechen würden. [...]
Der Dialog im Wechselspiel der Augenblicke erlaubte das
Spiel mit den Dingen und in den Charakteren, das gleichzeitige Für und Wider, Ja und Nein, das Halb und Halb [...]. Er
25 erlaubt ein schwebendes Spiel in wechselnden Rollen, das
jene Distanz verschafft, die Fontanes Menschen in einem
wachen Bewusstsein ihrer selbst hält. ‚Frau Jenny Treibel'

---

[1] hier: Unterhaltungsliteratur

enthält viele Lustspielelemente: in dem einlinigen Vorgang, der räumlichen und zeitlichen Konzentration, dem Spielhaften mitten im Rollenspiel. [...] Man ist versucht, von einer erzählerischen Komödienform zu sprechen. [...]"

Aus: Fritz Martini: Der Erzähler als Zeitkritiker. In: Fritz Martini: Deutsche Literatur im bürgerlichen Realismus. 1848–1898. Stuttgart: J. B. Metzlersche Verlagsbuchhandlung, 1962, S. 785–788

Auszug aus Walter Müller-Seidel „Theodor Fontane – Soziale Romankunst in Deutschland" (1975)

„[...] Bildung hat im Kontext seiner Romane einen von vornherein gesellschaftlichen Sinn. Sie ist für Fontane immer auch ein soziales Problem. [...]
Die Kritik, die sich hier vornehmlich als eine vom Erzähler geübte Sprachkritik äußert, ist augenfällig. Sie ist Teil einer 5 allgemeinen Gesellschaftskritik. Aber eine Kritik der Bildungsinstitutionen ist damit nicht verbunden. [...]
Die Arbeitswelt der modernen Industriegesellschaft am Ende des Jahrhunderts bleibt ausgespart, und der Anlage seines Gesellschaftsromans entspricht die gesellige Bildung, als die 10 sie erscheint. In den Romanen Fontanes wird wenig gearbeitet, aber gefeiert wird viel. [...]
Den üppigen Diners im Hause des neureichen Kommerzienrats ‚entsprechen' die mehr schlecht als recht zubereiteten Oderkrebse, die den Professoren im Kränzchen aufgetischt werden. [...] Dennoch sind die Kontraste nicht der 15 eigentliche Zielpunkt derartiger Analogien. Zwar unterscheiden sich die beiden Lebenskreise in der Tat in wesentlichen Punkten voneinander. Wenn im Kreis der Treibels der Besitz gegenüber jeder wie immer beschaffenen Bildung 20 dominiert, so hat eben diese im Kreis von Wilibald Schmidt den Vorrang vor allem anderen. Aber Besitz- und Rangverhältnisse sind auch hier keineswegs nebensächlich. Mit anderen Worten: Es werden keine völlig getrennten Welten geschildert. Die Entsprechung als Erzählprinzip ist nicht so 25 zu verstehen, als handele es sich um eine Welt der Besitzbürger mit falscher Bildung dort und um eine Welt der Besitzlosen mit wahrer Bildung hier. [...]

Auch im Kreis der Lehrer ist nicht alles Gold, was glänzt. Offenheit und Ehrlichkeit sind nicht durchweg das, was die Teilnehmer der Runde auszeichnet. Es gibt mancherlei Rivalitäten unter den Kollegen; hierarchisches Denken ist ausge-
5 prägt. Der Zeichenlehrer bekommt es vor anderen zu spüren, zumal es mit seiner Latinität ohnehin nicht zum Besten steht. [...]
Dass sich das Bourgeoise nicht auf eine bestimmte Klasse beschränkt, sondern womöglich in jedem Stand entdeckt
10 werden kann, bestätigt das vielfach von Standesvorurteilen geleitete Denken mancher Lehrer im Kollegenkreis Wilibald Schmidts, und wenngleich es hier am wenigsten das Bourgeoistum der Großbürger ist, das man da antrifft – etwas Bourgeoises mit Besitzdenken und Standesdünkel ist es
15 gleichwohl. Auch der so sympathisch gezeichnete Wilibald Schmidt ist davon nicht völlig frei. [...]
Die satirische Schärfe, die man aus Gesellschaftsromanen Heinrich Manns kennt, ist nicht das Charakteristikum der *Frau Jenny Treibel*. [...] Satire ist das alles nicht. Eher scheint es
20 angezeigt, von einer ‚erzählten Komödie‘ zu sprechen [...].
Aber zugleich ist es eine Komödie, die scheitert – ein Begriff, den man nicht gebraucht, wenn über Komödien gehandelt wird. [...] Ähnlich wie in *Irrungen, Wirrungen* gibt es zwei Hochzeiten am Schluss. Aber von einem ungetrübt glück-
25 lichen Ende kann nicht die Rede sein. Was man Glück nennt, wird von der inzwischen verheirateten Corinna betont illusionslos erläutert. [...] Besitz und Bildung [...] kommen nicht zusammen. [...]
Würde die Verbindung des Poetischen mit dem Historischen
30 gelingen, des Natürlichen mit dem Sittlichen – eine Art irdisches Paradies wäre erreicht [...]. [...]
Die Grenzen dessen, was man im Hier und Jetzt erreichen kann, werden sichtbar. Die Unvollkommenheit unserer Ordnungen bestätigt die Realitäten, wie sie sind. Aber das
35 Vollkommene als Idee und als Ideal hat sich damit nicht erledigt. Die Verbindung, auf die es ankäme, gelingt ‚nur‘ im Humor. Sie bleibt – Literatur, von der es gleichwohl heißt: ‚Das Literarische macht frei ...‘"

Aus: Walter Müller-Seidel: Theodor Fontane – Soziale Romankunst in Deutschland. Stuttgart: J. B. Metzler, 1975, S. 300–319

7. Exkurs: Verfilmung und Filmanalyse

Viermal wurde Fontanes „Frau Jenny Treibel" bislang verfilmt. Die erste Verfilmung, die DEFA-Produktion „Corinna Schmidt" von Artur Pohl, stammt aus dem Jahre 1951. Es folgten 1972 Herbert Ballmanns Fernsehverfilmung „Frau Jenny Treibel", 1975 der DDR-Fernsehfilm „Frau Jenny Trei- ₅ *bel oder Wo sich Herz zu Herzen findet" unter der Regie von Hartwig Albiro und 1982 die heute wohl bekannteste Adaption, die nach einem Drehbuch des Regisseurs Franz Josef Wild sowie des Schriftstellers und Literaturwissenschaftlers Walter Jens entstandene Fernsehverfilmung „Frau* ₁₀ *Jenny Treibel" mit Maria Schell in der Titelrolle. Im Weiteren werden die vier Filme kurz vorgestellt. Abschließend können Sie sich in diesem Kapitel mit einigen zentralen Begriffen zur Filmanalyse vertraut machen. Die hierzu abgedruckten Erläuterungen sind dem von Johannes* ₁₅ *Diekhans im Schöningh Verlag herausgegebenen Lehrbuch „Filmanalyse im Unterricht – Zur Theorie und Praxis von Literaturverfilmungen" entnommen.*

Vier Verfilmungen

<u>Corinna Schmidt</u>
DDR 1951
Produktion: DEFA
Drehbuch und Regie: Artur Pohl
Kamera: Eugen Klagemann
Musik: Hans Hendrik Wehding
Schnitt: Hildegard Tegener
Darsteller: Trude Hesterberg (Jenny Treibel), Willi Kleinoschegg (Kommerzienrat Treibel), Ingrid Rentsch (Corinna Schmidt), Joseph Noerden (Leopold Treibel), Peter Podehl (Dr. Marcell Wedderkopp), Hans Hessling (Prof. Schmidt)
Länge: 97 Min.
FSK: ab 6
Schwarz-weiß

Der flüssig inszenierte Spielfilm wandelt die Romanvorlage Fontanes an mehreren Stellen entscheidend ab. Zwar versucht auch hier die Kommerzienrätin zunächst, eine Verbindung zwischen der Professorentochter Corinna und Leopold Treibel zu verhindern. Als die heimliche Verlobung jedoch publik wird, drängt sie auf eine rasche Heirat. Nun ist es Corinna, die sich – aus freien Stücken – eines Besseren besinnt und sich anstelle Leopolds für ihren Vetter Marcell entscheidet. Der ist – anders als im Roman – ein sozialdemokratischer Lehrer und wird, weil er für die Rechte der Arbeiter kämpft, des Landes verwiesen. Diese Verwandlung Marcells in einen Helden der „Arbeiterklasse" sollte offensichtlich die Vorgaben des „sozialistischen Realismus" erfüllen. Dennoch stieß der Film aufgrund seiner freien Adaption bei der SED auf Kritik.

Frau Jenny Treibel
Bundesrepublik Deutschland 1972
Produktion: Bayrische Rundfunkwerbung GmbH (BRW), Sender Freies Berlin (SFB)
Regie: Herbert Ballmann
Drehbuch: Michael Dölfing
Darsteller: Gisela Uhlen (Jenny Treibel), Paul Esser (Treibel), Rudolf Schündler (Professor Schmidt), Evelin Gressmann (Corinna), Reiner Rudolph (Leopold), Brigitte Mira (Frau Schmolke)
Länge: 51 Min.
Farbe

Frau Jenny Treibel oder Wo sich Herz zu Herzen findet
DDR 1975
Produktion: DFF (Deutscher Fernsehfunk)
Regie: Hartwig Albiro
Darsteller: Gisela May (Jenny Treibel), Günter Naumann (Treibel), Gabriele Heinz (Corinna), Henry Hübchen (Leopold), Roland Knappe (Otto)
Länge: 93 Min.
Farbe

Frau Jenny Treibel
Bundesrepublik Deutschland 1981/82
Produktion: Bayrischer Rundfunk, UFA Fernsehproduktion

Produzent: Klaus Michael Kühn
Regie: Franz Josef Wild
Drehbuch: Walter Jens, Franz Josef Wild
Kamera: Klaus König
Darsteller: Maria Schell (Jenny Treibel), Rolf Schult (Kommerzienrat Treibel), Dietlinde Turban (Corinna Schmidt), Christian Berkel (Leopold Treibel), Karin Anselm (Helene Treibel), Rainer Hunold (Otto Treibel), Ernst Jacobi (Professor Wilibald Schmidt), Anfried Lerche (Marcell Wedderkopp), Hannes Messemer (Leutnant a. D. Vogelsang), Hilde Sessak (Majorin von Ziegenhals)
Länge: 130 Min.
Farbe

Maria Schell bei den Dreharbeiten

Die auf einem Drehbuch von Walter Jens basierende Adaption folgt in ihrem Bemühen um Werktreue weitgehend der Romanvorlage. Maria Schell wurde für ihre Interpretation der Titelheldin Jenny Treibel in Kombination mit ihrer Darstellung in der Fernsehproduktion „Der Besuch der alten Dame" 1983 mit der „Goldenen Kamera" ausgezeichnet.

Stefan Volk: Zentrale Begriffe zur Filmanalyse

Abblende: Das Bild geht allmählich in eine monochrome (meist schwarze; in dem Fall spricht man auch von einer „Schwarzblende") Bildfläche über.

Aufblende: Das Bild erscheint allmählich aus einer monochromen (meist schwarzen) Bildfläche.

Einstellung: eine ohne Unterbrechung aufgenommene und wiedergegebene Kameraaufnahme, also das, was die Kamera im Moment der Aufnahme „sieht"

Einstellungsgröße: die relative Größe eines im Bild abgebildeten Objektes. Als Orientierungspunkt für die Bestimmung der Einstellungsgröße gilt meist der menschliche Körper. Folgende Einstellungsgrößen lassen sich unterscheiden:

- *Panorama bzw. Weit:* z.B. eine Landschaft
  Totale: z.B. ein Mensch oder eine Gruppe von Menschen (vollständig abgebildet) und deren weitere Umgebung; z.B. eine Gruppe vor einem Haus
- *Halbtotale:* z.B. ein Mensch oder eine Gruppe von Menschen (vollständig abgebildet) und deren unmittelbare Umgebung; z.B. eine Familie am Frühstückstisch in der Küche
- *Halbnah:* z.B. ein Mensch oder eine Gruppe von Menschen (unvollständig abgebildet; z.B. von Kopf bis zu den Knien) und ihre angedeutete Umgebung; z.B. eine Familie am Frühstückstisch
- *Amerikanisch:* z.B. ein Mensch vom Kopf bis zur Hüfte
- *Nah:* z.B. ein Mensch vom Kopf bis zum Oberkörper
- *Groß bzw. Close-up:* z.B. ein Gesicht
- *Detail bzw. Makro:* z.B. ein Augenpaar

Establishing Shot: eine Einstellung (Panorama oder Totale), die am Anfang des Films oder einer Szene in den Handlungsort einführt (z.B. Skyline von New York)

Kamerafahrt: Die gesamte Kamera wird bei laufender Aufnahme mit einem mobilen Hilfsmittel („Dolly" (Rollwagen), Auto …) bewegt.

Montage: der nach konzeptionellen (z.B. dramaturgischen) Gesichtspunkten organisierte „Schnitt" sowie die Verknüpfung von Bild- und Tonebene (auch „Ton-Bild-Montage"; z.B. beim Unterlegen eines Soundtracks, Voice Over …)

On-Ton: Ton, dessen Quelle im Bild zu sehen ist.

Off-Ton: Ton, dessen Quelle nicht im Bild zu sehen ist (z.B. entferntes Bellen eines Hundes)

Perspektive: definiert sich über den „Kameraannäherungswinkel" während der Aufnahme und damit über drei Paradigmen: die Horizontale, die Vertikale und die Kameraachse. Folgende Perspektiven lassen sich unterscheiden:

- *horizontal:* von vorne; von hinten; seitlich
- *vertikal:* von oben („Aufsicht"; extrem: „Vogelperspektive"); von unten („Untersicht"; extrem: „Froschperspektive"); gerade („Normalsicht")
- *Kameraachse:* natürlich (gerade); schräg

Parallelmontage: Zwischen zwei Geschehnissen wird hin und her geschnitten.

Plansequenz: eine Sequenz, die aus nur einer einzigen Einstellung besteht

Schnitt:

a) *allgemein:* die technische Verknüpfung zweier Einstellungen, z.B. durch „harten Schnitt" oder „Überblende"

b) *„harter Schnitt":* Einstellungen folgen ohne Übergang aufeinander (im Gegensatz zur „Überblende"; z.B. „Schnitt auf Groß von Tasse" = harter Schnitt auf eine Großeinstellung einer Tasse)

Schwenk: Kamerabewegung, bei der sich im Gegensatz zur „Fahrt" der Kamerastandort nicht verändert, vielmehr wird die Kamera entlang der vertikalen oder horizontalen Achse oder der Kameraachse geschwenkt. Schwenk und Fahrt lassen sich kombinieren, wenn während einer Fahrt geschwenkt wird.

Sequenz: eine Folge von Einstellungen oder Szenen, die einen gemeinsamen inhaltlichen Zusammenhang bilden

Szene: eine Folge von Einstellungen, die eine gemeinsame räumliche und zeitliche Einheit bilden

Überblende: Während des Überblendens sind zwei Einstellungen gleichzeitig im Bild; die erste verschwindet immer mehr, wodurch die zweite Einstellung immer deutlicher zum Vorschein kommt, bis die erste Einstellung, „aus" der „in" die zweite „übergeblendet" wurde, nicht mehr zu sehen ist.

Voice Over: Eine Stimme (meist Erzählerstimme) wird in der Ton-Bild-Montage über das Bild gelegt, ohne dass der Sprecher im Bild zu sehen ist.

Zoom: simulierte Kamerafahrt ohne Veränderung des Kamerastandortes durch Veränderung der Brennweite des Kameraobjektives; ein Zoom ermöglicht sowohl ein optisches Annähern an ein Objekt („heranzoomen"; z.B. „Zoom auf Groß von Tasse" = Heranzoomen bis die Tasse in Großeinstellung im Bild ist) als auch ein Entfernen („wegzoomen").

Aus: Stefan Volk: Glossar ausgewählter Filmfachbegriffe. In: Johannes Diekhans (Hrsg.): Filmanalyse im Unterricht – Zur Theorie und Praxis von Literaturverfilmungen. Erarbeitet von Stefan Volk. Reihe: EinFach Deutsch. Paderborn: Schöningh, 2004, S. 346 ff.

8. Realismus

In Abgrenzung vom Realismusverständnis des Naturalismus haben sich in der Forschungsliteratur zwei Realismusbegriffe etabliert, denen sich Fontane jeweils zuordnen lässt: „poetischer Realismus" (vgl. Preisendanz) und „bürgerlicher Realismus" (vgl. Martini). Was Fontanes Realismus im Einzel- 5 *nen ausmachte, wird in den beiden nachfolgenden Auszügen aus den literaturwissenschaftlichen Arbeiten von Wolfgang Preisendanz und Fritz Martini erörtert.*

Wolfgang Preisendanz über Fontanes „poetischen Realismus"

„[...] Verklärung ist [...] insofern Voraussetzung eigentlicher Kunst, als sie verhindert, dass die Dichtkunst aufhört, ein eigenwertiges Medium zu sein, verhindert, dass die Erzählkunst zum Nachvollzug anderweitiger Weisen des Weltverständnisses wird. Der Satz ‚Wer so beanlagt ist, muss 5 Essays ... schreiben' zeigt deutlich, dass sich für Fontane die Notwendigkeit des Verklärens nicht aus der Beschaffenheit dessen, was dargestellt werden soll, ergibt, sondern dass die Verklärung Gewähr einer eigenständigen poetischen und d.h. erst durch die Sprache der Dichtung gestifteten Wirk- 10 lichkeit ist. [...]
Verklärung meint demnach eine Schreibweise, die den Unterschied zwischen dem vom Leben gestellten Bild und dem dichterischen Gebilde nicht verwischt, sondern verbürgt, eine Schreibweise, in der Darstellung mehr als Nachbildung 15 oder Bestandsaufnahme, in der sie Grund und Ursprung einer Wirklichkeit ist. [...]"

Aus: Wolfgang Preisendanz: Voraussetzungen des poetischen Realismus in der deutschen Erzählkunst des 19. Jahrhunderts. In: Formkräfte der deutschen Dichtung – vom Barock bis zur Gegenwart, herausgegeben von Hans Steffen. Göttingen: Vandenhoeck und Ruprecht, 1963, S. 201 f.

Fritz Martini über „Fontanes Auffassung der Kunst"

„[...] Jede Einseitigkeit im Pessimistischen oder Optimistischen, im Fatalismus oder Moralismus erschien Fontane als

ein Vergehen gegen die vielschichtige Wahrheit des Lebens und gegen den Wirklichkeitsgehalt des Kunstwerks. Nur wenn es im Durchschauen der Widersprüche zum Ausgleich zurücklenkte, im Demaskieren das Richtige, Natürliche
5 durchscheinen ließ, erfüllte es seinen Anspruch. [...] In tieferer Schicht spricht sich darin sein Glaube an den Menschen und das Leben aus – jener Glaube, der seine Ironie von der Karikatur, seine Resignation vom Pessimismus, seine Kritik von der Polemik, seine Opposition von der radikalen Nega-
10 tion zurückhielt und ihn ein Zutrauen zu den Kräften der Entwicklung zu den Werten des Bestehenden und dem ‚Versöhnenden' des Humors festhalten ließ. [...] Der Humor wird [...] ein Mittel der Lebenshilfe und der Verwandlung in die höhere Seinsstufe der Kunst [...]. Fontane wusste,
15 dass jede Lebensantwort nur bedingt und subjektiv gegeben werden konnte, jede Wahrheit nur eine persönliche Wahrheit war, genau wie sich seine Erzählungen aus den Reaktionen und Perspektiven der individuellen Psychologie aufbauen, die der Dialog als sein vorherrschendes objektivierendes
20 Gestaltungsmittel vergegenwärtigt. In dessen beweglicher Beleuchtungstechnik, die sich kompositionell in den zahlreichen Kontrast- und Parallelmotiven seiner Romane, in ihren kontrastierenden und parallelen Nebenhandlungen fortsetzt, ergibt sich die vielstimmige ‚Wirklichkeit' eines
25 Menschen, eines Geschehens, die im Gleichgewicht des Relativen bleibt und zum inneren Balancieren des Kunstwerks zwischen Widersprüchen führt, deren letzte Lösung nicht gegeben wird. Dies Erzählen spiegelt eine subjektivierte Unabhängigkeit und Aufrichtigkeit, die bei allen Schwankungen
30 zwischen Desillusion und Tapferkeit, Lebensmelancholie und Glücksbescheidung, Skepsis und Resignation, abwehrender Ironie, Gläubigkeit und moralischem Vertrauen sich selbst unverstört bewahrt hat. [...] Das Schöne wird als das Sittlich-Natürliche aus der Unmittelbarkeit des einzelnen
35 Herzens verstanden, als innere Integrität des Menschen, der in seinem Ich und gegenüber dem Leben – resigniert, vereinsamt, aber mit Humor, Tapferkeit und Gelassenheit – gefühlssicher überlegen bleibt. [...]"

Aus: Fritz Martini: Deutsche Literatur im bürgerlichen Realismus. 1848–1898. Stuttgart: Metzler, 1962, S. 752 f.

9. Historischer Hintergrund

Eines der bestimmenden Themen – wenn nicht gar das Thema – des Romans ist die „Geldsackgesinnung" der Bourgeoisie, die laut Fontane den Zeitgeist des ausgehenden 19. Jahrhunderts wesentlich prägte. Was Fontanes Zeitgenossen unter einem „Bourgeois" verstanden, kann im Folgenden 5 *anhand ausgewählter Lexikoneinträge beispielhaft nachvollzogen werden. Anschließend soll die soziale Struktur in Deutschland gegen Ende des 19. Jahrhunderts anhand zweier Textauszüge zur „Klassengesellschaft" und den „drei Bürgerklassen" skizziert werden. Nach einem kurzen Überblick* 10 *über die „Frauenfrage im 19. Jahrhundert" erlaubt ein Auszug aus dem zeitgenössischen Ratgeber „Die Ehe" einen pointierten Einblick in christlich-konservative Moralvorstellungen der damaligen Zeit, vor deren Hintergrund Fontanes Gesellschaftsroman „Frau Jenny Treibel" entstand.* 15

„O, diese Rechnungen!"
Holzstich um 1890,
nach Skizze von
C. Scharloch

Drei historische Lexikoneinträge zum Begriff „Bourgeoisie"

Herders Conversations-Lexikon (1854)

„**Bourgeoisie** (frz. Buhrschoasie), die Klasse der Gewerbe- u. Handeltreibenden, gegenüber dem Adel, den Bauern, den Taglöhnern, Handwerksgesellen und Fabrikarbeitern, dem gesammten Proletariate; neuester Zeit im Misskredit
5 wegen der Eifersucht gegen höhere Stände und Persönlichkeiten, die doch von ihr nachgeahmt werden, wegen ihrer Unzufriedenheit mit der Regierung, wenn dieselbe ihre Autorität geltend macht, wegen ihrer Abneigung gegen das offen hervortretende religiöse Leben, wegen Geldstolz, we-
10 gen koketter Wohlthätigkeit."

Aus: Herders Conversations-Lexikon. Freiburg im Breisgau 1854, Band 1, S. 633

Meyers Großes Konversations-Lexikon (1905)

„**Bourgeoisie** (franz., spr. burschuasi [von *bourg*, Burg], ‚Bürgerschaft, Bürgerstand'), in Frankreich ursprünglich die Bürgerschaft in den Städten, im Gegensatze zu Adel und Geistlichkeit wie zur eigentlichen Arbeiterklasse. Die fran-
5 zösischen Kommunisten und Sozialisten (insbes. bereits Saint-Simon, der den Bourgeois dem Arbeiter entgegenstellte) erweiterten den Begriff, bezeichneten als B. im Gegensatze zum *peuple* die besitzende Klasse, welche die wohlhabenden Mittelklassen und die Interessen des Kapitals
10 einseitig und engherzig gegenüber den Arbeitern vertrete. In diesem Sinne ist der Begriff der B. bei den Sozialisten, auch bei den deutschen, allgemein üblich geworden."

Aus: Meyers Großes Konversations-Lexikon, Band 3. Leipzig 1905, S. 283

Brockhaus' Kleines Konversations-Lexikon (1911)

„**Bourgeoisie** (spr. burschoasih), die Bürgerschaft, der gewerbtreibende und besitzende Bürgerstand im Gegensatz zu dem Adel, den Bauern, den Arbeitern und Proletariern, oft mit schlechter Nebenbedeutung; seitens der Sozialisten

Bürgerliches Interieur, Foto von 1898

von der besitzenden Mittelklasse gebraucht *(Bourgeois)*, als
Vertreterin der Interessen des Kapitals."

Aus: Brockhaus' Kleines Konversations-Lexikon, fünfte Auflage, Band 1. Leipzig
1911, S. 250

Hermann Glaser und Walter Pützstück: Klassengesellschaft

„[…] Die Klassengesellschaft im Wilhelminischen Zeitalter
glich einer Pyramide, deren Spitze mit dem Kaiser der breiten Basis der sozialen Unterschichten gegenüberstand und
die sich von dieser Basis hierarchisch nach oben aufbaute.
Der Darstellung von Gerhard A. Ritter und Jürgen Kocka in 5
ihrer ‚Deutschen Sozialgeschichte' folgend, kann man vier
‚Niveaus' unterscheiden:

- Zu den Unterschichten zählten gewerbliche Lohnarbei-
  ter, Heimarbeiter, Dienstboten, aber auch Randexisten-
  zen wie Asylbewohner, Vagabunden und Prostituierte. 10
  ‚Sie unterscheiden sich von bürgerlichen Gruppen da-

durch, dass sie entweder über keinen regelmäßigen und
auskömmlichen Lebensunterhalt verfügen oder ihren Lebensunterhalt durch unselbstständige Handarbeit oder
andere untergeordnete Tätigkeiten verdienen. Die Grenze zwischen den sozialen Unterschichten und den Klein-
bürgern ist nicht exakt zu bestimmen. [...]' Zu den
Arbeitern, einschließlich Landarbeitern und der Mehrzahl
der Verkäufer, gehörten 1882 mit 10,2 Millionen etwa
56 % und 1907 mit 17,8 Millionen etwa 63 % der erwerbstätigen Bevölkerung. Dazu muss man noch die Zahl der
etwa 1,7 Millionen in häuslichen Diensten beschäftigten
Personen hinzuzählen, die 1882 9 % und 1907 6 % der
Erwerbstätigen ausmachten. Somit waren vor 1914 über
zwei Drittel aller Erwerbstätigen sowie deren Angehörige
zu den sozialen Unterschichten zu rechnen.
- Das Kleinbürgertum umfasst all diejenigen, denen zumin-
dest bewusstseinsmäßig (nicht immer von den wirtschaftlichen Verhältnissen her) der Absprung vom Proletariat
gelang. Es gehörten dazu Facharbeiter, Kleingewerbetrei-
bende, Kleinkaufleute, kleinere Beamte, Kleinbauern,
Handlungsgehilfen und Angestellte aller Art. Seit der Jahr-
hundertwende bürgerte sich für diese Schicht der Begriff
‚Mittelstand' ein; er schloss auch mittlere Beamte, Privat-
angestellte und die weniger gut gestellten Vertreter der
freien Berufe ein. [...]
- Besitz und Bildung: Hier finden wir den eigentlichen Kern
des Bürgertums vor, das sich im Gefolge der Französischen Revolution emanzipiert hatte. Die Übergänge
nach unten zu den kleinbürgerlichen und mittelstän-
dischen Gruppen erwiesen sich als fließend. Auch die
Abgrenzung nach oben war durchlässig, zumal sich im
Prozess der Industrialisierung rasche Verschiebungen er-
gaben, etwa aus einem einfachen Handwerksmeister ein
respektabler Fabrikbesitzer wurde. [...]
- Die ‚Spitzen der Gesellschaft' umfassten die höfische Gesellschaft der deutschen Bundesstaaten und die Angehörigen des Hochadels sowie des grundbesitzenden Land-
adels, wegen ihrer Herrschaftsfunktion auch die hohen
Militärs und Verwaltungsbeamten. Diese ältere Elite wurde im wilhelminischen Deutschland durch das reiche,

wirtschaftlich und oft politisch mächtige Großbürgertum in Industrie, Handel und Bankwesen ergänzt. [...]"

Aus: Hermann Glaser und Walter Pützstück: Ein deutsches Bilderbuch. 1870–1918.
Frankfurt a. M.: Büchergilde Gutenberg, 1982 (Lizenzausgabe;
Copyright: C. H. Beck'sche Verlagsbuchhandlung, München, 1982), S. 14f.

Klaus Ehlert: Drei bürgerliche Gruppen

„[...] Das politische Versagen des Bürgertums in der Revolution (von 1848/49) wurde schon bald danach öffentlich erörtert, etwa wenn Julian Schmidt schon 1850 spottete: ‚Die deutsche Revolution hatte aber das Eigentümliche, dass sie an lyrischem Pathos, träumerischem Wesen, trüber und 5
unklarer Sehnsucht mit den Gedichten ihrer Propheten wetteifern konnte. Sie ist jetzt vorüber. [...]'
Das Bürgertum suchte fortan statt nach Idealen nach gangbaren Wegen, um schließlich doch noch politische Macht zu erreichen. Und je nach dem Ausmaß der Trennung von den 10
alten Idealen des Liberalismus (Humanität, Freiheit, Solidarität, Fortschritt) kann man wenigstens drei große bürgerliche Gruppen unterscheiden: die wirtschaftlich orientierten liberalen Großbürger der ‚Oberklasse' (Schmoller), die wie der Adel ‚zu einem beträchtlichen Teil aliterarisch, wenn nicht 15
antiliterarisch geprägt' waren (Wittmann); dann die konservativ verinnerlichten (und oft religiös geprägten oder von Resignation gezeichneten) und die fortschrittlich-demokratischen Bürger. Sie waren der Literatur gegenüber offen, besonders wenn sie in aufstrebenden selbstständigen Berufen 20
fen oder als Beamte in Verwaltung, Erziehung und Wissenschaft tätig waren: Für diese Gruppe gehörte Literatur zum Selbstverständnis. Die Mehrheit der Beamten allerdings dachte weiterhin königstreu und konservativ und beschränkte den Umgang mit Kultur auf nationale oder gesell- 25
schaftlich notwendige Veranstaltungen. [...]"

Aus: Klaus Ehlert: Realismus/Gründerzeit. In: Deutsche Literatur-Geschichte –
Von den Anfängen bis zur Gegenwart, herausgegeben von Wolfgang Beutin u.a.
Stuttgart, Weimar: J. B. Metzler Verlag, 1994, S. 265

Historischer Abriss: Die Frauenfrage im 19. Jahrhundert

Nachdem sich bereits im 18. Jahrhundert einzelne Schriftsteller wie Friedrich Schlegel (1772–1829) oder Friedrich Schleiermacher (1768–1834) für Frauenbildung ausgesprochen hatten, entwickelte sich im 19. Jahrhundert eine recht
5 vielfältige Frauenbewegung, die tendenziell in ein sozialistisches und ein bürgerliches Lager aufgeteilt werden kann. Die sozialistische Frauenbewegung sah die „Frauenfrage" als Teil der „sozialen Frage" und integrierte sie in Marx' Kapitalismuskritik. Dem sozialistischen Lager zurechnen lassen
10 sich Friedrich Engels (1820–1895), Clara Zetkin (1857–1933) und August Bebel (1840–1913). Da die Frauenfrage in die soziale Frage eingegliedert wurde, meldeten sich verhältnismäßig viele Männer zu Wort. Die Köpfe der bürgerlichen Frauenbewegung, die sich seit den 1840er-
15 Jahren für Frauenbildung, Frauenrechte und die gleichberechtigte Teilnahme der Frauen am Berufsleben einsetzte, waren hingegen überwiegend weiblich. Louise Otto-Peters (1819–1895) gilt als eine der wichtigsten Wegbereiterinnen dieser Bewegung. Gemeinsam mit anderen Frauen gründe-
20 te sie 1865 in Leipzig den „Allgemeinen deutschen Frauenverein". Hervortaten sich – unter anderem mit dem „Handbuch der Frauenbewegung" – auch Helene Lange (1848–1930) und Gertrud Bäumer (1873–1954) sowie, an der Schnittstelle zwischen bürgerlichem und sozialistischem
25 Lager, Schriftstellerin und SPD-Mitglied Lily Braun (1865–1916), die 1895 die Zeitschrift „Die Frauenbewegung" mitgründete.
Von Anfang an traf die Frauenbewegung auf vehementen Widerstand und provozierte erboste Reaktionen; nicht nur
30 in konservativen Kreisen. Dem emanzipatorischen Frauenbild, das die Frauenbewegung gesellschaftlich etablieren wollte, stand im 19. Jahrhundert die Vorstellung von der (geistigen) Minderwertigkeit der Frau und der Überlegenheit des Mannes gegenüber; radikal vertreten beispielsweise vom Philosophen Arthur Schopenhauer (1788–1860) (des-
35 sen Äußerungen „über die Weiber" Fontane als das „Gequackel eines eigensinnigen, vorurteilsvollen, persönlich

Tihamer Margitay (1851 – 1922): Überraschung für Papa

vergrätzten alten Herren" bezeichnete) und vom Leipziger Nervenarzt Paul J. Möbius (1853 – 1907).

Auszüge aus: Die Ehe – Aufklärungen und Ratschläge für Erwachsene, besonders für Braut- und Eheleute (1904)
„[...] Es ist Pflicht der Eltern, zu verhindern, dass ihre Kinder 5
eine unglückliche Ehe schließen. Welche Verantwortung,
wenn sie in ihrer Verblendung den Kindern eine Ehe auf-
zwingen wollen, wogegen diese Widerstreben empfinden.
Die Ehe sei stets freiwillig. Zwang ist eine Sünde gegen die
Natur, die das nicht ungestraft lässt. Die Eltern können den 10
Kindern aber leicht an die Hand gehen in der Auswahl des
Ehegefährten, denn nur allzu oft ist der klare Blicke der Jugend durch die Leidenschaft getrübt. Dass Liebe blind macht,
ist ein wahres Sprichwort. Nachher wäre man froh, man
hätte vorher besser zugeschaut. [...] Deswegen lässt sich 15
ein vernünftiges Mädchen nicht leicht von dem Drange der
Sinnlichkeit leiten, sondern es will zuerst Garantie haben,
dass die Vereinigung ihm und den zu erwartenden Kindern
auch ein Hort und Schutz sei: das ist die Ehe, und darum
verhält es sich allen Werbungen gegenüber, die ihm diesen 20
legitimen Schutz nicht bieten wollen, ablehnend.

Das Weib will die Ehe und in derselben das Glück häuslicher Zufriedenheit. Dieses Verlangen ist Grundlage der christlichen Ehe. [...]

Die eheliche Liebe ist das Band, das die Eheleute zusammen-
5 halten soll. Diese Liebe soll aber nicht nur zu Anfang der Ehe bestehen, sondern so lange dauern wie diese selbst. [...]

Aus der Liebe entspringt die Wertschätzung des geliebten Gegenstandes. Wo ist aber die gegenseitige Hochachtung zu erkennen, wenn Unfriede im Hause herrscht? Die Ord-
10 nung will, dass der Mann im Hause herrsche und dass die Frau ihm untertänig sei. Wohl der Ehe, wo der Mann die Verantwortung seiner Stellung schätzt und wo die Frau ihre Ehre dreinsetzt, dem Mann durch ihr williges, folgsames Wesen Freude zu bereiten! Der Mann bedenke, dass die Frau
15 nicht seine Sklavin, sondern seine Gefährtin, seine Gehilfin sein soll [...].

Ebenso soll auch die Frau sich dessen bewusst bleiben, dass schon ihr Name als Hausfrau ihrem Wirken den Platz im Hause zuweist, nicht Gesellschaft und Vergnügen. [...]"

Aus: Die Ehe – Aufklärungen und Ratschläge für Erwachsene, besonders für Braut-
und Eheleute. Donauwörth: Auer, 1905, S. 68 ff., S. 107 ff.

10. Hinweise zur Textanalyse: Romanauszug

Im Folgenden werden die wesentlichen Gesichtspunkte, die es bei einer schriftlichen Analyse eines Romanauszuges zu berücksichtigen gilt, entlang des Analyseaufbaus (Einleitung, Hauptteil, Schluss) stichwortartig vorgestellt.

1. Einleitung

- Autor, Titel …
- Schwerpunkte des Romans, allgemeine Hinweise zu den intentionalen Akzenten (Worum geht es dem Autor in seinem Roman? Was verdeutlicht er insgesamt?)
- *kurze* Inhaltszusammenfassung des Auszugs bzw. inhaltliche Einordnung (Was geschieht kurz zuvor, was schließt sich an?)
- Festlegung der Analysemethode (aspektorientiert, linearanalytisch)

2. Hauptteil

2.1 Linearanalyse auf der Basis einer möglichen Textgliederung
- den Aufbau kurz beschreiben (falls der Textauszug sich dazu eignet, ansonsten „von oben nach unten" vorgehen)
- Beschreibung und Deutung der Einzelabschnitte (Aussage zum Inhalt, zum Deutungsschwerpunkt des Abschnitts und zu den sprachlichen Auffälligkeiten, die die Deutung stützen, Überleitung zum nächsten Abschnitt …)

2.2 Aspektgeleitete Analyse
- Kennzeichnung der zu bearbeitenden Deutungsaspekte
- Entfaltung des jeweiligen Deutungsaspekts (Aussage zum inhaltlichen Zusammenhang, in dem der Schwerpunkt relevant ist, Beschreibung der sprachlichen Besonderheiten, die die Deutung stützen, Überleitung zum nächsten Aspekt …)

3. Schlussteil

- Zusammenfassung der Analyseergebnisse
- Vergleich mit dem Gesamtzusammenhang des Romans (Was ist typisch in dem Auszug, welche neuen Akzente sind möglicherweise enthalten?)

Auch das ist wichtig:

- Bearbeiten Sie zunächst die Textvorlage mit einem Stift und planen Sie Ihren Text kurz.
- Zitieren Sie korrekt! Fügen Sie Zitate *richtig* in den Satzbau Ihres Textes ein.
- Arbeiten Sie nach Möglichkeit mit fachsprachlichen Ausdrücken (rhetorische Figuren, grammatische Begriffe …).
- Verlieren Sie nicht den „roten Faden"! Der Leser muss diesen nachvollziehen können.
- Vermeiden Sie Wiederholungen, die Ihren Text lediglich verlängern, aber keinen Erkenntniswert beinhalten.
- Absätze machen Ihren Text leserfreundlich.
- Beachten Sie die Regeln der Rechtschreibung und Zeichensetzung.